주역·사주·관상·이름학자가 쓴

다가올 운명 미리보고 뛰어넘기

주역·사주·관상·이름학자가 쓴

다가올 운명 미리보고 뛰어넘기

1판 1쇄 발행   2009년 11월 18일

지은이 ㅣ 전광
발행인 ㅣ 김흥국

펴낸곳 ㅣ 도서출판 보고사(제6-0429)
주소 ㅣ 서울시 성북구 보문동 7가 11번지 2층
전화 ㅣ 922-5120~1(편집), 922-2246(영업)
팩스 ㅣ 922-6990
메일 ㅣ kanapub3@chol.com
홈페이지 ㅣ www.bogosabooks.co.kr

정가 20,000원
ISBN 978-89-8433-787-9 03150

ⓒ전광, 2009

주역·사주·관상·이름학자가 쓴

다가올 **운명** 미리보고 뛰어넘기

글쓴이 **전광** 동방명리학연구원 원장

보고사

📖 책을 펴내며

이 책은 그 명칭 여하를 떠나 다양한 모습으로
인생의 희로애락을 그리면서 궁극적으로 인류의 화두話頭인
'우리의 고향은 어디인가' 를 다룬다.

나는 다음과 같은 철학적인 바탕 위에서 이 책을 저술했다.

'세간의 멸滅함을 여실히 보면 세간이 있다有는 견해가 있을 수 없고,
세간의 생生함을 여실히 보면 세간이 없다無는 견해를 가질 수 없다.
그렇기에 여래는 유有와 무無를 떠난 중도中道를 설한다.'

이 책에는 동양학의 여러 분야가 이야기 형태로 재미있게 등장한다.
가급적 심오한 이론을 벗어나 개관할 수 있도록 구성했다.

이제는 나도 갈매기 마냥 산으로 바다로 푸른 하늘을 뚫고
자유롭게 날아다닐 수 있으려나.

독자에게 늘 하늘의 은총이 가득하길 기원한다.

2009년
석오石梧

◉ ─ 차례

—1—

인생이란 무엇인가

1. 화담이 던지는 화두

화담花潭 서경덕徐敬德은 가난한 집안에서 태어났다. 어렸을 때 부모가 나물을 캐오게 하였는데 화담은 매일 늦게 들어오는데도 광주리는 텅 비어 있었다. 부모가 이상하게 여겨 이유를 물으니 화담은 "들에서 나물을 뜯고 있을 때 종달새가 나는 것을 우연히 보았습니다. 첫날은 땅에서 한 치쯤 떠올랐던 새가 다음 날에는 두 치쯤 떠오르고 또 그 다음 날에는 세 치쯤 떠오르다가 점차 하늘로 날아 올랐습니다. 저는 그 이치를 생각하느라 나물은 캐지 못하고 늦게 돌아오게 되었습니다"라고 대답하였다.

열여덟 살 때에는 『대학大學』을 읽다가 격물치지格物致知 사물의 선후를 분명히 파악하여 지혜를 이루는 것의 대목에서 크게 깨달은 바 있었다. 그래서 예를 들어 하늘의 이치를 알고자 하면 '하늘 천天'을 벽에 써 놓고 연구하다가 이미 궁리한 뒤에는 다른 글자를 써서 연구하였다. 이런 식으로 모르는 사물의 이름들을 벽에다 써 붙여 놓고 밤낮으로 고요히 앉아 원리를 깨달을 때까지 사색하였다. 그 이치를 궁리하는 자세는 도저히 다른 사람들이 따를 수 있는 경지가 아니었고, 이렇게 여러 해가 지나자 모든 이치에 환하게 밝아졌다.

화담은 풍류를 즐길 줄 알아서 천하를 두루 유람하였고, 산수가 아름다운 곳에 이르면 문득 일어나 춤을 추었다.

화담이 젊었을 때 금강산에 놀러 간 일이 있었다. 도중에 고성高城 태수를 만났다. 태수가 "산 구경을 하니, 어디가 가장 장관이었소?" 하고 물었다. 이에 화담이 "불정대佛頂臺에 올라가 해돋이를 본 것이 가장 장관이었습니다"라고 대답하니, 태수는 또 "그것이 어떻습니까?" 하고 물었다. 화담이 다시 "새벽이 되어 절정絶頂에서 만리를 내려다보니, 구름과 안개는 자욱하고 하늘과 바다는 한 데 붙어 뒤범벅이 되어 분별이 없는 듯 하였습니다. 갑자기 밝은 기운이 점점 열리고, 상하 사방이 걷혀 올라가기 시작하자, 가볍고 맑은 것은 하늘이 되고, 무겁고 흐린 것은 땅이 되는 듯 하더니, 건곤乾坤이 정하여 지고 만상이 나뉘어 졌습니다. 조금 있다가 오색 구름이 바다를 뒤덮고, 붉은 기운이 하늘에 치솟았으며, 물결은 겹겹이 늠실거리고, 둥근 해를 치받쳐 올리니, 바다 빛이 밝아지고 구름 기운이 흩어졌습니다. 상서로운 햇빛이 가득하니 눈이 부셔 볼 수 없고, 점점 높아져서 우주가 광명하고, 먼 봉우리와 가까운 산부리가 비단같이 얽히고 실처럼 나뉘어져서, 붓으로 그릴 수 없고 입으로 형용하여 말할 수 없었습니다. 이것이 제일 장관이었습니다"라고 대답하였다.
　화담은 해돋이를 가지고 우주 생성의 원리를 설파하고 있다.

　화담은 우주 공간에 충만하게 있는 기氣를 형이상학적인 대상으로 삼고, 그 기의 본질을 태허太虛라고 하였는 바, "기의 본질인 태허는 맑고 형체가 없는 것으로 선천先天이라 한다. 그 크기는 한정이 없고 그에 앞서서 아무런 시초도 없으며, 그 유래는 추궁할 수도 없다. 맑게 비어 있고 고요하여 움직임이 없는 것이 기의 근원이다. 널리 가득 차 한계의 멀고 가까움이 없으며, 꽉 차 있어 비거나 빠진 데가 없으니 한 호리毫釐의 용납될 틈이 없다. 그렇지만 오히려 실재實在하니, 이것을 '무無'라 할 수는 없는 것이다"라고 하였다.

홍길동전의 저자로 유명한 허균의 부친인 허엽은 화담의 제자인데, 7월에 선생님을 찾아갔다. 그러나 장마에 물이 불어 개울을 건널 수가 없어서 날이 저물고 물이 조금 줄자 겨우 건너 가니 선생님은 거문고를 타며 시를 읊고 계셨다. 허엽이 저녁밥을 짓고자 하니 화담은 "나도 아직 먹지 않았으니 내 몫까지 함께 짓도록 하게" 하였다. 이에 부엌에 들어가 보니 솥 안에 이끼가 가득 차 있었다. 허엽이 이상히 여겨 그

연유를 물으니 화담은 "물이 막혀 6일동안 집사람이 오지 못해서 식사를 못하였네. 그래서 솥에 이끼가 끼었을 것이네"라고 하였다. 허엽이 화담의 얼굴을 바라보니 조금도 굶주린 기색이 없었다.

화담은 유불선 삼교에 통달하였으며, 특히 주역을 바탕으로 한 상수학象數學에 능통하였다.

그런데 화담이 아래의 시를 가지고 우리에게 화두話頭를 던진다.

사물은 오고 또 와도 다 온 것이 아니니	有物來來不盡來
다 왔다 싶지만 또 다시 온다	來纔盡處又從來
오고 오는 것은 본시 처음이 없는 데서 오는 것이니	來來本自來無始
묻노라 그대 어디서부터 왔는가	爲問君從何所來

만물이 돌아가고 돌아가도 다 돌아가는 것이 아니니	有物歸歸不盡歸
돌아갔다 싶지만 다 돌아간 것 아니다	歸纔盡處未曾歸
돌아가도 돌아가도 다 돌아가지 못하니	歸歸到底歸無了
묻노라 그대 어디로 그리 돌아가는고	爲問君從何所歸

그러나 화두에 대한 답은 이미 시에 이미 담겨 있다. 왜냐하면 '그대 어디서부터 왔는가' 라고 묻지만 '본시 처음이 없는 데서 오는 것' 이라 하고, '그대 어디로 그리 돌아가는고' 라고 묻지만, '다 돌아가지 못하니' 라 하니 결국 래來와 귀歸가 '∞' 와 같기 때문이다. '∞' 는 무한無限하여 시공時空을 초월한다. 따라서 삶과 죽음은 '∞' 의 한 모습일 따름이다.

2. 나옹의 누님이 읊은 선시

고려 공민왕때 왕사王師를 지낸 나옹화상懶翁和尙의 누님이 동생의 법문을 듣고 깨우쳐 읊었다는 '부운浮雲뜬 구름' 이란 선시禪詩는 삶과 죽음을 한 조각 구름이 피어난 것과 사라진 것에 비유했다.

빈 손으로 왔다가	空手來
빈 손으로 가는 것	空手去
이것이 인생이다	是人生
삶은 어디로부터 오며	生從何處來
죽음은 어디를 향해 가는가	死向何處去
삶이란 한 조각 구름이 피어난 것	生也一片浮雲起
죽음이란 한 조각 구름이 사라진 것	死也一片浮雲滅
뜬 구름 자체는 본래 실다움 없는 것	浮雲自體本無實
삶과 죽음 오고 감도 이 같으리니	生死去來亦如然
여기 한 물건이 항상 홀로 있어	獨有一物常獨露
담연히 생사를 따르지 않는다네	澹然不隨於生死

나옹은 20세 때 이웃 친구의 죽음을 보고 "사람이 죽으면 어디로 가느냐"고 물었으나 아무도 답하는 이 없어 마침내 출가하여 문경聞慶 대승사大乘寺에서 용맹정진 끝에 득도하였다. 그 후 그는 중국 각지를 편력하며, 달마達磨로부터 내려오는 중국선禪의 영향을 받았다.

 나옹의 누님은 이 선의 경지에서 삶과 죽음이 다 실다움없는 것이라고 노래하였다. 위의 선시는 결코 인생의 허무함을 노래한 것이 아니다. 사람이 오고 가는 것, 즉 삶과 죽음이 삼라만상의 변화에서 비롯된 매우 자연스러운 현상이라는 것이다.

사실 삼라만상森羅萬象은 고정된 모습을 갖고 있지 않다. 현재의 겉모습은 가변적인 요소들의 일시적인 화합으로 연출된 환상 내지 허상에 불과하다. 거울 속에 비친 나이 든 자신의 모습을 보라. 이처럼 자신을 비롯한 일체의 삼라만상이 환상 내지 허상이라면 실상이란 어떤 것인가?

장자莊子 또한 호접몽胡蝶夢을 통하여 꿈과 현실, 허상과 실상에 대한 의문을 던진다.

우리는 허虛와 실實이 서로 분별과 대립의 관계를 이루고 있다고 보기 쉽다. 그러나 절대적인 진리란 모든 것을 포용해야 하므로 허허실실虛虛實實 그 자체가 바로 진리가 되어야 한다.

누구든 깨달음을 얻기 전에는 분별과 대립의 관계에 선다.

불교에서는 사람을 지地·수水·화火·풍風의 일시적인 화합으로 연출된 가아假我의 존재로 보고, 이러한 거짓 나를 실다운 나로 착각하면 외부의 경계 또한 실다운 것으로 착각하여 온갖 분별과 망상, 나아가 집착에 휩싸인 삶을 살게 된다고 말한다. 하지만 이러한 착각을 벗어난 경지에 이르면 착각에서 비롯된 환상 자체가 없기 때문에 따로 실상을 논의하지도 않으며, 삼라만상 시시각각의 모습이 바로 진리 그 자체가 된다고 말한다. 서산대사西山大師를 예로 들어 보자.

　서산은 조선 중종 15년에 태어났다. 태어나기 전에 어머니인 한남 김씨가 묘향산 쪽으로부터 흰 학이 구름 사이를 뚫고 날아와서 품 안에 안기는 태몽을 꾸었다. 다시 잠이 들었는데 꿈에 어떤 노파가 나타나서 절을 하면서 말하였다. "부인께서는 천하대장부를 낳을 것입니다. 그래서 이렇게 찾아 뵙고 축하드리는 것입니다." 아버지인 최세창은 아이의 이름을 틀림없이 훌륭한 인물이 될 것으로 믿고, '너를 믿는다' 라는 뜻으로 '여신汝信' 이라고 불렀다. 여신이 세 살이 되던 해 사월 초파일 부처님 오신 날 낮에 최세창이 비몽사몽 간에 꿈을 꾸었다. "애기스님[소사문·小沙門]을 뵙기 위해서 찾아 왔습니다. 애기스님의 이름을 운학雲鶴이라 하십시오." 최세창이 물었다. "운학雲鶴이란 뜻이 무엇입니까"? "애기스님은 한평생을 살아감에 구름과 같이 떠도는 운수납자雲水衲子와 같고, 추구하는 정신세계가 고고하고 뛰어나서 군계일학群鷄一鶴과 같기 때문이오"라고 대답하고는 사라졌다. 그 후 '여신' 이란 이름 대신에 '운학' 이라 부르기도 하고 '애기스님' 이라고도 불렀다.

　운학의 나이 아홉 살이 되던 해에 어머니가 세상을 떠나버렸다. 운학이 열 살이 되던 이듬해에는 아버지 최세창 마저 세상을 떠나고 말았다. 그 후 이러저러한 인연으로 지리산에서 큰스님을 모시고 공부를 하였다. 어느 날, 냇가에서 물을 길러 지게에 지고 절로 돌아오는 길에 멀리 구름에 쌓인 산들을 바라보다가 문득 깨달은 바가 있어 그 심경을 시로 읊었다.

　물을 길어 절로 돌아오다 문득 머리를 돌리니　　　　汲水歸來忽回首
　푸른 산이 흰 구름 속에 있네　　　　　　　　　　青山無數白雲中

　운학은 진리의 세계가 먼 곳에 있는 것이 아니라 현실세계에 있음을 느꼈다. 다음 날 아침에 스스로 삭도를 들고 머리를 깎아 휴정休靜으로 새로 태어났다. 출가 후 휴정의 공부가 무르익고 있었다. 그러던 어느 날 같이 수행했던 도반道伴을 찾아나섰는데 전라북도 남원을 지나 성촌 마을 앞에서 문득 한낮에 우는 닭 울음소리를 듣고는 칠흑처럼 캄캄한 마음의 의혹을 깨부수고 활연대오하는 큰 깨달음을 얻었다. 휴정은 이 깨달음의 경지를 시로 읊었다.

| 문득 깨달음을 얻어 내 집에 이르니 | 忽得自家底 |
| 온 세상의 사물들이 그대로 진리의 세계로다 | 頭頭只此爾 |

서산은 분별과 대립을 벗어나 허허실실 그 자체가 바로 진리이며 삼라만상 시시각각의 모습이 바로 진리 그 자체가 된다고 보았다.

나옹의 누님은 삶과 죽음이 다 실다움 없는 것이라고 노래하였다. 하지만 '실다움 없는 것'의 의미는 '허무함'이 아니라 '망상妄想^{delusion}에서 비롯한 것'이란 뜻이다. 따라서 나옹의 누님은 삶과 죽음이 별개가 아니라고 노래하였다. 좀 더 쉽게 이야기하면 삶과 죽음이란 우리가 머릿속에서 만들어낸 것이며 우리의 본래 모습은 영원하다는 것이다.

3. 싯다르타의 깨달음

석가모니란 석가족族 출신의 성자라는 뜻이다. 본래의 성은 고타마^{Gautama瞿曇}, 이름은 싯다르타^{Siddhārtha悉達多}인데, 후에 깨달음을 얻어 붓다^{Buddha佛陀}라 불리게 되었다. 여기에서는 싯다르타 고타마을 줄여서 '싯다르타'로 부르기로 하자.

  현재의 네팔 남부와 인도의 국경부근인 히말라야산 기슭의 카필라성^{Kapilavastu迦毘羅城}을 중심으로 샤키야족^[釋迦族]의 작은 나라가 있었다. 싯다르타는 그 나라의 왕 슈도다나^[정반왕:淨飯王]와 마야^{摩耶} 부인 사이에서 태어났다.

  싯다르타의 탄생은 태몽에 관한 이야기로부터 시작된다. 어머니인 마야 부인은 석가모니를 낳기 전 아름답고 은처럼 하얀 코끼리가 그녀의 옆구리로 들어오는 꿈을 꾸었다. 마야 부인은 출산이 가까워짐에 따라 당시의 습속대로 친정에 가서 해산하기 위해 고향으로 가던 도중 늦은 봄 화창한 날씨에 카필라와 콜리의 경계에 이르렀다. 저 멀리 히말라야의 봉우리들이 흰 눈을 이고 우뚝우뚝 장엄하게 솟아 있는 모습이 보였고, 가까이에는 평화로운 룸비니 동산이 있었다. 동산에는 이름 모를 꽃들이 다투어 피고, 뭇 새들은 일행을 축복하는 듯 지저귀며 날았다. 룸비니 동산의 아름다움에 도취된 일행은 그 곳에서 잠시 쉬어 가기로 했다. 마침 가까운 곳에 무우수無憂樹 꽃이 활짝 피어 아름다운 향기를 뿜고 있었다. 왕비가 아름다운 꽃가지를 만지려고 오른 손을 뻗쳤다. 그 순간 갑자기 산기를 느꼈다. 일행은 곧 나무 아래에 휘장을 쳐 산실을 마련했다. 이때 태어난 왕자가 뒷날 임금의 자리를 버리고 출가 수행하여 부처가 된 후 무수한 중생을 교화한 싯다르타이다.

 전설에 따르면 싯다르타가 태어났을 때, 히말라야산에서 아시타라는 선인仙人이 찾아와 왕자의 상호相好를 보고, "집에 있어 왕위를 계승하면 전 세계를 통일하는 전륜성왕轉輪聖王이될 것이며, 만약 출가하면 반드시 불타가 될 것"이라고 예언하였다고 한다.

싯다르타가 태어난 후 7일만에 어머니인 마야왕비가 돌아가셨다. 그래서 그는 이모의 보살핌을 받으면서 자라났다. 싯다르타는 어릴 적 아버지를 따라 어느 농촌에 갔다가 새가 벌레를 잡아먹는 것을 보고는 매우 놀랐다. 그래서 왜 저렇게 먹고 먹히는 걸까하고 궁금해 했다. 이를 걱정한 아버지인 정반왕은 혹시 예언가의 말대로 아들이 수행자로 나서는 게 아닌가 걱정이 되어 싯다르타가 온갖 좋은 옷과 화려한 궁궐생활로 만족할 수 있도록 해주었다.

청년이 된 싯다르타는 어느날 동서남북 네 성문밖으로 나가 보았다. 동쪽 성문밖에서는 늙은 노인을, 남쪽 성문밖에서는 병든 환자를, 서쪽 성문밖에서는 죽은 사람의 장례행렬을 보았다. 마지막으로 북문에서는 얼굴이 맑은 수행자의 모습을 보았다.

정반왕은 싯다르타가 16세 되던 해에 그를 야쇼다라[耶輸陀羅]라는 아름다운 신부와 결혼을 시켰다. 그래서 싯다르타는 라훌라羅睺羅라는 아들을 낳았다.

싯다르타가 29세 되던 해에 그는 성을 나와 수행자의 길을 걸었다. 온갖 어려움을 극복하고 마침내 35살이 되었을 때 보리수나무 아래서 새벽별을 보고 깨달음을 얻었다. 이 깨달음을 정각正覺abhisambodhi이라고 한다.

그러면 정각正覺[abhisambodhi]의 내용이 무었일까?

그것은 연기緣起이다. 연기緣起란 모든 현상은 무수한 원인과 조건이 서로 관계해서 성립되어 있는 것으로, 영원한 개체[個體, individual] 즉 불변하는 본래의 고정된 모습인 '나我' 란 실체는 존재하지 않는다는 도리이다.

그 깨달음의 내용에 대하여 『아함경阿含經』에는 여러 가지의 설명이 나온다. 그러나 기본적으로는 선정에 의하여 법法[dharma]을 깨달았다고 하겠다. 선정은 강렬한 마음의 집중이며, 여기에서 생긴 지혜는 신비적 직관直觀이 아니라 자유로운 여실지견如實知見 즉 있는 그대로 옳게 봄이다.

석가모니는 성도成道 후 5주 간을 보리수 아래에서 해탈의 기쁨에 잠겨 있었는데, 범천梵天의 간절한 권청勸請이 있어 설법·교화를 결심하였다.

혹서酷暑의 중부인도印度 각지를 45년의 긴 세월에 걸쳐 설법·교화를 계속한 석가모니는, 80세의 고령에 이르렀다. 여러 차례의 중병에도 불구하고 설법·교화여행을 계속하였다. 이때 자신의 죽음을 예견하고

여러 가지 유언을 하였다. "자신을 등불로 삼고 자신을 귀의처로 하라. 법을 등불로 삼고 법을 귀의처로 하여 수행하라" 또한 자기가 죽은 뒤에 "교주敎主의 말은 끝났다, 우리의 교주는 없다고 생각하여서는 아니 된다. 내가 설한 교법敎法과 계율이 내가 죽은 후 너희들의 스승이 될 것이다" 등이 그것이다. 마침내 쿠시나가라Kusinagara의 숲에 이르렀을 때, 석가모니는 심한 식중독을 일으켜 쇠진하였다. "나는 피로하구나. 이 두 사라수沙羅樹 사이에 머리가 북쪽으로 향하게 자리를 깔도록 하라"고 말하자, 제자들은 석가모니의 운명이 가까웠음을 알고 눈물을 흘렸다. 석가모니는 "슬퍼하지 마라. 내가 언제나 말하지 않았느냐. 사랑하는 모

든 것은 곧 헤어지지 않으면 아니 되느니라. 제자들이여, 그대들에게 말하리라. 제행諸行은 필히 멸하여 없어지는 무상법無常法이니라. 그대들은 중단없이 정진하라. 이것이 나의 마지막 말이니라"고 설한 후 눈을 감았다.

불교의 『반야심경』에서 말하는 '색즉시공 공즉시색色卽是空 空卽是色'의 의미는 색色인 유형有形은 공空인 무형無形과 서로 다르지 않다는 것이다. 의문이 생길 수 있지만 이것이 바로 진리다. 생각해보라. 모든 물체는 분자 → 원자 → 원자핵 → 소립자로 분해되므로 결국 소립자의 뭉치와 다르지 않다. 그런데 그 소립자는 신비스런 형태로 충돌을 거듭하며 나타남과 사라짐을 반복하니 나타날 때는 색色이고 사라질 때는 공空이다. 유형에서 무형으로, 그리고 무형에서 유형으로 변화를 되풀이하여 '색즉시공 공즉시색色卽是空 空卽是色'을 이룬다. 인간의 육체 또한 이와 다르지 않다.

삼라만상은 이처럼 항상 변화하고 있으며, 불변하는 본래의 고정된 모습인 '나我'란 실체는 존재하지 않는다. 그래서 사람의 한평생이란 결국 불변하는 본래의 고정된 모습인 '나我'를 꿈꾸는 사람에게는 한낱 덧없는 꿈에 불과하지만, 개체사상을 벗어나 불이不二의 경지에 이른 사람에게는 불생불멸不生不滅 그 자체인 것이다.

— 2 —

우리가 죽으면 어디로 가나

1. 소동파의 적벽부

소동파 蘇東坡는 중국 메이산[眉山:지금의 四川省] 출생으로서 이름은 식軾이고, 호는 동파거사東坡居士이다. 송나라 제 1의 시인이며, 문장에 있어서도 당송팔대가唐宋八大家의 한 사람이다. 22세 때 진사에 급제하고, 과거시험의 위원장이었던 구양수歐陽修에게 인정을 받아 그의 후원으로 문단에 등장하였다. 왕안석王安石의 '신법新法'이 실시되자 '구법당舊法黨'에 속했던 그는 지방관으로 전출되었다.

천성이 자유인이었으므로 기질적으로도 신법을 싫어하였으며 "독서가 만 권에 달하여도 율律은 읽지 않는다"고 하였다. 이 일이 재앙을 불러 사상 초유의 필화筆禍사건을 일으켰다. 당시唐詩가 서정적인 데 대하여 그의 시는 철학적 요소가 짙었고 새로운 시경詩境을 개척하였다. 대표작인『적벽부赤壁賦』는 불후의 명작으로 널리 애창되고 있다. '부賦'란『시경詩經』에서 이르는 시의 육의六義 가운데 하나인데, 사물이나 그에 대한 감상을, 비유를 쓰지 아니하고 직접 서술하는 작법이다.

적벽부는 필화筆禍 사건으로 죄를 얻어 황저우[黃州:湖北省]에 유배되었던 소동파가 1082년의 가을7월과 겨울10월에 황저우성 밖의 적벽에서 놀다가 지은 것이다. 7월에 지은 것을『전적벽부』, 10월에 지은 것을『후적벽부』라 한다. 적벽부에는 삼국시대의 옛 싸움터인 적벽의 아름다운 경치와 역사의 대비, 그리고 자연과 일체화하려는 소동파의 철학이 유려流麗한 시풍詩風으로 잘 나타나 있다.

임술王戌년, 원풍元豐 5년 가을 7월 16일 밤, 나, 소동파는 손님과 함께 배를 띄워 적벽강 언덕 아래서 놀았다. 서늘한 바람은 천천히 불어오니, 수면의 물결도 일어나지 않았다. 술을 부어 손님에게 권하면서 시경詩經의 명월明月의 시詩를 읊조리고 또 요조窈窕의 장章을 노래하였다. 잠시 후 달이 동산 위에 솟아오르더니, 남두성南斗星과 견우성牽牛星의 사이, 동남쪽의 하늘을 천천히 배회하는 것이었다. 장강 일대에는 저녁 백로白露가 촉촉히 내렸고, 수광水光과 하늘이 하나로 접하여 강면江面이 아득히 넓다. 그 가운데를 한 척의 작은 배가 제멋대로 가게하니, 만경萬頃이나 되는 넓은 강면을 작은 배는 물결을 가르면서 흘러 넘어가는데 광대廣大한 것이 끝이 없어 마치 허공虛空에 의지하고 바람을 타서 무한정 전진하는 것처럼 생각되었다. 그리고 바람에 나부껴 가볍게, 속세의 모든 일을 잊고, 또 어떤 것에도 구애됨이 없이 다만 혼자 자유로운 입장에서, 날개가 돋혀 신선이 되어 승천昇天하는 것처럼 생각되었다. 이런 신비스러운 풍경 속에서 술을 마시니 기분이 매우 유쾌해져서 뱃전을 두드려 장단을 맞추면서 노래를 불렀다.

동행 손님 가운데 퉁소를 부는 사람이 있어, 나의 노래에 따라 장단을 맞춰주었다. 그 소리는 '삘릴리 삘릴리' 울리는데 원망하는 듯, 사모하는 듯, 혹은 우는 듯 하소연하는 듯하여 그 여운이 가늘고 길어, 실처럼 길면서도 끊어지지 않았다. 나는 얼굴에 슬픈 빛을 띠고 옷깃을 바로 잡은 후 단정히 앉아 손님에게 물었다. '무엇 때문에 그 소리가 그토록 슬프냐' 고.

손님은 대답하였다. "달이 밝으니 별이 드물고, 까막까치는 남쪽으로 날아간다,고 한 것은 조맹덕曹孟德의 시인데, 이 근처야말로 조맹덕의 옛 싸움터인 적벽이다. 그 영웅호걸이 지금은 어디 있느냐. 다만 역사의 한토막이 되었을 뿐이다. 그런데 그대와 나처럼 장강의 물가에서 물고기를 잡고 나무꾼 노릇이

나 하는 천한 생활을 하면서, 물
고기와 새우의 친구가 되고, 사슴
의 벗이 되어 살아가는 신세는 더
욱 덧없는 것이 아니겠느냐. 한
척의 작은 배에 타고, 호리병의
술을 들어 서로 권하고는 있지만,
마치 아침에 났다가 저녁에 죽어
버리는 하루살이 같이 짧은 생명
을 광대영원廣大永遠한 천지에 기
탁하고 있는데, 말하자면 우리 신
세는 망망대해茫茫大海에 떠있는
좁쌀 한 알 같은 미미한 존재다.

그리하여 자기의 생명이 극히 짧은 동안임을 슬퍼하면서 장강의 물은 끊일 날
없이 영원히 흐르는 것을 부러워하는 것이다. 그렇다고 하늘을 날아가는 신선
과 함께 마음대로 놀 수도 없고, 또 명월을 안고 함께 오래오래 살아간다는 것
도 갑자기 될 수 없는 일인 줄 알기 때문에, 다함없는 슬픔을 퉁소소리의 뒤에
남는 가냘픈 여운餘韻 속에 넣어, 그것을 쓸쓸하고 슬픈 가을바람에 날리는 것
이라"고 하였다.

나는 말하였다. "그대는 저 물과 달을 아는가. 흐르는 물은 밤낮의 구별없
이, 이 장강의 물처럼 흘러가지만 아직 지금까지 물이 다 흘러가버린 적은 없
으며, 장강은 언제나 변함없이 유유悠悠히 흐르고 있다. 또 찼다 이즈러졌다 하
는 달은 저와 같이 늘 변화하지만, 달의 본체는 소멸消滅하지도 증장增長하지
도 않는다. 생각하건대, 그 변하는 것, 즉 현상現象의 편에서 보면, 천지도 또한
현상이므로, 일순간일지라도 원상태原狀態대로는 있을 수 없다. 그러나 변화하
지 않는 측면側面에서 관찰할 때는, 타물他物도 자기도 다같이 무한한 생명에

29

근거하여 다함이 없는 것이다. 그러니 우리가 무엇을 부러워할 것인가. 장강의 무궁함을 부러워할 필요는 없다. 우리들 각자各自도 그렇게 생각하면 결코 덧없는 존재가 아니며 상당한 가치를 갖고 있는 것이다. 그 뿐만 아니라, 천지 간의 모든 물건에는 각각 주인이 있으니, 적어도 자기의 소유가 아니면, 한가닥의 터럭만한 것도 취해서는 안되지만 다만 이 장강 위의 서늘한 바람이나 산간山間의 명월明月만은 귀가 이 바람을 얻으면 기분좋은 소리로 듣고, 눈이 이 달을 보면 아름다운 빛으로서 바라보아, 이것을 취한대도 어느 누구 시비하는 자 없고, 또 아무리 사용해도 없어지는 법도 없다. 그러니 이것이야말로 조물주가 지은 물건이 다함이 없이 나오는 창고이다. 그런데 그 무소유無所有, 무진장無盡藏의 양풍명월凉風明月, 즉 자연의 미美는 나도 그대도 다함께 좋아하는 것이니, 이것들을 마음대로 즐기면서 마음을 위로함이 좋지 않겠는가" 라고 하였다.

손님은 이 말을 듣고 마음이 기뻐 웃으면서, 술잔을 씻고 술을 다시 마시니, 그러는 동안에 물고기 안주며 과일도 다 없어졌고, 술잔과 접시가 뒤섞여 흩어져 있었다. 그러다가 우리들은 술에 취하여 서로를 베개하고 겹쳐누워 잠들어 동이 훤하게 터오는 것조차 알지 못했다.

소동파에 따르면 변하는 것, 즉 현상現象의 편에서 보면, 천지도 또한 현상이므로, 일순간일지라도 원상태原狀態대로는 있을 수 없다. 따라서 삶과 죽음은 윤회로 이어진다. 그러나 또한 소동파에 따르면 변화하지 않는 측면側面에서 관찰할 때는, 타물他物도 자기도 다 같이 무한한 생명에 근거하여 다함이 없는 것이다. 따라서 삶과 죽음의 윤회가 사라진다.

2. 성철 스님의 법어

성철性徹 스님은 오로지 구도에만 몰입하는 승려로 파계사把溪寺에서 행한 장좌불와長坐不臥 8년은 유명한 일화이다. 조계정 종정을 지내며 돈오돈수頓悟頓修를 주장하였다.

법어 1 — 사람은 자기가 만든 세계 속으로 태어난다

성철 스님은 『자기를 바로 봅시다』의 '영혼의 세계' 에서 다음과 같이 생사윤회를 밝히고 있다.

지난 수천년 동안 많은 사람들에 의해 논란과 시비가 되면서 완전히 결론을 내리지 못한 문제로 영혼 문제가 있습니다.

어떤 과학자나 철학자, 종교가는 영혼이 꼭 있다고 주장하는가 하면 또 어떤 학자들은 영혼같은 것은 없다고 주장합니다. 이런 싸움은 수천년 동안 계속되어 내려왔습니다.

그러면 불교에서는 이 문제를 어떻게 취급하는가? 부처님께서는 한결같이 생사윤회를 말씀하셨습니다. 즉 사람이 죽으면 그만이 아니고, 생전에 지은 바업業에 따라 몸을 바꾸어 가며 윤회를 한다는 것입니다. 윤회는 우리 불교의 핵심적인 원리의 하나입니다.

그러면 윤회란 것은 확실히 성립되는 것인가? 근래 세계적인 대학자들은 윤회를 한다는 영혼 자체를 설명할 수 없다고 합니다. 그렇다면 어떻게 윤회를 설명할 수 있겠습니까? 그래서 이렇게 말하는 사람들도 있습니다.

'윤회는 부처님께서 교화를 위해 방편으로 하신 말씀이지 실제 윤회가 있는 것은 아니다. 윤회가 있고 인과가 있다고 하면 겁이 나서 사람들이 행동을 잘할 터이므로 교육적인 방편으로 하신 말씀이다.'

그런데 근래 과학이 물질만이 아니라 정신과학도 자꾸 발달함에 따라 영혼이 있다는 것이, 윤회가 있다는 것이, 또한 인과가 분명하다는 것이 점차로 입증되어지고 있습니다.

이제 불교에서 말하는 윤회는 세계의 많은 학자들에 의해서 그 베일이 벗겨지고 있습니다. 한가지 예를 들어보겠습니다.

지금으로부터 25년 전 터어키 남부의 '아나다' 라는 마을에 '이스마일' 이라는 어린애가 있었습니다. 그 집은 정육점을 하는데, 난 후 일년 반쯤 되는 이 어린애가 어느 날 저녁에 아버지와 침대에 누워 있다가 문득 이런 소리를 하는 것입니다.

"나는 이제 우리 집에 가겠다. 이 집에는 그만 살겠어요."

"이스마일아, 그게 무슨 소리냐, 여기가 네 집이지 또 다른 네 집이 어디 있어?"

"아니야, 여기는 우리 집이 아니야! 우리 집은 저 건너 동네에서 과수원을 하고 있어. 내 이름도 '이스마일' 이 아니고 '아비스스루무스' 야. '아비스스루무스' 라고 부르세요. 그렇지 않으면 이제부터는 대답도 안할테야."

이러는 것입니다. 그러면서 또 말했습니다.

"나는 저 건너 동네 과수원집 주인인데 50살에 죽었어. 처음에 결혼한 여자는 아이를 못 낳아서 이혼하고 새로 장가를 갔어. 그리고는 아이 넷을 낳고 잘 살았지. 그러다가 과수원의 일하는 인부들과 싸움이 일어나서 머리를 맞아 죽었어. 마구간에서 그랬지. 그때 비명소리를 듣고 부인하고 애들 둘이 뛰어나오다가 그들도 맞아 죽었어. 한꺼번에 네 사람이 죽었지. 그 후 내가 당신 집에 와서 태어난 거야. 아이들 둘이 지금도 그 집에 있을텐데 그 애들이 보고 싶어서 안되겠어."

그리고는 자꾸 전생의 자기 집으로 간다고 합니다. 그런 소리를 못하게 하면 웁니다. 그러다가 또 전생 이야기를 합니다. 한 번은 크고 좋은 수박을 사왔습니다. 이 어린애가 가더니 제일 큰 조각을 쥐고는 아무도 못먹게 하는 것입니다.

"내 딸 '구루사리'에게 갖다 줄테야! 그 애는 수박을 좋아 하거든."

그가 말하는 전생에 살던 곳은 별로 멀리 떨어지지 않은 곳이어서 그 지방 사람이 간혹 이 동네에 오는 이가 있습니다. 한 번은 웬 아이스크림 장수를 보더니 뛰어나가서 말했습니다.

"내가 누군지 알겠어?"

알 턱이 있겠습니까?

"나를 몰라? 내가 '아비스스루무스'야. 네가 전에는 우리 과수원의 과일도 갖다 팔고, 채소도 갖다 팔았는데 언제부터 아이스크림 장사하지? 내가 또 네 할례割禮도 해주지 않더냐?"

이렇게 이야기하는 것이 모두 사실과 맞는 것입니다. 이것이 자꾸자꾸 소문이 났습니다.

터어키는 회교국으로서 회교 교리상 윤회를 부인하는 곳입니다. 그러므로 만약 재생을 주장하면 결국 그 고장에서 살 수 없게 되는 것입니다. 그래서 어른들은 '아비스스루무스'가 전생 이야기를 하지 못하도록 자꾸 아이의 입을 막으려고 하였으나, 우는 아이를 달래려면 도리가 없었습니다. 아이가 세 살이 되던 해입니다. 확인도 해볼겸 아이를 과수원으로 데리고 갔습니다. 함께 가는 사람이 다른 길로 가려면

"아니야, 이쪽 길로 가야 해."

하면서 한 번도 가보지 않은 길을 앞장서서 과수원으로 조금도 서슴지 않고 찾아 들어가는 것입니다.

과수원에는 마침 이혼한 전생 마누라가 앉아 있다가 웬 어린애와 그 뒤를 따라오는 많은 사람들을 보고 눈이 둥그렇게 되어 쳐다보았습니다. 어린애는 전생 마누라의 이름을 부르며 뛰어가더니 다리를 안으며 말했습니다.

"너 고생한다."

어린애가 중년의 부인을 보고 '너 고생한다' 고 하다니! 부인은 더욱 당황했습니다.

"놀라지 말아라. 나는 너의 전생 남편인 '아비스스루무스' 인데 저 건너 동네에서 태어나서 지금 이렇게 찾아왔어."

또 아이들을 보더니,

"'사귀', '구루사리' 참 보고 싶었다"

하면서 흡사 부모가 자식을 대하듯 하는 것입니다. 또 사람들을 자기가 맞아 죽은 마구간으로 데리고 갔습니다.

전에는 좋은 갈색 말이 있었는데 그 말이 안보이니 어떻게 되었는지 묻고, 팔았다고 하니 무척 아까워했습니다. 그리고 그 곳에서 일하던 여러 인부들을 보지도 않고서 누구누구하며 한 사람씩 이름을 대면서 나이는 몇 살이고 어느 동네에 산다고 하는데 모두 맞습니다. 그런데 어떻게 전생의 과수원 주인이 아니라고 할 수 있습니까?

이것이 결국 세계적인 화제 거리가 되어 '이스마일' 이 여섯 살이 되던 1962년 학자들이 전문적이고 과학적으로 조사 검토하기 위해 조사단을 조직하였습니다.

이때 일본에서도 다수의 학자들이 참여했습니다. 그 조사 보고서에서 보면 확실하고 의심할 수 없는 전생기억으로 다음과 같은 것이 있습니다. 그 과수원 주인이 생전에 돈을 빌려 준 것이 있었는데 '아비스스루무스' 가 죽어버린 후 그 돈을 갚지 않았습니다. 그 돈 빌려간 사람을 불렀습니다.

"네가 어느 날 돈 얼마를 빌려가지 않았느냐. 내가 죽었어도 내 가족에게 갚아야 할 것이 아니냐. 왜 그 돈을 떼어 먹고 여태 갚지 않았어?"

돈 빌려 간 날짜도 틀림없고 액수도 틀림없었습니다. 안 갚을 수 있겠습니까! 이리하여 전생 빚을 받아내었습니다.

이것은 죽은 '아비스스루무스'와 돈 빌려 쓴 두 사람 외에는 아무도 모르는 비밀이었습니다. 그런 것을 틀림없이 환하게 말하는데, 이것을 누가 어린애에게 말해 줄 것이며 또 어린애가 어떻게 알 수 있겠습니까? 이렇게 하여 '이스마일'은 '아비스스루무스'의 재생이라는 데에 확정을 짓고 보고서를 내었습니다.

앞에서 얘기한 '이스마일'의 예와 같은 전생기억의 사례는 학계에 보고된 것만 해도 무수히 많습니다. 또 차시환생借屍還生^{사람이 죽어서 다시 나는 것이 아니고 내 몸뚱이는 아주 죽어버리고 남의 송장에 의지해서, 즉 몸을 바꾸어서 다시 살아나는 경우}과 연령역행年齡逆行^{최면술을 사용하여 사람의 연령을 자꾸자꾸 역행시켜 전생을 알아내는 경우}의 사례도 있습니다.

그러면 전생이 있고 윤회를 한다고 할 때 어떤 법칙에서 윤회를 하는가? 내가 마음대로 원하기만 하면 김씨가 되고 남자가 되고 할 수 있는가? 영국의 캐논Sir Alexander Cannon 박사의 보고서에 의거해서 살펴보면 그것은 순전히 불교에서 얘기하는 인과법칙에 의한다는 것이 판명되었습니다. 인과법칙이란 선인선과善因善果, 악인악과惡因惡果입니다. 콩 심은 데 콩 나고 팥 심은 데 팥 난다는 말입니다. 이것은 자연의 법칙입니다. 착한 원인에는 좋은 결과가 생기고, 나쁜 원인에는 좋지 않은 결과가 생긴다 이 말입니다.

성철 스님의 말씀을 한마디로 요약해서 '사람은 자기가 만든 세계 속으로 태어난다'고 표현할 수 있다.

법어 2 ― 오고 가는 것 즉 생과 사가 없다

성철 스님은 『자기를 바로 봅시다』의 '내가 부처가 된 때'에서 다음과 같이 불생불멸不生不滅을 밝히고 있다.

불교의 목적이 무엇이냐고 물으면 '성불이다', 즉 부처가 되는 것이라고 합니다. 으레껏 그렇게 말하지만 실제로는 맞지 않는 말입니다. 실제로는 중생이 본래 부처라는 것입니다. 깨쳤다는 것은 본래 부처라는 것을 깨쳤다는 말일 뿐 중생이 변하여 부처가 된 것이 아닙니다. 그 전에는 자기가 늘 중생인 줄로 알았는데 깨치고 보니 본래 성불해 있더란 것입니다. 본래 성불해 있었는데 다시 무슨 성불을 또 하는 것입니까? 그런데도 '성불한다' 이렇게 말하는 것은 중생을 지도하기 위한 방편으로 하는 말일 뿐입니다. 부처님이 도를 깨쳤다고 하는 것은 한량없는 세월 전부터 성불한 본래 모습 그것을 바로 알았다는 말입니다. 이 말은 부처님 한 분에게만 해당되는 말이 아닙니다.

우리가 사는 이 세계를 '사바세계'라 합니다. 모를 때는 사바세계이지만 알고 보면 이곳은 사바세계가 아니고 저 한량없는 세월 전부터 이대로가 극락세계입니다. 그래서 불교의 목표는 중생이 변하여 부처가 되는 것이 아니고, 누구든지 바로 깨쳐서 본래 자기가 한량없는 세월 전부터 성불했다는 것, 이것을 바로 아는 것입니다. 동시에 온 시방법계가 불국토佛國土 아닌 곳, 정토淨土 아닌 나라가 없다는 이것을 깨치는 것이 불교의 근본 목표입니다.

부처란 불생불멸不生不滅을 이르는 말입니다. 한량없는 세월 전부터 성불했다고 하는 것은 본래부터 모든 존재가 불생불멸 아닌 것이 없다는 그 말입니다.

그러면 어째서 사바세계가 있고 중생이 있는가?

내가 언제나 하는 소리입니다. 아무리 해가 떠서 온 천하를 비추고 환한 대낮이라도 눈 감은 사람은 광명을 못 봅니다. 그와 마찬가지입니다. 마음의 눈을 뜨고 보면 우주법계 전체가 광명인 동시에 대낮 그대로입니다. 마음의 눈을 뜨고 보면 전체가 부처 아닌 존재 없고 전체가 불국토 아닌 곳이 없습니다.

그러나 이것을 모르고 아직 눈을 뜨지 못한 사람은 '내가 중생이다', '여기가 사바세계다' 라고 말할 뿐입니다.

눈을 감고 보면 전체가 다 암흑입니다. 마음의 눈을 뜨고 보면 전체가 다 부처이고, 전체가 다 불국토이지만, 마음의 눈을 감고 보면 전체가 다 중생이고 전체가 다 사바세계인 것입니다. 그러니 우리는 이것저것 말할 것 없습니다. 누가 눈감고 캄캄한 암흑세계에 살겠다고 하는 사람이 있겠습니까. 누구든지 광명세계에 살고 싶고, 누구든지 부처님 세계에 살고 싶고, 누구든지 정토에 살고 싶은 것입니다. 그렇다면 한시 바삐 어떻게든 노력하여 마음의 눈만 뜨면 일체의 문제가 다 해결됩니다.

가고 오고 할 것이 없습니다.

성철 스님의 말씀을 한마디로 요약해서 '오고 가는 것 즉 생과 사가 없다' 고 표현할 수 있다.

3. 참으로 미묘하다

함부르크 대학 교수를 역임한 오토 베츠Otto Betz는 저서 『숫자의 비밀Die geheimnisvolle Welt der Zahlen』에서 다음과 같이 설명하고 있다.

우리가 소속되어 살아가는 이 세계, 우리의 영원한 연구 대상인 이 지상의 세계는 숫자로 이루어진 세계다. 이 세상에 몸담고 있는 모든 존재와 사물은 나란히 혹은 서로 마주하면서 존재한다. 이 모든 것들은 셀 수 있는 것으로서, 이들의 관계 또한 계산이 가능하다. 즉 이 세상의 모든 존재와 사물은 더하거나 뺄 수 있으며, 곱하거나 나눌 수 있는 것이다. 그리고 우리에게는 수학적인 능력, 그러니까 이 모든 것들을 측정하고 셀 수 있는 능력이 허락되어 있고, 이런 우리의 능력에 대해 우리는 대단한 자부심을 가지고 있다.

그러나 이런 자부심에도 불구하고 실제로 측량과 계산의 대상이 될 수 없는 현상들이 존재하는 것도 사실이다. 루돌프 카스너는 "정신의 세계에서 숫자는 더 이상 아무런 효력을 발휘하지 못한다"고 말한다. 그리고 마이스터 엑크하르트는 "영원 속에는 숫자가 존재하지 않는다. 영원은 모든 숫자들의 저편에 존재한다"라고 주장했다. 이런 믿음과 주장 앞에서 우리의 자부심은 일시에 무너져 내리고 만다.

우리 인간들은 숫자를 통해 이 세상의 다양한 관계들을 수집하고, 측정하고,

한데 모으고, 수량화시키고, 관찰하여 그 의미를 파악해내려 부단히 애쓰고 있다. 그렇지만 혹시 다른 한 편으로는 숫자가 더 이상 아무런 역할을 수행하지 못하는 상태에 도달할 수 있기를 동경하고 있는 것은 아닐까? 아니면 언젠가는 숫자를 넘어설 수 있으리라는 희망을 가지고 이 숫자의 세계를 횡단해온 것은 아닐까? 이런 기대를 반영하듯 라이너 마리아 릴케는 「오르페우스에게 바치는 소네트」에서 다음과 같이 노래한다.

> 이루 말할 수 없는 숫자의 합에
> 환호하며 덧보태라, 그대 자신을, 그리고는 숫자를 없애버려라.

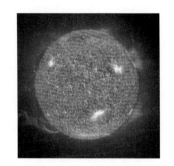

우리 인간은 숫자로 이루어진 세상에 살고 있다. 그런 이상 숫자를 과소평가하거나 무시하는 것은 불가능할 것이다. 하지만 숫자의 세계를 극복하고 이를 통해 우리의 좁디좁은 한계를 넘어서고자 하는 비밀스런 열망을 마음 속에 간직하는 것은 무방하리라고 생각한다.

우리는 앞에서 본 성철 스님의 법어 1과 법어 2가 모순[矛盾, contradiction]이라고 생각할 수 있다. 왜냐하면 법어 1은 윤회를 긍정하는 것이고 법어 2는 윤회를 부정하는 것이기 때문이다. 그러나 오토 베츠Otto Betz가 숫자의 있음과 없음을 밝힌 것처럼 성철 스님은 윤회의 있음과 없음을 밝힌 것이다. 밤과 낮이 존재하듯 깨달음을 이루지 못한 중생과 깨달음을 이룬 부처가 존재한다. 깨달음을 이루지 못한 중생에게는 윤회가 따르고 깨달음을 이룬 부처에게는 윤회가 끊어진다.

참고로 불교에서는 '세간의 멸滅함을 여실히 보면 세간이 있다[有]는 견해가 있을 수 없고, 세간의 생生함을 여실히 보면 세간이 없다[無]는 견해를 가질 수 없다.

그렇기에 여래는 유有와 무無를 떠난 중도中道를 설한다'고 한다. 성철 스님은 고승이므로 위의 법어는 이 중도를 일러주기 위한 대기설법對機說法 : 불교에서 듣는 사람의 이 해능력에 맞추어 진리를 해설하는 일이라고 본다.

고승의 선시 가운데는 언어나 문자의 고정된 틀을 벗어나 종횡무진으로 달리는 경우가 많다.

효봉曉峰스님은 할아버지에게 사서삼경을 배웠으며, 1913년 일본 와세다早稻田대학 법학부를 졸업했다. 귀국 후 우리나라 최초의 판사가 되어 법조계에서 일했다. 1923년 한 피고인에게 사형선고를 내린 후 '인간이 인간을 벌하고 죽일 수 있는가'라는 회의에 빠져 법관직을 버리고 3년 동안 전국을 방랑한 뒤 1925년 금강산 신계사 보운암에서 출가했다.

출가 후 고승을 찾아 전국을 순례하였으나 뜻을 이루지 못하고 1927년 금강산으로 돌아왔다. 이후 밤낮으로 수행을 거듭하였는데, 한번 앉으면 절구통처럼 움직이지 않아 절구통 수좌首座라는 별명을 얻기도 했다. 법기암 뒤에 토굴을 짓고 들어가 수행하였으며 1931년 도를 깨달았다.

정혜쌍수定慧雙修에 대한 구도관을 확립하였으며, 통합종단 초대 종정을 지냈다. 평소 계율을 철저히 지키고 제자들을 엄하게 가르쳐 문하에서 훌륭한 인재가 많이 배출되었다.

경상남도 밀양군 표충사 서래각에 머무르던 1966년 10월 15일 오전에 입적하였다. 다비 후 나온 사리 50과를 송광사와 표충사·용화사·미래사 등에 나누어 모셨다. 다음은 효봉스님의 오도송悟道頌이다.

바다 밑 제비 둥지에 사슴이 알을 품고	海底燕巢鹿抱卵
불 속 거미집선 고기가 차 달이네	火中蛛室魚煎茶
이 집안 소식을 뉘 능히 알리	此家消息誰能識
흰 구름은 서편으로 날고 달은 동쪽으로 달리네	白雲西飛月東走

표현이 꼬여도 한참 꼬였다. 읽을수록 알쏭달쏭하고 들을수록 해괴하다. 하늘을 나는 제비의 집이 어찌해서 바다 밑바닥에 있으며, 태생동물인 사슴이 어떻게 바닷속 제비 둥지에 들어와 알을 품고 있는가. 불 속 거미집이나 거기까지 올라와 차를 달이는 물고기의 경우도 마찬가지다. 달은 서쪽으로 떨어지는 것인데 어찌해서 동쪽으로 달리는가. 그리고 스님이 노래하고 있는 '이 집안 소식'의 정체는 무엇일까? 선가禪家의 깨달음은 참으로 미묘하여 언어나 문자로는 전할 수 없다.

● ―3― ●

동양의 역 사상

1. 동양의 역사

2. 하늘과 땅 그리고 사람

3. 스스로를 바꾸어라

1. 동양의 역사

인류는 언제 지구에 나타났으며 본래의 모습은 무엇일까. 이에 대한 해답은 아직도 찾기 어렵다. 이와 같은 의문은 동양 인류의 역사에도 그대로 적용된다.

인류의 역사는 보통 전설과 설화로 시작된다. 사마천司馬遷의 『사기史記』에 의하면 중국은 삼황오제三皇五帝에서 시작되어 하夏·은殷·주周 3대로 이어진다. 사마천은 삼황에 대해서는 언급하지 않았지만, 오제는 황제黃帝·전욱顓頊·제곡帝嚳·요堯·순舜이고, 순임금으로부터 왕위를 물려받은 우禹임금이 중국 최초의 하夏왕조를 열었다고 기록하였다.

참고로 중국의 전설과 설화로는 복희伏羲가 삼황오제의 처음 인물이며, 그물을 발명하여 어획·수렵의 방법을 가르쳤다고 한다. 복희가 해[日]·달[月]과 같은 큰 성덕을 베풀었다 하여 그를 대호大昊^{끝이 없이 넓고 큰 하늘과 같다는 뜻} 또는 대공大空이라고도 한다.

우임금은 황하의 물길을 정비한 치수治水 전설로 유명한데, 이 우임금에서 시작된 하왕조는 삼황오제와 달리 『사기史記』 외에도 중국 고대의 기록에 많이 남아 있다. 그러나 여전히 전설상의 시대로 다루고 있는 실정이다. 앞으로 고고학 분야의 연구가 진행되면 그 실체가 충분히 밝혀질 것이다. 최근에는 하왕조의 왕궁 터를 확인한 학자가 등장하였다.

은나라는 갑골문자甲骨文字의 연구 결과로 그 역사적인 실체가 밝혀졌다. 은나라 후기의 도읍지인 은허殷墟의 유적지에서 출토된 갑골문자를 연구한 결과 은나라가 실존했음이 역사적으로 증명된 것이다. 은나라는 600여 년간 지속된 것으로 추정하는데 B.C. 1122년경 주나라에 합병되었다. 도읍지인 상商을 그대로 나라 이름으로 썼기 때문에 은을 상으로도 부른다.

동양의 역사에서 중국의 비중은 크다. 그러나 동양이란 중화사상이 뿌리깊은 중국만을 가리키는 것은 아니다. 시베리아, 만주, 한반도 나아가 일본이 함께 동양의 역사를 이룬다. 비록 중국이 중원대륙을 터전으로 동양사의 핵을 이루어왔지만, 넓게 보면 커다란 동방세계의 일부분에 불과할 뿐이다.

동양의 역사에서 실로 많은 민족이 나타나고 사라졌다. 그런데 이들과 우리 한민족은 어떤 관계가 있을까. 우리나라의 선가에서는 이들 모두가 우리 한민족과 뿌리가 같다고 본다. 우리나라의 선가에 따르면 우리나라의 역사는 하느님의 한국桓國에서 신시神市, 청구靑丘, 주신珠神, 대부여, 북부여^{고구려}로 이어져 내려왔다. 그리고 한漢·한韓·한汗·간干 등은 모두 한인桓因 하느님의 한국桓國에서 그 어원이 파생되었는데, 한桓은 하나·으뜸·가장 큰 것 등의 의미를 내포하고 우주만물을 주재하는 하느님이다. 한편 한桓을 '환'으로 발음하는 것은 조선 시대 사대주의자들이 제멋대로 만들어낸 것이라고 한다.

필자는 1983년 남미 일대를 여행하면서 페루의 마추픽추^{Machu Picchu}에 들른 적이 있다. 마추픽추^{Machu Picchu}는 해발 3,000m가 넘는 안데스 산맥의 산턱^{해발 약 2,057m}에 위치한 잉카 제국의 신비한 요새도시로서 산자락에서는 그 존재를 확인할 수 없다. 종종 '잉카의 잃어버린 도시', '공중의 누각' 으로 불린다. 마추픽추는 현지어로는 늙은 봉우리를 의미한다. 그 유적은 3m씩 오르는 계단식 밭이 40단이 있어서, 3,000개의 계단으로 연결되어 있다. 유적의 면적은 약 13k㎡로, 돌로 지어진 건물의 총 갯수는 약 200호 정도 된다.

 마추픽추에는 밝혀지지 않은 수수께끼가 아직 많고, 열대 산악림대의 중앙에 위치하여 식물의 다양성이 풍부하다. 행정상으로는 쿠스코와 같은 지역에 속해 있다. 현재 페루에는 10개소의 유네스코 세계유산이 있는데, 마추픽추는 그 중 최초로 쿠스코와 동시^{1983년}에 지정되었다.

관광을 마치고 기차로 돌아오는 중이었다. 해가 지고 약간 어두워질 무렵이었는데 차창 밖으로 외모가 동양인과 같은 원주민 부부가 소를 몰면서 귀가하는 모습을 보았다. 그들이 지나가는 길 옆엔 우리나라의 옛 초가집과 똑같은 집들이 있었고, 담장과 담장 안마당 풍경까지도 우리에게 익숙한 풍경이었다. 더구나 종이 창문에는 호롱불 같은 것이 아른거리고 있어서 어릴 적 제사 지내러 산골 큰아버님 댁에 들렀을 때와 같은 묘한 느낌을 받았다. 역사학자들의 고증이 필요하겠지만, 필자는 잉카 제국의 후예들이 우리와 같은 핏줄이라는 확신을 가질 수 있었다. 이 세상 곳곳에 퍼져 있는 전설과 설화가 때로는 고고학적 실증보다 훨씬 신빙성 있게 보일 때도 있다. 필자는 이러한 바탕 위에서 선가의 입장을 이해하고 있다.

2. 하늘과 땅 그리고 사람

동양에는 아득한 복희시대부터 천지인天地人에 바탕을 둔 역易 사상이 전해 내려온다. 그러면 천지인이란 무엇인가.

천지인天地人은 일의 성사에 관한 논리이다. 천天은 하늘이니 시기時期이고, 지地는 땅이니 장소이며, 인人은 사람이니 주체主體이다. 천·지·인 즉 시기와 장소 그리고 주체가 조화를 이루어야 일이 성사되므로 천지인을 삼원三元 또는 삼재三才라고 한다.

물리학상으로는 각각 시간과 공간과 물질로 이해하여 시간은 과거·현재·미래로, 공간은 X·Y·Z 좌표座標coordinates로, 물질은 형상image·질량quantity·속성quality으로 이루어진다고 보는 것이 가능하다고 한다.

우리나라 대종교大倧敎의 기본 경전인 『천부경天符經』에서 천일일天一一·지일이地一二·인일삼人一三은, 천天과 지地와 인人이 각각 개체인 1이며 천일天一이 지이地二로 이어지고 지이地二가 인삼人三으로 이어져 인人과 지地와 천天이 서로 다르지 않은 까닭에 우주의 모든 개체가 원래부터 존엄하고 영원한 존재라는 뜻이다. 그리고 천이삼天二三·지이삼地二三·인이삼人二三은 천天과 지地와 인人이 각각 음陰과 양陽으로 갈라서면서 1

에서 2로 변화하지만, 그 음陰과 양陽은 각각 '부분은 전체를 닮는다' 는 이른바 프랙탈^{fractal} 이론을 실현시켜 다시 천지인 즉 삼원三元을 구성하여 존재한다는 뜻이다. 『천부경』은 1에서 10까지의 숫자와 함축된 문장으로 우주의 원리를 설파하고 있다. 숫자 중 1은 0에서 시작한 통일수이고, 2는 1이 음陰과 양陽으로 갈라선 변화수이며, 3은 조화를 이룬 존재수로서 삼원三元의 수이고, 10은 0에서 9까지 순환하여 되돌아온 완성수이다. 문장 가운데 돋보이는 것은 '본심본태양앙명本心本太陽昂明'인데, 이것은 인간 본래의 마음이 태양처럼 밝게 빛나고 있다는 뜻이다. 『천부경』의 81글자에는 밝고 생동감 넘치는 한민족韓民族의 사상이 찬란하게 빛나고 있다.

중국의 역사소설인 삼국지三國志는 유비劉備가 삼고지례三顧之禮를 갖추어 제갈량諸葛亮을 만났을 때 제갈량이 유비에게 아래의 이야기를 했다고 한다.

이것은 서천西川 54주州의 지도올시다. 장군께서 폐업을 이루고자 하신다면 북쪽은 조조가 하늘이 준 때(天時)를 누리게 놓아 두시고 남쪽은 손권이 땅의 이利를 차지하게 버려 두십시오. 장군의 몫은 사람의 화합人和입니다. 먼저 형주를 손에 넣으시어 집으로 삼고 그 뒤 서천西川을 얻어 대업의 바탕을 삼으신다면 솥발이 셋으로 나뉘어 솥을 떠받들 듯 조조 손권과 더불어 천하의 셋 중 하나를 차지하게 되는 것입니다. 중원을 엿보는 일은 그런 다음에야 이루어질 수 있습니다.

위의 이야기에서 천시天時는 천이고 지리地利는 지이며 인화人和는 인이니 우리는 제갈량이 천지인 사상을 지니고 있었음을 알 수 있다. 그러면 이번에는 제갈량이 천·지·인을 각각 어떻게 다루었는가를 간단히 살펴보기로 하자.

❖ 천天 ── 우리는 삼국지가 그 대단원의 막을 내릴 즈음에 제갈량과 천문에 관한 이야기를 접한다.

밤이 되자 제갈량은 장막을 나가 가만히 천문을 살폈다. 얼마나 되었을까. 그윽히 밤하늘을 올려다보던 제갈량은 놀라고 황황한 얼굴로 장막 안으로 들어가 강유를 찾았다.

"내 목숨이 아침 저녁하고 있으니 이를 어찌한단 말인가!"

제갈량이 그렇게 탄식하자 강유가 놀라 물었다.

"승상께서는 무슨 까닭으로 그같이 말씀하십니까?"

"내가 삼대성三臺星을 살펴보니 객성客星은 배나 밝은데 주성主星은 어둡고 흐렸다. 서로 나란히 비쳐도 주성主星은 그 빛이 꺼질 듯 희미하니 나의 운명도 다해가는구나"하고 제갈량이 힘없이 대답했다.

강유가 그런 제갈량의 힘을 돋워주듯 권했다.

"비록 천상이 그러하다 해도 하늘에 빌어 그걸 돌려놓는 법도 있습니다. 어찌하여 그 법을 써보지 않으십니까"?

"나도 그 법을 알고 있기는 하나 하늘이 그걸 들어 줄지 모르겠구나. 북두칠성께 목숨을 빌어보기로 하자. 만약 이레 동안 으뜸 되는 등잔의 불이 꺼지지 않는다면 내 목숨은 열두 해가 늘어날 것이다. 그러나 그 등잔불이 꺼지면 나는 틀림없이 곧 죽고 말 것이다"하면서 제갈량은 기도에 들어갔다.

때는 마침 8월 한가위였다. 그날 밤 은하수는 빛나고 이슬은 방울방울 맑게 맺혔다. 바람 한 점 없어 깃발도 펄럭이지 않았다. 제갈량은 장막 안에서 향을 사르고 제물을 차려 하늘에 목숨을 늘여주기를 빌었다. 바닥에는 일곱 개의 큰 등잔을 밝히고 둘레에는 다시 마흔 아홉 개의 작은 등잔을 밝혔는데, 그 한가데 제갈량의 목숨을 뜻하는 주등을 세웠다. 이윽고 제갈량이 배축을 드리기 시작했다.

"이제 뜻밖에도 장성이 떨어지려고 하여 제가 하늘로부터 받은 목숨이 끝나려합니다. 삼가 글을 올려 푸른 하늘에 빌고 엎드려 그 자비로움을 구하오니 부디 이 목숨을 늘여주옵소서. 그리하여 위로 임금의 은혜에 보답하고 아래로 백성들의 목숨을 구해주며, 옛 것을 되살려 한실을 길이 이어나갈 수 있도록 해주옵소서."

제갈량은 엎드려 북두칠성에 빌기를 그치지 않았다.

❖ **지地** — 기문둔갑奇門遁甲이란 땅[地]의 방위를 활용하는 병법 술수의 하나이다. 기문둔갑의 시작은 『고금도서집성古今圖書集成』에 따르면 헌원황제軒轅皇帝가 치우천왕蚩尤天王과의 전쟁에서 고전하고 있을 때 우연히 꿈에 천신天神으로부터 부결符訣을 받았고, 이를 풍후風后가 명을 받아 문자로 완성한 것이라고 한다.

중국의 삼국시대에 와서는 제갈공명이 더욱 발전시켜 병법에 이용하여 큰 성과를 거둔 것으로 유명하다.

❖ **인人** — 칠종칠금七縱七擒이란 일곱 번 잡았다가 일곱 번 풀어준다는 뜻으로, 상대를 마음대로 다룸을 비유하거나 인내를 가지고 상대가 숙여 들어오기를 기다린다는 말이다.

중국의 삼국시대 촉한蜀漢의 제 1대 황제인 유비는 제갈량에게 나랏일을 맡기고 세상을 떠났다. 제갈량은 후주後主인 유선劉禪을 보필하게 되었는데, 그때 각

지에서 반란이 일어났다. 위나라를 공략하여 생전의 유비의 뜻을 받들어야 했던 제갈량은 먼저 내란부터 수습해야 했다. 유선이 아직 어리고 철이 없어 군대를 동원하는 것이 무리라고 생각한 제갈량은 적진에 유언비어를 퍼뜨려 이간책을 썼다. 과연 반란군은 자중지란自中之亂을 일으켜 서로 살육을 일삼았다. 그 결과 마지막으로 등장한 반란군이 바로 맹획이라는 장수였다. 맹획이 반기를 들자 제 갈량은 노강 깊숙이 들어가 그를 생포했다. 제갈량의 계략에 걸려들어 생포된 맹획은 분함을 이기지 못했다. 맹획을 생포한 제갈량은 오랑캐로부터 절대적 신임을 받고 있는 그를 죽이는 것만이 능사는 아니라고 판단하였다.

이에 대해 촉한의 무장인 마속馬謖도 '용병의 도리는 최상이 민심을 공략하는 것으로, 군사전은 하책일 뿐 심리전을 펴 적의 마음을 정복하라'고 했다. 제갈량은 오랑캐의 마음을 사로잡고 나면 그들의 인적, 물적 자원을 바탕으로 북벌北伐도 한결 용이할 것이라 생각하여 맹획을 풀어주었다. 고향에 돌아온 맹획은 전열을 재정비하여 또다시 반란을 일으켰다. 제갈량은 자신의 지략을 이용하여 맹획을 다시 사로잡았지만 또 풀어주었다. 이렇게 하기를 일곱 번, 마침내 맹획은 제갈량에게 마음속으로 복종하여 부하되기를 자청했다. 여기서 '칠종칠금'이란 말이 나왔다.

3. 스스로를 바꾸어라

동양에는 아득한 복희 시대로부터 천지인에 바탕을 둔 역 사상이 전해 내려온다. 그러면 역易이란 무엇인가.

역易을 일日과 월月의 합성어로 보아 일日은 낮[+]이고 월月은 밤[-]이니 '역易 = 음양陰陽[+-]'으로 해석하는 견해가 있으나 이 견해는 설득력이 없다. 왜냐하면 역易은 일日과 월月의 합성어가 아니라 일日과 물勿의 합성어이기 때문이다.

그러나 이 역을 수시로 몸의 색깔을 바꾸는 도마뱀으로 보아 '변화'로 해석하는 견해는 설득력이 있다. 역易의 일日은 도마뱀의 머리 부분으로 가운데 점은 눈이 되며 물勿은 허리와 꼬리와 다리로서 역易을 가로로 길게 그리면 도마뱀이 된다. 도마뱀은 주변의 색깔에 따라 몸의 색깔을 바꾸는 '변화'의 능력이 있다. 카멜레온이 바로 도마뱀의 일종이다. 도마뱀은 몸의 색깔을 바꾸기가 쉽다. 나아가 도마뱀은 위험에 부딪치면 꼬리를 흔들어 적을 유인한 다음, 꼬리를 잘라 적이 당황하는 동안에 도망쳐 숨는다.

한자는 상형문자象形文字이다. 상형문자란 사물事物을 본 떠 그 사물이나 그것에 관련 있는 관념을 나타낸 문자이다.

한자의 기원은 분명치 않으나 19세기에 발견된 갑골문자甲骨文字는 이미 원형의 모습이 단순화되어 있어 금석문金石文 등에 그 모습이 많이 남아 있다.

역易의 뜻이 '변화'라면 그것은 수동적인 변화인가 아니면 능동적인 변화인가. 종래에는 역학을 인간에게 주어진 숙명宿命을 연구하는 학문으로 보아 역을 수동적인 것으로 이해하였다. 그러나 필자는 역학易學을 수신학修身學으로 보아 능동적인 것으로 이해하고 싶다. 생각해보라. 역易의 주체는 바로 자신自身 아닌가. 그런 의미에서 '易'은 '바꿀 역'인 동시에 '쉬울 이'인 것이다. 이렇게 보면 사람의 일생은 결국 스스로의 마음에 따라 얼마든지 달리 전개될 수 있다. 동양의 역 사상은 우리를 자유인의 길로 안내한다.

—4—

음양오행 이론

1. 등장

천지인天地人에 바탕을 둔 역 사상이 오래전부터 전해 내려온다. 그러면 이 사상이 구체적으로 어떠한 이론으로 나타났을까. 음양오행陰陽五行 이론이 바로 그것이다.

> 음陰 과 양陽 은 서로 보완하면서 하나의 통일체를 이루는 존재이고,
>
> 오행五行은 음陰 과 양陽 의 운동을 세분화한 목木 · 화火 · 토土 · 금金 · 수水이다.

오늘날 널리 사용하는 컴퓨터를 이 음양오행 이론으로 설명해보자.

컴퓨터의 가장 기본적인 정보전달 단위인 비트bit는 0과 1로 표현할 수 있다. 0과 1은 불이 꺼졌다 켜졌다 하는 것을 나타내는 아주 간단한 전기적인 신호를 표현하는 데 사용된다. 0이 음陰이면 1은 양陽이니 음양에 바탕을 두고 있다고 볼 수 있다.

또한 컴퓨터의 기본적인 작동원리는 인간의 기본 구조와 매우 흡사하다. 예를 들어 우리가 수를 더할 때 해당 숫자를 보거나 듣고 그것을 기억하여 계산한 후 그 결과를 입으로 말하거나 종이에 적어 다른 사람에게 전달하듯이, 컴퓨터도 다음과 같은 5가지 기능을 가지고 작동한다. ① 자료나 명령을 입력하는 입력기능, ② 입력된 자료나 명령 등을 기억하는 기억기능, ③ 수치 계산과 논리적으로 비

교하고 판단하는 연산기능, ④ 처리한 결과를 외부로 표시하는 출력기능, ⑤ 모든 동작을 명령·감독하는 제어기능이 그것이다. 이 5대 기능을 오행과 결부시켜 이해할 수 있다. 그래서 서양의 컴퓨터는 바로 동양의 음양 이론과 오행 이론 즉 음양오행 이론을 구체화시킨 것이라고 단정하는 견해가 등장한다.

중국의 전설과 설화에 나오는 복희伏羲는 복희팔괘伏羲八卦를 만들었다고 한다. 후에 주나라 문왕文王이 만들었다는 문왕팔괘文王八卦와 더불어 대표적인 주역팔괘周易八卦로 유명하다. 주역팔괘는 건乾하늘, 태兌연못, 이離불, 진震천둥, 손巽바람, 감坎물, 간艮산, 곤坤땅을 말함인데, 대자연의 오묘한 섭리를 기호화한 것이다.

복희시대 이후 주나라 이전에 은나라가 있었다. 은나라 때는 왕이 국가의 대사를 결정할 때 반드시 신에게 점으로 물어보는 신정정치가 행하여졌다. 점을 칠 때는 거북의 등[甲]과 짐승의 뼈[骨], 즉 갑골에 점치는 내용을 문자로 새기고 열을 가해 갈라지는 형상에 따라 신의 뜻을 헤아렸다. 점괘를 판단하여 신의 뜻을 해석하는 것은 오직 왕 한 사람뿐이었다. 이후 갑골문자는 주나라의 고문자古文字와 진나라 때의 문자 통일로 이어졌으며, 한나라 때 한자로 완성되었다.

갑골문에는 은나라의 천문과 역법이 많이 기록되어 있다. 당시 은나라 사람들은 일식과 월식의 예측은 물론 별을 주기적으로 관찰하여 상당한 천문 지식을 갖고 있었으며, 농업에 활용하기 위해 비교적 잘 정리된 역법을 사용하였다. 1년을 12개월로 나누어 큰 달은 30일, 작은 달은 29일로 정하고, 윤년에는 1개월을 더하였다. 그리고 날짜를 기록하기 위해 간지干支를 사용하였다. 간지는 십간十干 십이지十二支로 짜여져 있고, 갑자甲子에서 계해癸亥에 이르기까지 60진법을 채용하고 있는데, 이는 이후 동양의 역법에 큰 영향을 주었다. 은나라 때 사용한 간지는 현재 사용하고 있는 간지와 같다.

주나라는 은나라가 멸망하기 전에 건국된 나라이다. 은나라 말기에 주나라 문왕은 50년 간 재위에 있으면서 안으로는 선정을 베풀어 많은 제후들을 복속시키고, 밖으로는 주변의 여러 이민족들을 토벌하여 영토를 넓혀 주나라 발전의 기반을 마련하였다. 특히 문왕은 문왕팔괘를 만들었다고 전해진다. 문왕이 죽자 그의 아들 무왕은 은나라의 마지막 왕을 죽이고 600여 년간 지속되어 온 은나라를 멸망시켰다.

　　주나라가 은나라를 멸망시키고 서쪽 호경鎬京에 도읍을 정하였던 시대를 서주, 동쪽 낙양洛陽으로 천도한 시대를 동주라고 한다. 동주 시대는 시대상에 따라 다시 춘추 시대와 전국 시대로 나뉜다. 일반적으로 B.C.403년을 춘추 시대가 끝나고 전국 시대가 시작되는 시기로 본다. 중원대륙은 동주 시대를 거쳐 진나라에 의해 통일되었다.

　　춘추 시대 말기에서 전국 시대에 걸쳐 독창적인 사상을 지닌 많은 학자들이 출현했는데 이들을 제자백가諸子百家라고 한다. 전국 시대에 영토국가가 출현하고 국가들이 서로 경쟁하면서 자연스럽게 부국강병富國强兵을 추진하였고, 이 때문에 능력 있는 학자를 우대하는 풍조가 나타났다. 제자諸子란 여러 스승이란 뜻이다. 중국인은 위인의 이름을 함부로 부르지 않는 풍습이 주대에서부터 시작되었으므로 성姓 다음에 자子를 붙여 스승으로 존칭하였다. 백가란 일가를 이룬 여러 저술가란 뜻이다. 제자백가는 중국 사상사는 물론 동양 사상사에서도 중요한 위치를 차지한다. 노장 사상에서 발전한 도교와, 자연과 인간에 대한 음양오행적 인식론이 춘추전국 시대의 사상에 근거하여 발전한 것을 감안할 때, 제자백가는 동아시아 문화사에서 매우 중요한 의미를 지닌다.

제자백가의 사상 중에서 중국은 물론 동아시아 문화에 가장 큰 영향을 미친 것이 유가儒家이다. 유가는 춘추 시대의 공자에 의해 창시되었고, 전국 시대의 맹자와 순자가 사상적인 체계를 정립하였다. 유가는 자신들의 학문과 사상에 중국의 전통 사상을 함축시키고 이를 체계적으로 정리하여 유교 경전을 성립시켰는데 그 중 하나가 『역경』, 즉 『주역』이다. 은나라 때의 음양陰陽학을 주나라에 와서 정리한 것으로 8괘와 64괘 중심으로 이루어져 있다. 이 『주역』의 음양陰陽 사상에서 중국 최초의 자연철학이 비롯되었다.

한편 오행五行설을 주장한 사람은 기원전 4세기 말의 제나라 학자인 추연鄒衍이다. 그는 오행五行설로 제왕의 운명을 가늠하고, 그것으로 왕조 교체의 원리와 인간의 길흉화복을 설명하였다.

이처럼 음양설과 오행설은 시작이 서로 다르지만 한나라 때부터 합쳐져 음양오행陰陽五行 이론으로 발전하였고, 중국은 물론 동아시아 전반에 널리 퍼지게 되었다. 사주학四柱學은 음양오행 이론에 기초를 둔 학문 중의 하나이다. 사주학은 사람의 한평생이 변화하는 이치를 연구하는 학문으로 명리학命理學 또는 자평학子平學등으로도 불린다. 이 중에서 명리학에는 하늘이 자신에게 부여한 사명을 깨닫고 스스로 자신의 앞날을 잘 다스려 나간다는 뜻이 있으므로 이는 곧 수신학修身學이라고 할 수 있다. 자평학의 의미 또한 이와 다르지 않다. 자子는 물[水], 즉 천지를 구성하는 가장 핵심적인 물질인데, 이 물[水]은 항상 평平을 이루려는 성질이 있어서 결국에는 명경지수가 된다. 변화가 많은 현대인에게는 자평, 즉 명경지수明鏡止水의 경지에 이르는 것이 목표이므로 자평학은 곧 수신학으로 이어지는 것이다.

2. 내용

어느 시인은 음양오행 이론에 기초를 둔 학문인 사주학을 농부학農夫學이라고 비유한 바 있다. 참으로 시인다운 표현이다. 우선 농부에게는 하늘의 해[日]와 달[月]이 중요하다. 예로부터 동양에서는 달과 깊은 관련이 있는 음력을 사용했는데, 이 달과 해는 각각 음과 양에 해당하므로 농부는 우선 음양을 알아야 한다.

그리고 농부의 터전은 토土이다. 이 토土를 관리하는 데는 사계절의 기후가 중요하다. 그런데 목木은 봄, 화火는 여름, 금金은 가을, 수水는 겨울이다. 왜냐하면 목木은 따뜻함, 화火는 더움, 금金은 서늘함, 수水는 차가움이기 때문이다. 이 목木·화火·토土·금金·수水가 바로 오행이다.

이처럼 농부는 음양오행을 알아야 하므로 농부학이 곧 음양오행학이 되는 것이다. 따라서 음양오행을 바탕으로 한 사주학을 농부학이라고 한 것은 매우 적절한 표현이라고 할 수 있다. 오늘날 동서양은 시간의 단위인 1주일을 이 음양오행의 7가지[월月·화火·수水·목木·금金·토土·일日]로 구성하여 사용하고 있다.

그러나 동양의 음양오행 이론은 지극히 단순한 듯하면서도 파고들면 그 깊이가 끝이 없다. 태초에 음양이 나누어지면서 수水가 생기고, 이것이 수소와 산소로 극한분열을 이루어 화火가 형성된다. 이 과정에서 상승하는 목木의 작용과 하강하는 금金의 작용이 이루어진다. 그런데 이 모든 작용은 우주의 중심인 토土에 의해 조정되기 때문에 천지만물은 태어나면서부터 구심점을 형성해서 빙글빙글 돌게 된다. 달은 지구 둘레를 돌고 지구는 태양 둘레를 돈다. 태양 또한 다른 별자리를 돈다. 이와 같이 모든 천체가 자미신궁紫微神宮을 중심으로 돌고 있다. 음양오행 사상은 이러한 우주의 신비를 말해주고, 인간도 하나의 소행성이니 우주의 질서 속에서 조화를 이루며 살아가라고 일러준다.

'음양오행'이란 우주변화의 원리를 설명하기 위하여 우주에 충만한 기氣가 어떠한 형태로 파동波動을 이루어 나가는가를 요약해서 나타내는 동양 전래의 형이상학적인 용어이다. 기의 파동이란 수水를 예로 들면 ① 맑고 잔잔하던 명경지수明鏡止水가 ② 갑자기 작용과 반작용을 일으켜서 갈라서며 ③ 이후 물결의 움직임을 이루는 것이다. ①은 음양이 나타나기 전의 상태이고, ②는 수평을 기준으로 내려감과 올라감 즉 음양이 나타난 상태이며, ③은 음양이 전환하면서 각각 확장[목木]·분산[화火]·조정[토土]·수축[금金]·통합[수水]의 오행이 나타난 상태이다. 우리 민족에게 전해내려오는 『천부경天符經』에서 이르는 '삼극三極'이란 ①의 무극無極, ②의 태극太極, ③의 황극皇極을 가리키는 것으로 볼 수 있다. 오행을 태양계에 속해 있는 목성·화성·토성·금성·수성과 연관지어 설명하는 견해가 있지만 선뜻 수긍할 수 없다. 왜냐하면 예를 들어 사람의 손·발이 좌우左右로 음양이며 각 손·발 가락 5개가 오행이라고 볼 수 있기 때문이다. 오행이란 태극의 음양운동에서 발생하는 기의 세분화된 모습을 목木·화火·토土·금金·수水로 나타낸 것이다.

목木은 수초목樹草木으로 자신을 희생하여 의식주를 제공하기 때문에 자비로움을 뜻하는 인仁이다. 화火는 어둠을 밝혀 세상을 빛나게 하므로 예禮이고, 토土는 만물이 자리 잡는 중심이 되므로 믿음을 뜻하는 신信이다. 금金은 강한 금속으로 정의를 뜻하니 의義이고, 수水는 명경지수明鏡止水가 되어 사물을 똑바로 비추기 때문에 지혜를 뜻하는 지智다.

색으로는 목木은 푸른색, 화火는 붉은색, 토土는 누런색, 금金은 하얀색, 수水는 검은색을 나타낸다.

방향으로는 목木은 동쪽, 화火는 남쪽, 토土는 중앙, 금金은 서쪽, 수水는 북쪽을 나타낸다.

계절로는 목木은 봄, 화火는 여름, 토土는 계절의 변화를 조정하는 환절기, 금金은 가을, 수水는 겨울을 나타낸다.

오행의 작용인 상생相生과 상극相剋이란 무엇인가.

❖ **상생**相生 —— 서로 생生하는 것 즉 도와주는 것이다. 오행에서 목木은 화火를, 화火는 토土를, 토土는 금金을, 금金은 수水를 생하고, 수水는 목木을 생한다. 즉 목생화木生火, 화생토火生土, 토생금土生金, 금생수金生水, 수생목水生木으로 이어지는 것이다.

	생		생		생		생		생	
목木	→	**화**火	→	**토**土	→	**금**金	→	**수**水	→	**목**木

이 생의 이치를 살펴보자. 나무[木]에서 꽃이 피면 꽃은 화火요, 꽃이 지면 이것이 땅으로 떨어져 흙[土]이 되고, 흙은 자체적으로 광물질[金]을 형성하며, 광물질은 녹아서 물[水]이 된다. 물은 나무[木]를 생하여 순환상생을 거듭한다.

❖ **상극**相剋 —— 서로 극剋하는 것 즉 억압하는 것이다. 오행에서 목木은 토土를, 토土는 수水를, 수水는 화火를, 화火는 금金을, 금金은 목木을 극한다. 즉 목극토木剋土, 토극수土剋水, 수극화水剋火, 화극금火剋金, 금극목金剋木으로 이어지는 것이다.

```
       극        극        극        극        극
    목 木  →  토 土  →  수 水  →  화 火  →  금 金  →  목 木
```

이 극의 이치를 이치를 살펴보자. 나무[木]는 흙[土]을 파고들고, 흙[土]은 물[水]의 흐름을 막으며, 물[水]은 불[火]을 꺼버리고, 불[火]은 쇠[金]를 녹이며, 쇠[金]는 나무[木]를 자른다.

❖ **주의!**── 오행의 생극生剋을 논할 때 흔히들 생生은 좋고 극剋은 나쁘다고 한다. 왜냐하면 생은 정正으로 볼 수 있고, 극은 반反으로 볼 수 있기 때문이다.

그러나 정과 반의 참모습은 어떠한가? 소우주인 인간에게 정은 혈액의 순환과 같고, 반은 심장의 박동과 같아서 생중유극生中有剋이요 극중유생剋中有生이다. 생 가운데 극이 있고 극 가운데 생이 있다. 그래서 소우주인 인간에게 생生과 극剋은 다 필요한 것이다. 나의 주장에 대해서 옳다고 찬성하는 사람은 일단 나를 생生해주는 사람이지만 간신일 수 있다. 나의 주장에 대해 그르다고 반대하는 사람은 일단 나를 극剋해주는 사람이지만 충신일 수 있다.

우리는 생과 극 어느 하나에 치우쳐서는 안 된다. 극은 생으로 이어진다. 예를 들어 나무는 흙을 파고들어 목극토木剋土를 하는데 그 결과 민둥산을 홍수로부터 보호하니 목생토木生土를 이룬다. 이러한 이치는 다른 오행의 경우도 마찬가지이다. 그러므로 생과 극을 분리시켜 '생生'을 사랑하고 '극剋'을 미워하는 오류를 범하면 안 된다.

3. 활용

역학易學은 '모든 것은 바뀐다' 는 사상을 바탕으로 하여 변화의 이치를 연구하는 학문으로서 주역과 사주학이 그 대표적인 예이다. 다만 주역은 음양론에 기초하여 연구대상을 모든 사안으로 확대시켰지만, 사주학은 음양오행론에 기초하여 사람에 한정시킨 점이 다르다.

음양오행 이론을 활용한 학문으로 주역, 사주학 이외에도 관상학觀相學, 성명학姓名學 등이 있다.

풍수지리학風水地理學은 음양오행 이론에 바탕을 두고 인간이 지상에서 생활하는데 안전하고 편리하며 복福을 주는 땅을 찾는 학문이다. 한국인에게는 집터와 묘자리를 잘 쓰면 가문이 번성한다는 인식 즉 풍수지리 사상이 남아 있다. 배산임수背山臨水라 해서 뒤로는 산이나 언덕을 등지고 앞으로는 강 개울 연못 등이 놓여 있어야 산에서 내려온 지기地氣가 잘 보존된다는 것. 여기에다가 주산主山과 이를 보좌하는 좌청룡동쪽 우백호서쪽, 앞에 놓인 조그만 안산案山까지 조화를 이룬 곳을 천하의 명당이라고 부른다. 이런 명당 자리를 봐 주는 지관地官들이 갖고 다니는 필수품이 바로 윤도輪圖다. 풍수가를 위한 전통 나침반이다.

윤도를 흔히 지남철指南鐵 또는 패철佩鐵이라고 하며, 쇠鐵라고 줄여 부른다.

윤도는 나침반 위에 있는 바퀴살 모양의 도표란 뜻이며 지남철의 얼굴에 해당하는 부분이다.

이 지남철의 시원은 한대까지 소급된다. 그러나 B.C.2700년경에 지남차指南車가 만들어져 황제黃帝가 치우蚩尤와의 전투에서 이것을 이용하여 안개 때문에 길을 잃은 병사들에게 길을 찾도록 도와주었다는 전설이 있다.

구조는 한복판에 나침반이 있고 그것을 중심으로 멀어질수록 커지는 최대 24층의 동심원이 그려졌으며 이 동심원과 바퀴살 모양의 직선들이 서로 만나는 지점에 팔괘 · 음양오행 · 십간십이지를 뜻하는 한자들이 깨알처럼 씌어 있다. 바깥 동심원일수록 심오한 의미를 담고 있는데 지금은 9층 이상의 원리를 이해하는 풍수가의 명맥이 끊겨져 간다고 한다.

한의학은 인간도 하나의 소우주라고 전제하면서 인체의 각 부위를 음양과 오행으로 나누어 판단한다. 즉 전해 내려오는 유력한 학설에 따르면, 인체의 오장과 육부는 각각 음과 양에 해당하고, 간과 담은 목木, 심장과 소장은 화火, 위장과 비장은 토土, 폐와 대장은 금金, 신장과 방광은 수水이다. 이때 간은 피가 집결되어 있으니 확장작용을 하려는 성질이 있어서 목木이고, 폐는 조직이 퍼져 있으니 수축작용을 하려는 성질이 있어서 금金이라는 것이다.

그리고 한의학은 인체의 각 부위는 상생과 상극작용을 한다고 설명한다. 화를 잘 내는 사람은 화극금火剋金하여 폐와 대장을 상하게 하고, 대담한 사람은 목극토木剋土하여 위장과 비장을 상하게 하며, 내성적인 사람은 수극화水剋火하여 심장과 소장을 상하게 한다는 것이다.

음양오행과 건강의 관계에 대해 간단하게 정리하면 다음과 같다.

① 사주에 목木이 지나치게 많으면 간염 · 간경화 · 담석증 · 관절통 등이 따르고 발목을 잘 삔다.
② 사주에 목木이 부족하면 약시 · 색맹 · 현기증 · 간질 · 생리불순 등이 따른다.

③ 사주에 화火가 지나치게 많으면 몸에 열이 많으며, 변비·고혈압·협심증·심장판막증·당뇨·류머티즘 등이 따른다.

④ 사주에 화火가 부족하면 가슴이 두근거리며 잘 놀라고, 목덜미가 뻐근하며, 저혈압·자궁냉증 등이 따른다.

⑤ 사주에 토土가 지나치게 많으면 위궤양·위암·췌장암·맹장염·화농성 질환 등이 따른다.

⑥ 사주에 토土가 부족하면 복통·소화불량·위경련·위산과다 등이 따르고, 살이 심하게 찌거나 빠진다.

⑦ 사주에 금金이 지나치게 많으면 기관지 질환·편두통·콧병·장염·치통·무릎관절통 등이 따른다.

⑧ 사주에 금金이 부족하면 폐결핵·치질·신경과민 등이 따른다.

⑨ 사주에 수水가 지나치게 많으면 신장염·방광염·요도염·디스크·자궁냉증 등이 따른다.

⑩ 사주에 수水가 부족하면 신경통·중풍·생식기 염증 등이 따르고, 소변을 자주 보거나 정력이 감퇴한다.

현존하는 가장 오래된 한의학 서적은 『황제내경黃帝內經』이다. 저자는 분명하지 않지만, 전설적인 인물인 황제黃帝가 6명의 명의와 의학에 대해 토론한 내용을 싣고 있다. 「소문素問」81편과 「영추靈樞」81편으로 이루어져 있고 모두 162편이다. 음양오행 이론에 바탕을 두고 있는데, 오장육부와 경락經絡을 통한 기혈氣血의 순행으로 생명활동을 유지해 나간다는 기본 이론에서 질병 설명·진단 방법·치료 원칙·양생養生·해부·생리·경락·침구鍼灸 등에 이르기까지 다양한 내용을 아우르고 있다. 특히 기본 이론은 당시까지의 의학 이론에 대한 총결산일 뿐만 아니라 지금까지도 한의학 이론의 뿌리가 되므로 한의학도들에게는 으뜸가는 필독서이다. 저작 연대가 확실하지는 않지만 전국戰國 B.C.475~B.C.221에서 진한秦漢 B.C.221~A.D.220 사이로 추정된다. 고대 중국의 원시적인 경험의술이 체계적인 임상의학으로 발전한 시기를 춘추전국 시대인 약 2,200년 전으로 추정하는데, 한의학 최고의 원전인 『황제내경』이 음양오행 이론에 입각한 철학적인 논리를 바탕으로 독특한 의술 체계를 갖춘 것도 이 무렵이라고 본다.

한편 우리나라에는 『동의보감東醫寶鑑』이 있다. 태의 허준[許浚, 1539~1615]이 1596년[선조 29년]에 왕명에 의해 엮은 것으로, 정유재란 때 일시 중단되었다가 시작한 지 14년 만인 1610년[광해군 2년]에 완성한 방대한 의학백과사전이다. 당시까지의 동아시아 의료기술과 의학정보를 체계적으로 집대성하였다. 내용은 「내경편內景編」6권, 「외형편外形編」4권, 「잡병편雜病編」11권, 「탕액편湯液編」3권, 「침구편針灸編」1권으로 5개의 주제에 총 25권으로 이루어져 있으며, 편별·병증별로 나뉘어 치료원칙과 처방 및 침뜸 치료, 금기증 등의 순서로 서술하였다. 2009년 유네스코 세계기록유산Memory of the World으로 등재되었다.

● —5— ●

하도와 낙서

1. 우주변화의 원리

우주변화의 원리를 상수象數로 체계화하여 나타낸 도서圖書가 하도河圖와 낙서洛書이다.

복희는 황하에서 나온 용마龍馬〔큰 말〕의 등에 그려진 무늬를 보고 하늘과 땅의 율동상을 깨달아 이를 그림으로 그렸다고 한다. 이것이 하도이다. 하늘의 계시로 '자연 속에 숨겨진 질서'인 상象을 읽고 이를 '천지의 기본 수'인 1에서 10까지의 수數로 체계화하였다.

하도와 음양 짝을 이루는 것으로 우주변화의 원리를 그려낸 문서가 낙서이다. 낙서는 하나라 우임금이 9년홍수를 다스리던 중 낙수洛水에서 나온 커다란 거북〔神龜〕의 등에 나타난 여러 개의 점에서 천지 변화의 기틀을 깨닫고 이를 수상數象으로 나타낸 것이라고 한다.

하도와 낙서는 이후 주나라 문왕과 공자를 거쳐 음양 팔괘를 구성 원리로 한 주역으로 체계화되었다.

황극경세서皇極經世書를 쓴 송宋나라 소강절邵康節은 하도와 낙서를 3년간 들여다보고 비로서 그 의미를 깨우쳤다고 한다.

또한 우리나라 화담 서경덕은 문둥병에 걸렸다는 거짓말을 해가며 문을 걸어 잠그고 3년간 하도와 낙서를 탐독 하였다고 한다.

하도와 낙서는 동양철학의 알맹이 내지 '알파와 오메가' 이다.

高

2. 하도

73

하도와 낙서

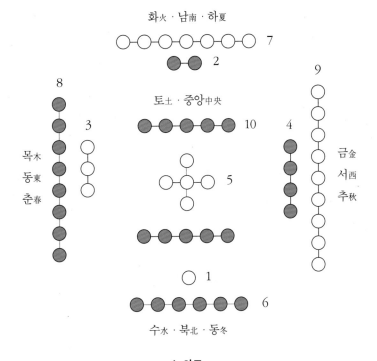

✧ 하도

하도란 옛날 중국 복희시대에 황하에서 나왔다는 용마가 등에 지니고 있던 쉰다섯 점의 그림이다. 황하의 '하河'와 그림의 '도圖'를 합친 것이 '하도河圖'이다.

하도는 용마의 등에 나타난 모양인데 등의 털이 마치 별 모양과 같이 똘똘 말려 1에서 10까지 55개의 점으로 질서 있게 배열되어 있다. 복희가 이것을 보고 천지天地의 이치를 깨달아 팔괘를 그었으니 음양오행과 상수象數가 여기에서 시작되었다고 한다.

그림에서 55개의 점은 검은 점(●)과 흰 점(○)으로 표시되어 있다. ○은 양陽을 상징하고 ●은 음陰을 상징한다.

1·3·5·7·9는 홀수이므로 양수陽數 또는 천수天數라 하고 합하면 25가 된다. 2·4·6·8·10은 짝수이므로 음수陰數 또는 지수地數라 하고 합하면 30이 된다. 천수25와 지수30을 합한 55를 천지수天地數라 한다. 그리고 5와 10은 중앙에 있으므로 중앙수라 한다.

또 1·2·3·4·5를 생수生數라 하고 6·7·8·9·10을 성수成數라 한다.

1이 5를 만나 6이 되고, 2가 5를 만나 7이 되고, 3이 5를 만나 8이 되고, 4가 5를 만나 9가 되고, 5가 5를 만나 10이 된다. 그러므로 5는 생수의 극極이고 10은 완성수이다.

그리고 생수인 1·2·3·4·5가 각각 성수인 6·7·8·9·10과 어울려 홀수 짝수의 음양배합을 이루니 여기에서 오행인 수水$^{1·6}$, 화火$^{2·7}$, 목木$^{3·8}$, 금金$^{4·9}$, 토土$^{5·10}$가 생겨난다.

한편 2화火와 3목木의 합은 5이고 1수水와 4금金의 합 역시 5로서 각각 중앙의 5토土를 이룬다. 중앙의 5토土는 상하좌우, 동서남북, 사계절을 모두 조정한다. 토土가 중간에서 조정 역할을 하기 때문에 겨울인 듯 봄이 오고 여름인 듯 가을이 온다.

동東 ── 흰 점 3양과 검은 점 8음로 이루어져 있어서 3·8목木이라 한다.

봄[春]을 나타낸다.

서西 ── 검은 점 4음와 흰 점 9양로 이루어져 있어서 4·9금金이라 한다.

가을[秋]을 나타낸다.

남南 ── 검은 점 2음와 흰 점 7양로 이루어져 있어서 2·7화火라 한다.

여름[夏]을 나타낸다.

북北 ── 흰 점 1양과 검은 점 6음으로 이루어져 있어서 1·6수水라 한다.

겨울[冬]을 나타낸다.

중앙中央 ── 흰 점 5양와 검은 점 10음으로 이루어져 있어서 5·10토土라 한다.

환절기를 나타낸다.

동남에서는 밖의 8음이 안의 2음와 합하여 완성수 10이 된다.

그리고 밖의 7양은 안의3양과 합하여 완성수 10이 된다.

음양이 서로 교차하여 동남의 구심점을 이룬다.

서북에서는 밖의 9양가 안의 1양과 합하여 완성수 10이 된다.

그리고 밖의 6음이 안의 4음와 합하여 완성수 10이 된다.

음양이 서로 교차하여 서북의 구심점을 이룬다.

동서남북의 사계절에 속한 흰 점[1·3·7·9]과 검은 점[2·4·6·8]은 각각의 합계가 모두 20으로서 음양이 서로 균형을 이루고 있다.

태초에 음양이 나우어지면서 1수水[H2O]가 생기고, 이것이 수소와 산소로 분열되면서 2화火가 형성된다.

작용과 반작용의 원리 또는 에너지 보존법칙에 따라 차가운 수水와 뜨거운 화火가 어우러져 최초의 균형 상태를 유지시켜 준다고 볼 수 있다.

습도[수水]와 온도[화火]가 생명체를 자라게 만들어 주니 이것이 목木작용이다.

그러나 상승하는 목木작용에는 하강하는 금金작용이 반작용을 이룬다.

따라서 생명체는 자라는 것이 한계가 있고 그만 시들어 버린다.

이 모든 작용은 토土의 조정작용을 받기 때문에 만물은 태어나면서부터 구심점을 형성해서 자전과 공전을 한다. 달은 자전하면서 지구를 중심으로 공전하고, 지구는 자전하면서 태양을 중심으로 공전한다.

이와 같이 모든 전체들이 하느님이 계신 자미신궁을 중심으로 원무를 추고 있다. 음양오행 이론은 이러한 우주의 신비를 말해주고, 인간도 하나의 소행성이니 우주의 질서 속에 조화를 이루며 살아가라고 일러준다.

하도는 만물의 근원인 북방 1·6수水로부터 시작하여 우회전하면서 동방 3·8목木을 생生하고, 목木은 위의 남방 2·7화火를 생生하고, 화火는 중앙 5·10토土를 생하고, 토土는 오른편 서방 4·9금金을 생生하고, 금金은 아래의 북방 1·6수水를 생하는 원리로 이루어져 있다. 하도는 수생목水生木, 목생화木生火, 화생토火生土, 토생금土生金, 금생수金生水하여 오행이 생生하는 작용을 나타낸다.

반면 이어서 설명할 낙서洛書는 수극화水剋火, 화극금火剋金, 금극목金剋木, 목극토木剋土, 토극수土剋水 하여 오행이 극剋하는 작용을 나타낸다.

하도는 생명체를 낳아 길러주는 모성애를 의미하고, 낙서는 욕망을 성취하려는 소유본능을 의미한다.

3. 낙서

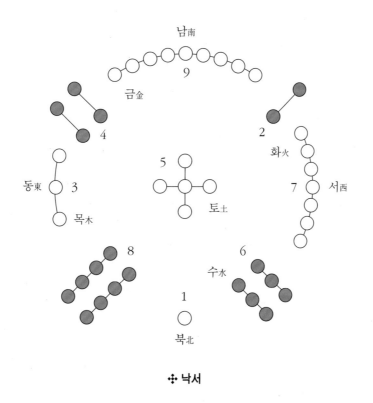

❖ 낙서

낙서洛書란 옛날 중국 하나라 우임금이 홍수를 다스릴 때 낙수洛水에서 나왔다는 거북의 등에 있던 45개의 점이다. 팔괘八卦의 법이 이에 의해 만들어졌다고 한다.

낙서는 거북의 등에 나타난 모양인데 45개의 무늬가 마치 글자 획을 그은 듯이 선명하게 나타나 있다.

 하도는 용마의 등에 나타난 모양이 그림과 같으므로 '그림 도 圖' 자를 썼고, 낙서는 거북의 등에 나타난 모양이 글자 획과 같아서 '글 서書' 자를 썼다고 한다. 낙수의 '늭洛'과 글 서의 '서書'를 합친 것이 '낙서洛書'이다.

낙서는 수치로 요약할 수 있는데 다음 그림에서 수치 표시는 낙서에서 가로·세로·대각선의 합이 모두 15가 된다는 것을 나타낸다.

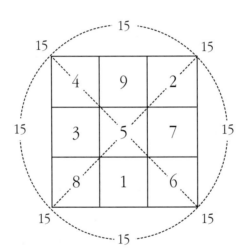

4. 하도와 낙서의 의의

하도에서는 우회전하면서 수생목水生木, 목생화木生火, 화생토火生土, 토생금土生金, 금생수金生水를 하였다.

그러던 것이 낙서에서는 북방 1·6수水가 좌회전하면서 서방 2·7화火를 극하고, 화火는 남방 4·9금金을 극하고, 금金은 동방 3·8木을 극하고, 목木은 중앙 5 토土를 극하고, 토土는 북방 1·6수水를 극하는 원리로 이루어져 있다.

하도는 상생작용을 나타내어 완성수 10이 있지만, 낙서는 상극작용을 나타내어 완성수 10이 없어져 버렸다.

하도에서는 양의 수와 음의 수가 서로 합하여 동·서·남·북 네 곳에 자리를 잡고 있었지만, 낙서에서는 양의 수$^{1\cdot3\cdot7\cdot9}$가 일방적으로 동·서·남·북에 자리를 잡고 앉아 있으므로 군주의 형상이고 음의 수$^{2\cdot4\cdot6\cdot8}$는 그 옆으로 밀려나 있으므로 신하의 형상이다.

하도는 음양의 수가 상호 교합交合하는 조직체를 의미하고, 낙서는 양이 움직이기 시작하는 운동력을 의미한다.

하도의 총수는 55이고 낙서의 총수는 45로 둘을 합하면 100이 된다.

하도에서는 천수天數 즉 1·3·5·7·9의 합이 25이고, 지수地數 즉 2·4·6·

8·10의 합이 30이다.

하지만 낙서에서는 천수 즉 1·3·5·7·9의 합이 25이고, 지수 즉 2·4·6·8의 합이 20이다.

하도와 낙서를 통틀어 천수의 합이 50, 지수의 합이 50으로 균형을 이룬다.

낙서에는 1에서 9까지만 있고 10이 나타나 있지 않다.

그러나 중앙 5를 중심으로 마주 보는 수의 합이 1·9, 2·8, 3·7, 4·6으로서 10을 이루고 있다.

완성수 10은 하도와 낙서 전체의 수 100을 총괄하는 구심체로서 기토己土에 해당하고, 토중지토土中之土로서 우주의 중심을 이룬다. 기토己土는 사물 전체를 포용하는 형상리이다.

하도와 낙서는 아래의 그림처럼 완성수 10의 조화 속에서 파동을 이루어나가는 우주 변화의 두 가지 상반相反된 모습이라고 할 수 있다.

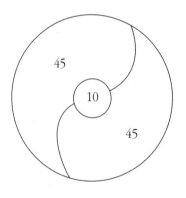

✥ 우주

하도와 낙서에 대해서는 여러 가지 견해가 있을 수 있다. 그 가운데 천문학의 가설인 '홀hole' 이론을 적용한 다음의 견해가 무척 흥미롭다.

하도는 수축(☯)하는 우주를 나타낸 것이고, 낙서는 팽창(☯)하는 우주를 나타낸 것이다. 그런데 우주는 블랙 홀^{black hole}→웜 홀^{worm hole}→화이트 홀^{white hole}로 이어지면서 수축과 팽창을 반복하는 다원우주이다. 하도의 우주는 블랙 홀로 빠져들어간다. 그 다음 블랙홀과 화이트 홀의 연결고리인 웜 홀을 통과하게 되는데, 여기에서는 시간과 공간 등 모든 것이 사라지며 우주 구조의 코드 변화인 이른바 금화교역金火交易^{하도의 서쪽金·남쪽火가 낙서의 서쪽火·남쪽金으로 金과 火가 서로 자리바꿈을 하는 것}이 일어난다. 그 결과 블랙 홀로 빠져들어간 하도의 시간과 공간 등 모든 것이 다시 분출되는 낙서의 우주가 전개된다.

위의 견해에 따르면 아득히 멀어져 간 옛 사랑이 화이트홀에서 다시 살아나고 있을 것이다.

5. 기본수

1) 기본수의 의미

기본수는 하도에 나타난 1, 2, 3, 4, 5, 6, 7, 8, 9, 10이다.

하도에 나타난 1에서부터 10까지의 기본수는 작용과 반작용 그리고 조정작용에 의하여 삼라만상이 변화하는 구체적인 단계를 나타내는 진리수이다. 현실적으로도 1물→6육각수, 2불→7일곱 색깔 무지개로 입증되고 있지 않은가.

동양 전래의 하도에 나타난 1에서부터 10까지의 기본수는 현재 우리가 쓰고 있는 원소의 주기율표에 배열한 원자번호와 같다.

그러면 각 수의 의미를 간략하게 살펴보자. 이해의 폭을 넓히기 위하여 동양의 시각에 국한 시키지 않고 오토 베츠Otto Betz 전 함부르크 대학 교수의 견해를 추가하여 소개한다.

1 ── 하늘과 양의 수, 신의 수

1은 하늘을 뜻하는 천수天數이며 동動적인 양수陽數이다. 모든 수의 첫 번째이므로 태극수太極數라고도 한다. 우주만물의 근원이며 시작이다. 따라서 1은 창조 ·

시작·출발·생성·독립·최고·강인함·남성적 특성을 가리킨다.

　　오토 베츠는 "1은 그 누구에 의해서 만들어진 숫자가 아니다. 그러나 그것은 모든 것을 만들어낸다. 1은 출발과 회귀의 중심이자 집합이다. 우리는 많은 사물들이 만들어 내는 긴장관계 속에서 살아가고 있다. 뿐만 아니라 대립과 모순이 우리의 내면을 갈기갈기 찢어버리는 일도 빈번히 일어난다. 그 때문에 우리는 이해할 수 없고 파악할 수 없는 그 무엇 또는 조화로운 사태를 만들어 내거나 한데 묶어주는 역할을 하는 것에 대한 향수를 가지고 있다. 따라서 1은 신의 수이다"라고 설명한다.

2 ── 땅과 음의 수, 상생이면서 독립적 존재의 수

2는 땅을 뜻하는 지수地數이며 정靜적인 음수陰數이다. 하나인 태극이 음과 양으로 나누어지면서 2가 생긴 것이므로 2는 분리와 변동·혼합·집산·유약함·의존성·수동성·여성적 특성을 가리킨다.

　　오토 베츠는 "이 숫자는 부정적인 꼬리표를 달고 나타난다. 바로 하나가 가지고 있던 일치와 완전함을 깨뜨린 주범으로 간주되기 때문이다. 그러나 다른 한편 2는 하나 혹은 전체가 가지고 있는 다양한 가능성을 가시화시키기 위한 일종의 가치 있는 분화의 숫자로 모습을 드러낸다. 그리고 숫자 2는 분리된 것들을 서로 만나게 하고 화해시키는 일종의 '쌍' 의 개념을 가리키는 숫자이기도 하다. 이러한 긍정적인 관찰방식은 모든 것을 찢고 분리시켜 버린다고 하는 2에 대한 부정적인 견해와 교차된다. 따라서 2는 상생이면서 독립적 존재의 수이다" 라고 한다.

3 ── 완성·합치·성취의 수, 삼위일체 조화의 수

3은 천수이며 양수이다. 3은 양수 1과 음수 2가 합쳐진 수로서 형성의 수라고도 한다. 3은 생수生數인 1, 2, 3, 4, 5의 중간수로서 생수 중 가장 중정中正한 자리에 위치하고 있다. 3은 완성 · 합치 · 성취의 의미가 담긴 수로 동양에서는 가장 귀한 수로 여긴다. 3은 이외에도 생산 · 풍족 · 안정 등의 특성을 지니고 있다.

오토 베츠는 "3이라는 숫자에서 뿜어져 나오는 매력은 그야말로 엄청나다. 2가 미해결 상태를 나타내는 숫자라면 3은 그것을 아우르고 종결시키는 숫자 즉 어떤 사안을 '조화롭게 완성시키는' 숫자이다. 따라서 3은 삼위일체 조화의 수이다. 그러나 아주 드문 일이지만 3이 부정적으로 이해될 때가 있다. 대표적으로 '세 사람이 있으면 그 안에 반드시 바보 한 명이 끼어 있다'는 속담이 이에 속한다. 이와 유사한 속담으로 '뜰에 있는 두사람 사이에 끼어든 세 번째 사람은 놀림감이 된다'는 말이 있다. 이 속담은 두 사람이 모여 있으면 파트너십이 형성되지만, 여기에 한 사람이 더 끼게 되면 방해가 될 뿐으로, 이 세 번째 사람은 나머지 두 사람의 표적이 되어 비웃음거리로 전락하게 된다는 점을 이야기하고 있다. '두 사람이 사이좋게 지내면 다른 제 3자는 할말이 없다'는 속담도 이와 유사한 의미를 지닌 속담인데, 이것은 서로 호흡이 잘 맞는 두 사람이 있을 경우 제3자가 나타나면, 그 사람은 둘 사이를 방해하는 적으로 인식된다는 점을 시사한다"고 한다.

4 ── 파괴 · 불화 · 분산의 수, 균형과 안정의 수

4는 지수이며 음수이다. 음수인 2와 2가 합한 수로서 음양의 조화를 이루지 못하였다. 분리수가 겹쳐지므로 미정수未定數라 한다. 4는 파괴 · 불화 · 분산을 가리킨다. 4는 이 외에도 쇠약 · 불안 · 곤란 등의 특성을 지니고 있다.

오토 베츠는 "질서와 체계를 세우는 일에 참여하는 숫자는 꼭 3뿐만이 아니다. 4도 마찬가지로 이에 참여한다. 4각형은 이미 정리가 끝났거나 형태가 확정된 것들을 총체적으로 대표하는 것이라고 할 수 있다. 4에서는 어떤 특별한 역동성을 찾을 수는 없지만 믿음직스럽고 안정적인 느낌을 얻을 수 있다. 피타고라스 학파 철학자들은 숫자 4를 신성한 수 테트락티스Tetraktys의 하나로 숭배하였다. 어떤 이유에서 피타고라스 학파는 4를 높이 숭배하고 그것에 신적인 가치가 있다고 주장하기에 이르렀을까? 우리가 사용하는 숫자 체계에 나오는 최초의 숫자 4개를 더하면 10이 된다. 십진법을 사용했던 피타고라스 학파들에게 1에서 10에 이르는 10개의 숫자는 전체를 포함하고 있을 뿐만 아니라 총체적인 현실을 포괄하는 숫자이기도 했다.

그 때문에 그들은 1부터 4까지 처음 4개의 숫자를 더한 총계가 완성수인 10이 되었을 때 경탄을 금하지 못했던 것이다. 십자가는 각기 다른 네 방향을 가리키고 있다. 십자가에 못 박힌 예수는 팔을 활짝 벌려 인간을 감싸 안아 성스러운 공동체로 접합시킨다. 이것이 바로 초기 기독교가 십자가에 대해 가지고 있던 관념이었다. 즉 십자가는 단순히 죽음의 상징이나 죄인을 묶는 기둥 혹은 예수의 수난을 나타내는 것이 아니라 생명의 상징, 귀중한 열매를 맺는 나무, 화합의 상징이었던 것이다. 모든 방향이 십자가 안에서 한데 모이며 십자가 안에서 중심을 찾는다. 그리고 십자가 내부의 이 중심점으로부터 에너지가 생겨나 천국의 시냇물처럼 사방으로 흘러 나간다. 따라서 4는 균형과 안정의 수이다"라고 한다.

5 ─── 중간 · 주체 · 안정의 수, 결합과 만남의 수

5는 천수이며 양수이다. 5는 생수生數인 1, 2, 3, 4, 5 중에서 끝자리 수이다. 5는 수의 할아버지다. 왜냐하면 생수인 1, 2, 3, 4, 5가 각각 5를 만나서 6, 7, 8, 9, 10의 성수成數가 되기 때문이다. 따라서 5는 생성生成의 중간 위치에 있으면서 정립과 성취의 뜻을 갖고 있으며 중간 · 주체 · 안정을 가리킨다.

오토 베츠는 "2는 여성적인 숫자로 받아들여져 왔고, 3은 반대로 남성적인 숫자로 인식되었기 때문에, 2와 3을 합치면 사랑의 여신 비너스의 숫자가 된다. 즉 숫자 5는 바로 남녀 합일의 숫자인 것이다. 따라서 5는 결합과 만남의 수이다"라고 한다.

6은 지수이며 음수이다. 6은 5와 더불어 기본수의 중간인데, 5는 생수의 끝이지만 6은 성수의 첫 번째라 계승한다는 의미가 있다. 그러나 강중剛中을 뜻하는 3으로 양분되어 긴장과 대립을 가리킨다.

오토 베츠는 "6은 완전함과 관련되어 있는 숫자로, 사람에 따라서는 6을 '완벽의 수'라고 부르기도 한다. 왜냐하면 6은 특별한 속성을 가지고 있기 때문이다. 6은 1, 2, 3으로 구성된 수이다. 이 때 1, 2, 3을 더해도 6이 되지만, 이 세 수를 곱해도 마찬가지로 6이 된다. 아마도 고대 후기의 숫자 상징 연구가들이 6을 매우 중요한 숫자로 간주한 것도 이런 이유 때문일 것이다. 하나는 하늘을, 다른 하나는 땅을 향해 있는 2개의 정삼각형을 겹쳐 만든 육각형의 별인 헥사그램Hexagram은 '시온의 별', '다윗의 별'이라고도 불리는데 이것이 유대교에서 차지하는 역할은 다른 곳에서보다 조금 더 특별하다. 결합의 표시로서 헥사그램은 다양하게 해석될 수 있다. 하늘과 땅의 만남이 상징적으로 표현된 것일 수도 있고, 신과 인간의 만남, 아래로 내리는 신의 은총과 이것을 감사하게 받는 인간의 모습이 표현된 것일 수도 있는 것이다. 그렇다면 헥사그램은 결속의 표시, 신과 그의 백성들 간의 친화의 상징이라고 볼 수 있다. 다른 한편으로 헥사그램은 정신적인 것과 현실적인 것의 결합, 혹은 정신과 물질의 결합을 나타내는 것으로 해석될 수도 있다.

그리고 마지막으로 이것은 여성과 남성의 만남을 암시하고 있기도 하다. 위쪽으로 향해 있는 삼각형은 남성을 상징하고, 아래쪽으로 향해 있는 삼각형은 여성을 상징한다. 이렇게 볼 때 헥사그램은 곧 서로 상반되는 것들의 결합에 대한 총체적인 상징이 된다. 따라서 6은 인내를 통한 완성의 수다. 힌두교의 상징 세계에서 헥사그램은 창조의 신인 비슈누와 파괴의 신인 시바의 결합을 표현하는 것으로서, 생성과 소멸, 앞으로 올 것과 이미 지나가버린 것 등 세계의 이중적인 면모를 나타낸다"고 한다.

7 ── 투지 · 번영 · 독단의 수, 완전함과 전체성의 수

7은 천수이며 양수이다. 강중剛中을 뜻하는 3으로 두 번 나누고 1이 남는다. 1, 3, 7이 모두 양수로 강하여 독립을 의미한다. 따라서 7은 투지 · 번영 · 독단을 가리킨다.

오토 베츠는 "숫자의 상징성을 논할 때, 경험적인 관찰이 선행되고 그 다음에 일정한 체계가 만들어진 것인지 아니면 우선 미래상을 담은 직관이나 사변의 틀이 결정되어 있는 상태에서 인간이 차후에 모든 사물들을 이 도식에 끼워 맞추어 정리한 것인지 분명하게 말하기란 쉬운 일이 아니다. 그러나 어쨌든 7이라는 숫자가 거의 전 세계에 걸쳐 매우 중요한 기능을 담당하고 있는 것만은 사실이다. 7로 이루어진 리듬이 현실 및 인간의 삶을 해석하는 중요한 규칙들 중 하나로 자리잡고 있는 것이다. 따라서 7은 완전함과 전체성의 수이다"라고 한다.

8 ── 개척 · 인내 · 발달의 수, 구원과 부활의 수

8은 지수이며 음수이다. 양수인 3과 5가 합하여 강렬하고 독립적이며 철석 같은 의지를 발휘할 수 있으나 음수인 4와 4가 합쳐졌으므로 음유陰柔함도 있다. 8은 짝수의 최소 단위인 2로 계속 나누어지는 극음수極陰數이어서 음이 다하면 양을 생한다는 이치에 따라 만물을 태동시킨다. 그러나 이 과정이 쉽게 이루어지는 것은 아니다. 따라서 8은 개척 · 인내 · 발달을 가리킨다.

오토 베츠는 "상징적인 관점에서 숫자를 관찰해보면, 독립적으로 존재하는 숫자는 단 하나도 없다. 모든 숫자는 자기 자신을 벗어나 다른 숫자들과 관계를 맺고 있으며, 자기보다 앞서 나오는 숫자에 의존한다. 이런 관점에 따르면 숫자 8은 4를 두 번 더하거나 2를 세 번 곱하면 나오는 수이다. 4와 유사하게 역동성보다는 고요함을 발산하는 숫자 8은 자기의 내면에서 가만히 떠다니는 듯한 조화로운 느낌을 자아낸다. 8개의 바퀴살이 있는 수레바퀴가 마치 전염이라도 시킬 듯

한 대칭성을 자랑하듯이 말이다. 꽃잎이 8개인 연꽃은 사람들을 명상으로 인도하는 꽃의 전형이다. 또한 연꽃은 열반으로 이어지는 인식에 대한 상징일 뿐만 아니라 부처를 잉태한 모체로 간주되기도 한다. 부처의 가르침에 나오는 해탈의 수레바퀴 역시 8개의 바퀴살을 가지고 있다. 또한 고통으로부터 벗어나고 마침내 윤회에 종지부를 찍기 위해서는 반드시 팔정도를 거쳐야만 한다. 기독교 경건주의에서 숫자 8은 매우 중요한 의미를 지닌다. 이렇게 된 데는 노아의 방주에 구출되어 살아남은 사람이 오직 여덟 명에 불과했다는 배경이 깔려 있다. 이리하여 8은 구원과 부활, 새로운 삶으로의 돌진을 의미하는 숫자가 되었다. 그러나 8과 관련하여 무엇보다도 의미 있는 사건은 예수의 부활이 죽은 지 한 주가 지난 첫날 또는 흔히 말하듯이 여덟 번째 날 이루어졌다는 점이다. 이로써 권태와 죄악으로 물든 낡은 세계가 종말을 고하고, 어떤 새로운 것, 즉 영원한 생명과 희망 그리고 낙관적인 시대가 시작된다. 8을 옆으로 뉘어 놓으면 무한을 뜻하는 표시가 된다는 사실을 잊어서는 안 된다"라고 한다.

9 ─ 곤궁과 성취를 동시에 지닌 수, 완성·성취·달성의 수

9는 천수이며 양수이다. 기본수 중 홀수의 마지막으로 더 이상 발전할 수 없는 수이므로 종극終極의 뜻도 지니고 있으나, 동시에 완성과 도달의 의미도 갖고 있다. 따라서 9는 곤궁과 성취, 은퇴와 안락과 같이 이중적인 의미를 동시에 지니고 있다.

오토 베츠는 "9는 바로 3을 제곱한 숫자이다. 그 때문에 우리는 9가 3의 신비를 다시 이어받아 이를 더욱 더 분화시키고 있다고 추측한다. 3이 완전한 숫자라고 한다면, 9는 그 보다 훨씬 더 완전한 수임에 틀림없다. 그러한 의미에서 9는 완성·성취·달성의 수이다. 그러나 숫자 9는 10을 기다리는 숫자라는 측면에서 일종의 준비단계를 의미하기도 한다"라고 한다.

10 ── 허무·무상·종말의 수, 완성과 경계의 수

10은 지수이며 음수이다. 기본수의 마지막 수로, 꽉 찬 것을 의미하는 동시에 다시 처음의 상태로 되돌아간다는 것을 의미한다. 따라서 10 즉 0은 결국 허무·무상·종말을 뜻하는 수라고 볼 수 있다.

오토 베츠는 "사람은 10개의 손가락을 세면서 셈을 한다. 따라서 숫자 10은 단순히 하나의 임의의 숫자라기보다는 완성을 상징하는 순환 숫자이다. 피타고라스 학파만큼 숫자 10을 숭배한 사람들도 없을 것이다. 그들이 숫자 10을 숭배했던 이유는 10을 우리의 숫자체계에 나오는 최초의 숫자 4개를 합산한 수로 이해했기 때문이다. 근원적인 숫자 1과 모든 존재의 이중성을 상징하는 2, 그리고 성스러운 3과 지상의 숫자인 4가 모두 더해져 10이 되었으니, 10이야말로 완벽한 수이자 '모든 것을 포함하면서도 모든 것의 경계를 규정하는 어머니'와 같은 수인 것이다"라고 한다.

우리는 앞에서 오토 베츠가 동양의 시각과는 달리 모든 기본수에 대하여 긍정적인 견해를 밝히고 있음을 볼 수 있다. 동양의 시각으로는 예를 들어 1은 좋고 2는 나쁘며 3은 좋고 4는 나쁘다고 한다. 그러나 오토 베츠의 견해는 그렇지 않다.

생각하건대 어느 수는 절대적으로 좋고 어느 수는 절대적으로 나쁘다고 하는 것은 편견이다. 왜냐하면 예를 들어 1이 통일성은 있으나 다양성은 없고, 2가 독립성은 있으나 전체성은 없으며, 3이 결합성은 있으나 원만성은 없고, 4가 안정성은 있으나 역동성은 없기 때문이다. 그러므로 우리는 기본수의 각 수가 장점과 단점을 동시에 지니고 있다고 보아야 한다.

2) 0과 0으로 끝나는 수

기본수를 논하는 이 기회에 '0' 이라는 수 및 '0' 으로 끝나는 10, 20, 30 등의 수에 관하여 살펴볼 필요가 있다. 왜냐하면 이러한 수가 시작인 동시에 끝인 신비로운 가변수인지라, 이를 과연 자연수의 하나로 인정할 수 있는지 의문이 생기기 때문이다.

『천부경』에서는 "일적십거 무궤화삼一積十鉅 無匱化三" 이라고 하여 1이 10까지 나아가면 극極을 이루고, 극이면 변한다는 원리에 따라 텅 빈 상태로 변하여 새로운 시작을 일으킨다고 한다. 따라서 10이 즉 0이고 이것이 다시 1로 이어진다. 비어 있는 상태를 채우는 과정이 계속 이어지지만 결코 채울 수 없는 우주변화의 원리를 일러주고 있다.

0단위	0	1	2	3	4	5	6	7	8	9
10단위	10	11	12	13	14	15	16	17	18	19
20단위	20	21	22	23	24	25	26	27	28	29
30단위	30	31	32	33	34	35	36	37	38	39

위에서 각 수를 한 자리의 것으로 보면, 수의 연속이란 결국 0에서 9까지의 순환 즉 1에서 10까지의 배열에 불과할 따름이다.

그런데 문제는 인도인들이 '수냐Sunya' 라고 명명하여 작은 원으로 표현한 '0' 이라는 숫자의 실체가 무엇이냐는 것이다.

수리 이론이 '시작인 동시에 끝' 인 '0' 이라는 가변수를 전제로 하는 이상, 수리로 운명을 판단하는 것 또한 가변적일 수밖에 없다. 만물의 근원을 수數로 본 피타고라스 학파에서 자연수가 아닌 무리수無理數를 발견하고 이것을 '알로고스Alogos' 라고 부르면서 이러한 사실을 대외적으로 발설하지 말도록 한 것을 보면 수리 이론이 한계가 있다는 생각이 든다.

3) 하도의 수와 낙서의 수

◆ ── 하도의 수와 낙서의 수가 다른가?

기본수를 1부터 10까지로 본 것, 즉 '0'이 완성수로 나타난 것이 하도이다.

그리고 기본수를 0부터 9까지로 본 것, 즉 '10'이 텅 빈 상태로 사라진 것이 낙서이다.

'0'이라는 수와 '0'으로 끝나는 10, 20, 30 등의 수는 완성인 동시에 출발이며 시작인 동시에 끝이어서 신비로운 가변수이다. 우리가 마음의 눈을 열지 않고 육안으로 볼 때에는 낙서에 '0'이나 '10'이 없다.

4	9	2
3	5	7
8	1	6

❖ 낙서

위에서 보듯이 낙서는 가로·세로·대각선의 합이 모두 15로서 전체가 균형을 이루고 있다. 그리고 낙서의 가운데에 있는 5는 사방이 $10^{1\cdot9}$, $10^{6\cdot4}$, $10^{7\cdot3}$, $10^{2\cdot8}$, $10^{9\cdot1}$, $10^{4\cdot6}$, $10^{3\cdot7}$, $10^{8\cdot2}$으로 둘러싸여 안정된 상태이다.

그런데 우리는 가변수인 '10'이 그 모습을 직접 드러내지 않으면 이것을 '0'

이라고 부른다. 낙서의 10이 바로 여기에 해당한다.

인도 사람들이 '0'을 작은 원으로 표현했던 것은 아마도 그들의 철학과 관련된 듯하다. 즉 그들은 공허한 것, 비어 있는 것을 표현하기 위해 이 숫자를 하나의 작은 원으로 표현한 것이다.

눈에 짤 띄지 않는 이 볼품 없는 기호는 몇 가지의 연상작용을 불러일으킨다. 이 작은 원은 벌린 입모양처럼 보이기도 하지만, 어머니의 무릎처럼 보이기도 한다.

우리가 육안으로 볼 때에는 낙서에 '0'이나 '10'이 없지만, 마음의 눈을 열고 볼 때에는 낙서가 '0'이나 '10'의 바탕 위에 서 있다.

따라서 이를 미처 깨닫지 못하고 낙서가 마치 9의 바탕 위에 서 있는 것처럼 성명을 논할 때 9×9로써 81수리 이론을 펼치는 것은 옳지 않다고 생각한다.

하도의 총수는 55이고 낙서의 총수는 45로 둘을 합하면 100이며, 이것은 즉 10×10인 것을 깨달아야 한다.

불교의 『반야심경』에서 말하는 '색즉시공 공즉시색色卽是空 空卽是色'의 의미는 색色인 유형有形은 공空인 무형無形과 서로 다르지 않다는 것이다.

의문이 생길 수 있지만 이것이 바로 진리다.

생각해보라. 모든 물체는 분자→ 원자→ 원자핵→ 소립자로 분해되므로 결국 소립자의 뭉치와 다르지 않다. 그런데 그 소립자는 신비스런 형태로 충돌을 거듭하며 나타남과 사라짐을 반복하니 나타날 때는 색色이고 사라질 때는 공空이다. 유형에서 무형으로, 그리고 무형에서 유형으로 변화를 되풀이하여 색즉시공 공즉시색을 이룬다.

'0'이라는 수와 '0'으로 끝나는 10, 20, 30 등의 수도 이와 다르지 않다.

—6—

주역 이야기

1. 총설

주역周易이란 글자 그대로 주周나라의 역易이다. 주역이 나오기 전에는 하夏나라 때 연산역連山易, 은나라 때 귀장역歸藏易이 있었다고 한다. 주역은 유교의 경전經典 중 3경三經의 하나인 『역경易經』이다. 단순히 '역易' 이라고도 한다.

그러면 역易의 뜻이 무엇인가? 세 가지 뜻이 있다고 한다.
① **이간**易簡 — 이간이란 천지의 자연현상은 끊임없이 변하나 간단하고 평이하다는 뜻이며 이것은 단순하고 간편한 변화가 천지의 공덕임을 말한다.
② **변역**變易 — 변역이란 천지만물은 멈추어 있는 것 같으나 항상 변하고 바뀐다는 뜻으로 양陽과 음陰의 기운氣運이 변화하는 현상을 말한다.
③ **불역**不易 — 불역이란 변하지 않는다는 뜻이다. 모든 것은 변하고 있으나 그 변하는 것은 일정한 항구불변恒久不變의 법칙을 따라서 변하기 때문에 법칙 그 자체는 영원히 변하지 않는다는 뜻이다.

역에는 세가지 뜻이 있다는 것이 전통적인 학설이었으나 명말청초明末淸初 모기령毛奇齡이란 학자는 자신이 찬한 중씨역仲氏易에서 양역兩易과 삼역三易으로 나누어 역에는 다섯가지 뜻이 있다고 하였다.

《주역》은 8괘八卦와 64괘, 그리고 괘사卦辭·효사爻辭·십익十翼으로 되어 있다.

　주역은 그 내용을 체계적으로 해석한 십익十翼의 성립으로 경전으로서의 지위를 확립하였다. 공자孔子가 지은 것으로 알려져 왔지만, 전국 시대부터 한漢나라 초에 이르는 시기에 유학자들에 의해 저작된 것이라고 추정되며 새의 날개처럼 돕는 열가지란 뜻이다. 주역은 유교의 경전 중에서도 특히 우주철학宇宙哲學을 논하고 있어 한국을 비롯한 일본·베트남 등의 유가사상에 많은 영향을 끼쳤을 뿐만 아니라 인간의 운명을 점치는 점복술의 원전으로 깊이 뿌리박혀 있다.

2. 구체적인 적용

주역에서는 위에 있는 천天상괘가 3효이고 아래에 있는 지地하괘가 3효여서 모두 6효이다. 각 효가 음과 양으로 갈라서니 천天$^{2×2×2}$×지地$^{2×2×2}$로서 모두 64괘이다. 이것을 가지고 인人에 해당하는 모든 사안을 논한다. 천天과 지地가 인人에 어떻게 감응하느냐를 살피는 것이다. 그래서 사람이 정성을 다한 후 그 결과를 하늘[天]과 땅[地]의 뜻에 물어보는 주역점이 성립된다.

◆ ──── **천풍구**天風姤

갑甲이란 남성에게 을乙이란 여성이 결혼상대로 등장했을 경우 천풍구天風姤를 얻으면 을乙이란 여성은 결혼상대로서 적합하지 못하다고 볼 수 있다. 왜냐하면 괘상이 마치 한 여성[- -]이 다섯 남성[—]을 상대하고 있는 모습과 같기 때문이다.

그러나 요정을 경영하는 여성에게는 사업의 번창을 뜻한다고 볼 수 있다. 왜냐하면 괘상이 마치 자신이 여러 남성을 고객으로 맞이하는 모습과 같기 때문이다.

◆ —— **택천쾌**澤天夬

천풍구天風姤와는 달리 6효에서 제일 위의 효가 음━ ━이고 나머지 효는 모두 양━ ━인 택천쾌澤天夬를 살펴보자.

호수가 물이 차 곧 둑이 터질 수 있는 모습으로 본다. 지나쳐서 위험한 상황이다. 겸허謙虛 humility한 마음을 지니고 사리사욕을 버려야 한다. 자신의 힘을 과신하지 말아야 한다. 이성관계에서는 유부녀나 유부남과의 사랑으로 망신할 수 있다. 모든 면에서 지나치지 않으면 크게 발전하는 형상으로 본다.

◆ —— **건위천**乾爲天

6효가 모두 양━ ━인 건위천乾爲天을 살펴보자.

건乾은 하늘 sky이고 곤坤은 땅 earth이다. 건곤乾坤을 음양陰陽으로 나타내면 건乾은 양이고 ━ 으로 표시하며 곤坤은 음陰이고 ━━으로 표시한다. 건乾은 대단히 크고 넓으며 매우 강하고 굳센 기상이다. 따라서 6효가 모두 양━ ━인 이 쾌는 사람에 비유하면 임금이고 사업에 비유하면 성업기이며 달에 비유하면 보름달이다. 그러므로 지금부터 쇠퇴의 길로 향하는 조짐을 내포하고 있다. 한편 지나친 몽상夢想 dream vision 즉 실속이 없는 형상으로 볼 수 있다. 이성관계에서는 서로가 지나치게 자존심을 앞세우고 있어 아기자기한 사랑으로 이어지기 어렵다고 본다.

◆ ── 곤위지坤爲地

6효가 모두 음━━인 곤위지坤爲地를 살펴보자.

건乾은 하늘sky이고 곤坤은 땅earth이다. 건곤乾坤을 음양陰陽으로 나타내면 건乾은 양陽이고 ━ 으로 표시하며 곤坤은 음陰이고 ━━으로 표시한다.

곤坤은 고요하고 움직이지 않으나 모든 것을 낳고 육성한다. 유순하고 나서지 않으며 여성적인 것을 상징한다. 괴테는 『파우스트』에서 '참으로 여성적인 것이 우리를 구원한다Das Ewig-Weibliche zieht uns hinan'고 했다. 이 괘곤위지坤爲地를 얻으면 크게 형통하리라고 본다. 지금은 추운 겨울을 지내는 형상이지만 머지않아 화창한 봄을 맞이한다. 만약 불평을 하거나 앞장을 서면 낭패를 볼 것이다. 이성관계에서는 서서히 교제를 진행시켜 좋은 결실을 이루어낼 수 있고 서두르면 실패할 것이다.

◆ ── 천지비天地否

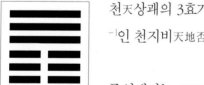

천天상괘의 3효가 모두 양━이고 지地하괘의 3효가 모두 음━━인 천지비天地否를 살펴보자.

주역에서는 ☰을 하늘sky로 보고 ☷을 땅earth으로 본다. 이 괘천지비天地否는 하늘sky과 땅earth의 교爻사귐가 없는 천지불교天地不爻를 가리킨다고 본다. 하늘sky인 서방님은 사랑방舍廊房을 떠나지 않고 땅earth인 마나님은 안방을 떠나지 않으면 집안이 적막하다. '否'는 '막힐 비' 또는 '아닐 부' 이다. 막혀서 안 통한다. 서로가 배타적이어서 화합하지 못하니 어지럽다. 인내하면서 현명한 타개책을 써야 한다. 이성관계에서는 진전을 기대하기 어렵고 시간이 흘러야 나아질 수 있다.

◈ ── **지천태**地天泰

천天상괘의 3효가 모두 음|ⁱ‑‑ⁱ이고 지地하괘의 3효가 모두 양|ⁱ‑ⁱ인 지천태地天泰를 살펴보자.

주역에서는 ☰을 하늘ˢᵏʸ로 보고 ☷을 땅ᵉᵃʳᵗʰ으로 본다. 이 괘[지천태地天泰]는 위의 괘[천지비天地否]와는 반대로 천지교통天地交通을 가리킨다고 본다. 하늘ˢᵏʸ이 밑에 있고 땅ᵉᵃʳᵗʰ이 위에 있어 하늘ˢᵏʸ의 기氣는 위로 올라가고 땅ᵉᵃʳᵗʰ의 기氣는 아래로 내려가므로 음양陰陽의 기氣가 화합하니 편안하다. 불화·부진을 벗어난다. 지금의 편안한 태泰를 잘 활용해야 한다. 이성관계에서는 뜻을 이룰 수 있다.

◈ ── **화수미제**火水未濟

주역에서는 ☵ᵃᵗ.坎을 수水 즉 물ʷᵃᵗᵉʳ로 보고 ☲ⁱ.離를 화火 즉 불ᶠⁱʳᵉ로 본다. 수水 즉 물ʷᵃᵗᵉʳ은 차갑고 내려가며 화火 즉 불ᶠⁱʳᵉ은 뜨겁고 올라간다. 천天상괘가 불ᶠⁱʳᵉ이고 지地하괘가 물ʷᵃᵗᵉʳ인 화수미제火水未濟를 살펴보자.

뜨거운 것이 위에 있고 차가운 것이 아래에 있으니 조화를 이루지 못한다. 알기 쉽게 이야기하면 불ᶠⁱʳᵉ이 위에 있고 물ʷᵃᵗᵉʳ이 아래에 있으니 죽도 밥도 안된다. 아래의 화火가 위의 수水를 데워야 곡식이 익어 죽이나 밥이 되지 않겠는가. 또는 불 밑에 물이 있어서 물이 불을 이기지 못하는 것으로 본다. 그래서 이 괘는 화수미제火水未濟이다. 미제未濟란 일이 아직 끝나지 않은 상태이다. 일이 뜻대로 되지 않는다. 하지만 포기할 상태는 아니다. 이성관계에서는 뜻을 이루기 어렵다.

◆ —— 수화기제水火既濟

주역에서는 ☵감坎을 수水 즉 물water로 보고 ☲이離를 화火 즉 불fire로 본다. 수水 즉 물water은 차갑고 내려가며 화火 즉 불fire은 뜨겁고 올라간다. 천天상괘가 물water이고 지地하괘가 불fire인 수화기제水火既濟를 살펴보자.

차가운 것이 위에 있고 뜨거운 것이 아래에 있으니 조화를 이룬다. 알기 쉽게 이야기하면 물water이 위에 있고 불fire이 아래에 있으니 죽이나 밥이 된다. 아래의 화火가 위의 수水를 데워 곡식이 익으니 죽이나 밥이 되지 않겠는가. 또는 물이 불 위에 있어서 물이 불을 이기는 것으로 본다. 그래서 이 괘는 수화기제水火既濟이다. 기제水火既濟란 일이 이미 처리되어 끝난 상태이다. 일을 뜻대로 이룬다. 그러나 지나친 욕심을 삼가야 한다. 이성관계에서는 좋은 결과를 이룰 수 있다.

주역周易의 세계에서는 같은 괘상이라도 항상 고정된 뜻을 갖고 있는 것이 아니다. 예를 들어 낮이냐 밤이냐, 남자냐 여자냐, 대인大人이냐 소인小人이냐, 사안事案사업·소원·금전·결혼·건강·여행·가출·취직·입학·소송·매매·출산 등이 무엇이냐에 따라 괘풀이가 달라질 수 있다.

3. 소강절

송宋나라 소강절邵康節은 「청야음清夜吟」이란 시에서 다음과 같이 노래하였다.

월도천심처	月到天心處
풍래수면시	風來水面時
일반청의미	一般淸意味
요득소인지	料得少人知

달이 하늘의 중심 되는 곳에 이르고 바람이 수면 위에 잔잔할 때, 그 맑고 높은 풍정風情을 아는 이 드물다는 뜻이다.

그런데 이 시는 단순히 천지의 청고淸高한 풍광을 노래한 것이 아니라 명리名利를 떠난 도심道心의 청명淸明을 풍광에 비유하여 토로한 것으로 볼 수 있다. 청허한 심경과 자연의 아름다움이 잘 어우러져서 달인의 경지가 느껴진다.

소강절은 송나라 도학道學의 중심 인물로 꼽힌다. 우리나라에서는 서경덕과 이지함이 소강절의 영향을 받았다고 한다.

소강절은 음陰 · 양陽 · 강剛 · 유柔의 4원四元을 근본으로 하고, 4의 배수倍數로서 모든 것을 설명하였다. 이 철학은 독일의 G.W.F.라이프니츠의 2치논리二値論理에 힌트를 주었다고 전한다. 그는『황극경세서皇極經世書』62편을 저작하여 천지간 모든 현상의 전개를 수리로서 해석하고 그 장래를 예시하였으며, 또「관물내외편觀物內外編」2편에서 허심虛心, 내성內省의 도덕수양법을 설명하였다. 또한 자유로운 시체詩體의 시집『이천격양집伊川擊壤集』(20권)의 작품이 있고,『어초문답漁樵問答』(1권)등이 있어 후세에 많은 영향을 끼쳤다.

이리저리 전해 내려오는 소강절 일화가 많다. 그 중 하나만 추려서 보기로 하자. 사실여부를 떠나 '소강절이 참으로 상수학象數學의 대가大家였구나' 라는 관점에서 받아들이면 된다.

모란꽃을 보고

 뱀의 해己年이었다. 춘삼월을 맞이하여 소강절 선생은 제자 몇 명과 친구 집을 찾아갔다. 친구집은 고래 등 같은 기와집으로 넓은 뜰에 모란꽃이 만발하여 온 집안에 꽃향기가 가득했다. 벌과 나비들이 날아다녀 더욱 운치를 돋우었다.

선생을 모시고 동행한 제자 한 명이 "선생님, 모란꽃이 이렇게 만발한 것도 그만한 연유가 있을 것으로 생각 됩니다" 라고 하였다. 그러자 선생은 "아무렴, 이 꽃에도 숨겨진 연유가 있을 것이다. 연월일시작괘법年月日時作卦法으로 연월일年月日의 숫자를 합해보면 올해 사巳년의 사巳 본래 숫자가 6, 이달 3월이 3, 오늘 날짜가 16인지라 25가 된다. 이 25를 8로 나누면 3·8·24로 1이 남아 천天상괘가 천天이고, 기본 숫자 4를 25와 합하면 29가 되니 이 29를 8로 다시 나누면 3·8·24로 5가 남아 지地하괘가 풍風이라 결국 천풍구天風姤가 되느니

라. 기타 변괘變卦는 화풍정火風鼎이고, 호괘互卦는 64괘 중六十四卦中에서 가장 강강하다는 건위천乾爲天이 되느니라."

제자들은 숨을 죽이고 고개를 끄덕였다. 이윽고 선생은 물을 한 그릇 떠 오라 하더니 꿀꺽 꿀꺽 마시고 입술과 하얀 수염에 묻은 물방울을 닦고 낮은 목소리로 "괴이한 일이로다. 이 아름다운 꽃이 내일 오시午: 11~13시에 말발굽에 짓밟혀 파손될 것이니……"

이 말을 들은 친구나 제자들은 꽃이 다른 이유로 약간 파손될 수는 있어도 말발굽에 짓밟혀 파손될 것이라고는 믿지 않았다. 그러나 그 이튿날 오시午時가 되자, 어느 고관이 타고 가던 말들이 싸움을 하여 그 아름다운 모란꽃을 짓밟아버리는 불상사가 생겼다. 감탄한 친구와 제자들이 꽃이 말발굽에 짓밟혀 파손되는 상세한 괘풀이를 청했다. 그러자 선생은 다음과 같이 설명했다. "모든 괘에는 체體와 용用이란 것이 있어 이는 주인과 손님의 관계主客關係이므로 이를 잘 판단해야 하느니……천풍구天風姤에서 천天은 말馬이고 풍風은 나뭇가지, 즉 꽃이므로 말을 상징한 천금天金이 꽃을 상징한 풍목風木을 금극목金剋木한다. 더구나 말발굽에는 쇠가 부착되어 있으니 금극목金剋木이 심하여 말발굽에 짓밟혀 파손된다. 여기에 오시午時란 시간까지 알 수 있었던 것은 천天이 말인데 이 말에 해당한 시간이 바로 오시午時이기 때문이다. 물론 이밖에도 변괘變卦·호괘互卦가 있어 각기 작용하는 면이 있지만 대충 이러하느니라."

선생의 이러한 괘풀이를 듣고 있던 제자들은 할말이 없다는 듯 고개만 연신 끄덕였다.

소강절 일화 가운데는 심역현기心易玄機를 이야기하고 있는 것이 있다. 괘로 사물을 판단할 때는 이치理致를 밝혀야 하는데 그 이치를 밝히기 위해선 무엇보다 심역현기에 능통해야 한다는 것이다. 그러면 심역현기란 무엇인가?

학문적이고 체계적인 논리에서 한걸음 나아가 자신의 마음을 잘 다스려 명경지수明鏡止水밝은 거울과 정지된 물이라는 뜻으로, 고요하고 깨끗한 마음을 가리키는 말의 경지에 이르는 것을 말한다.

괘상卦象으로만 판단하면 호미나 도끼는 둘 다 쇠와 나무로 이루어진 물건이므로 백지 한 장 차이이다. 이 백지 한 장을 메우기 위해선 심역현기가 필요하다. 다시 말하면 겨울에 해가 져 이미 저녁때도 지난 시각에는 들판에 나가 언 땅을 팔 리가 없으니 호미가 아니라 날씨가 춥기 때문에 통나무를 쪼개는 도끼가 필요할 것이다. 또한 여름에 천기天氣를 볼 경우 눈이 온다는 확신보다는 비가 온다는 확신이 더 강한 것과 같다. 이러한 까닭에 팔괘八卦를 배우는 사람은 모든 이치에 능통해야 한다는 이야기이다.

4. 토정 이지함

토정土亭 이지함李之菡은 조선 중기의 학자이며 기인奇人이다.

생애의 대부분을 마포 나루터에 있는 순전히 흙으로만 쌓아올린 정자에서 청빈하게 지내 토정이라는 호가 붙었다. 몹시 가난해 밥솥이나 갓冠, 신발 등을 제대로 구할 수가 없어 쇠붙이鐵로 두들겨 만든 쇠갓鐵冠을 쓰고 다녔고, 솥에 구멍이 났을 때는 쇠갓을 뒤집어 놓고 솥으로 대용했으며, 신발은 나무를 파서 만든 나막신을 신고 다녔다.

목은 이색의 후손으로, 현령 이치李穉의 아들이며, 북인의 영수 이산해의 숙부이다. 어려서 아버지를 여의고 맏형인 이지번에게서 글을 배우다 서경덕의 문하에 들어갔다. 어려서부터 남다르게 총명하고 남 돕기를 좋아했던 그는 성장하여 결혼을 해서도 자신보다는 남을 위하는데 더욱 힘을 썼다.

경사자전經史子傳에 통달하였고, 서경덕의 영향을 받아 역학·의학·수학·천문·지리에도 해박하였다.

1573년 유일遺逸로 천거되어 6품 직을 제수받아 포천 현감이 되었으나 이듬해 사직하였다. 1578년 아산현감이 되어서는 걸인청乞人廳을 만들어 관내 걸인의 수용과 노약자의 구호에 힘쓰는 등 민생문제의 해결에 큰 관심을 가졌다.

이이·성혼成渾등과 교유했다. 이지함이 어떤 사람이냐 하는 질문에 이이가 '진기한 새, 괴이한 돌, 이상한 풀'이라고 대답했다는 일화는 토정 이지함의 기인적 풍모를 대변해 주고 있다. 당대의 일사逸士 조식曺植은 마포로 그를 찾아와 그를 도연명陶淵明에 비유하기도 했다. 이지함은 세상 사람들의 생각으로는 도저히 이해할 수 없는 신비스런 항해술航海術로 제주도를 왕래해 사람들을 깜짝 놀라게 했다고 한다. 그도 그럴 것이 광풍狂風이 몰아치는 악천후로 말미암아 닻을 단 큰 배 들도 항해를 하지 못하는 터에 토정 이지함은 유유히 조각배를 이용하여 제주도를 자주 왕래했다는 것이다.

어떤 방법으로 그랬는지는 아직도 신비에 싸여 있으나, 일엽편주로 항해를 할 때면 꼭 닭 네 마리를 배의 귀퉁이에 매달아 균형을 유지하여 침몰의 위기를 모면했다고 한다. 그런가 하면 길을 가다가 지팡이에 턱을 괸 채 서서 잠을 자기도 했다고 한다.

『토정비결土亭祕訣』은 복서卜筮에  밝은 이지함이 사람들이 1년의 신수를 보도록 지은 책이라고 알려져 있지만 이지함과는 관계없이 그의 이름을 가탁한 책이라는 주장도 있다.

『토정비결』은 1년 열두 달의 신수를 판단하는 술서術書이다. 조선 후기부터 수백년간 정월 초승이면 으레 이 책으로 그해 신수를 알아보는 일은, 조선 민간의 세시풍경이다. 그 내용은 기본적으로 주역의 괘로써 풀이한 것이지만 주역과는 다소 차이가 있다.

4언 시구四言詩句로 이루어지고 그 밑에 한 줄로 번역되어 읽기 쉽게 되었으며 다른 점서와 마찬가지로 비유와 상징적인 내용이 많다. "북쪽에서 목성을 가진 귀인이 와서 도와주리라" "꽃이 떨어지고 열매를 맺으니 귀한 아들을 낳으리라"는 등 희망적인 구절이 많고, 좋지 않은 내용도 "이 달은 실물수失物數가 있으니 잃어버리지 않도록 조심하라" "화재수가 있으니 불을 조심하라"는 식으로 되어 있어 경각심을 일깨워 주기 때문에 절망에 빠진 사람도 희망을 갖게 하고, 매사에 최선을 다하고 조심스럽게 생활을 하도록 독려한 것으로 평가된다.

토정 이지함이 지은 또 다른 책으로 「토정가장결土亭家藏訣」이 있다. 우리나라 국운을 점칠 때 원숭이·쥐·용申子辰해는 병란이 있고, 범·뱀·돼지寅巳亥해는 혼란과 옥사 등이 일어날 것이라고 했는데, 과연 그대로 임진왜란·병자호란·을사사화 등이 일어났다.

예언은 자그마한 일에 이르기까지 구체적으로 적중하였다고 한다.

한편 예를 들어 "세상에서 제일가는 부자는 누구요?"라는 기문奇問에 즉시 "세상에서 제일가는 부자는 욕심을 내지 않는 사람이다"라는 등의 기답을 하여 달인대관達人大觀의 모습을 나타냈다.

토정 이지함은 율곡 이이와 교유하면서도 서로 이념이 달라 다툰 적도 많다.

하지만 당파싸움으로 나라가 시끄러워지자 율곡이 그만 귀향하기로 작정했다는 소식을 들은 이지함은 율곡을 만나 "율곡栗谷마저 귀향하면 누가 당파싸움을 막고 누가 백성을 다스리나"라고 설득해 율곡이 귀향을 포기하도록 한 적도 있다.

토정 이지함은 1713년 이조판서에 추증되었다.

●─ 7 ─●

사주 이야기

1. 총설

1) 사주와 인생

예로부터 '연월일시年月日時 기유정既有定인데 부생浮生이 공자망空自忙이라!' 즉 '태어난 사주팔자가 이미 정해져 있는데, 부질없는 인생들이 그것을 모르고 공연히 스스로 바쁘게 뛰어 다닌다' 는 말이 전해 내려온다.

위의 말처럼 사람의 한평생은 사주대로 강물처럼 흘러가는가. 필자는 저서 『우리 사주학』에서 다음과 같이 이야기했다.

사람의 한평생이란 과연 무엇인가? 어린 시절이 엊그제 같은데 벌써 회갑이라고 한다. 60갑자가 한 바퀴 돌았으니 사주와 인생을 논해보는 것이 무리는 아닐 것 같다. 나는 사주가 70% 정도는 맞고 나머지 30% 정도는 '심상心相' 에 따라 달라진다고 본다. 석가모니는 팔정도八正道를 말했다. 사주학은 정正을 일러주는 학문이다. 그래서 사주학을 자평학子平學이라고도 한다.

전생의 사연이 일상의 꿈 속 사연과 다를 바 없고, 다음 삶에서 돌이켜보면 현재의 삶 또한 꿈 속 사연일 수밖에 없다. 꿈을 깨고 나서 누구나 그 허망함을 절감하지만 꿈꾸는 동안은 모든 것이 생생한 현실이다. 꿈 속 사연이 즐거우면 꿈을 깨고 나서도 개운하고 즐겁듯이, 현재의 삶이 반듯하면 다음 생의 삶 또한 반듯해서 즐거울 것이다. 현재의 삶이 반듯하려면 자신의 전생 업습을 알아 착한 업습은 더욱 확충하고 악한 업습은 순치시켜야 한다.

사주학은 개개인의 전생 업습을 밝혀 알 수 있게 할 뿐만 아니라, 현재의 삶을 반듯하게 엮어 세세생생世世生生 즐겁고 편안한 삶을 영위할 수 있는 방안을 제시하는 이른바 인생 수업修業의 지침을 일깨워주는 학문이다. 스스로 잘 다스려 이웃과도 조화로운 삶을 영위하기를 바라는 마음에서 이 책을 출간하게 되었다.

불란서 작가 베르나르 베르베르의 『타나토노트Thanatonaute』와 인도의 고승 파드마 삼바바의 『티베트 사자死者의 서書』에는 매우 흥미로운 장면들이 나온다. 천상인天上人들은 지상의 일을 과거·현재·미래에 걸쳐 모두 알고 있으며, 지상인地上人도 비록 소수이지만 평소 천상을 자유롭게 왕래하며 천상인들과 같은 능력을 지니고 있다는 것이다.

정신이 맑은 사람은 여실지견如實知見, 즉 있는 그대로 바르게 본다. 전설에 따르면 석가모니가 태어났을 때 히말라야 산에서 아시타라는 선인仙人이 찾아와 "집에 있어 왕위를 계승하면 전 세계를 통일하는 전륜성왕轉輪聖王이 될 것이며, 만약 출가하면 반드시 붓다Buddha佛陀가 될 것이다"라고 예언했다 한다.

사주학의 체계를 이룩한 옛 선현들이 아시타 선인처럼 밝은 눈을 가졌다고 본다. 왜냐하면 사주학은 '변화의 진리'를 가르치고 있기 때문이다. 사주학은 음양오행 이론에 근거를 두고, 개인의 생년월일시를 기초로 생극화합의 관계를 파악하여 절대 중화와 순리의 견지에서 평생의 운로運路를 파악하는 학문이다.

사주학은 명리학·자평학·추명학·사주명리학 등으로 불린다. 필자는 이 학문을 친근하게 느끼기 때문에 그냥 '사주학'이라고 즐겨 부른다. 오늘날 인류는 마음의 평안을 찾지 못하므로 여실지견을 이루지 못하고 있다. 그래서 '천상천하 유아독존天上天下 唯我獨尊'의 본래 뜻에서 벗어나 자만심으로 가득 차 있다. 또한 자신의 좁은 소견으로 이해할 수 없는 것은 무조건 비과학적이라고 배척한다. 어느 노 교수의 이야기를 들어보자.

지구는 시속 107,460km라는 놀라운 속도로 태양 주위를 회전하는 데도 궤도 이탈이 없는 이유는 무엇인가? 태양이 중력이라는 힘을 작용하여 지구의 원심력과 균형을 이루어 주기 때문이다. 참으로 우주는 신비롭다. 지금까지 알려진 바에 의하면 이 넓은 우주 속에 오직 지구에만 생명이 존재한다. 그런데 '만물의 영장'인 인간의 능력은 어떠한가. 인간이 눈으로 볼 수 있는 가시광선 외에도 우리 주위에는 많은 빛이 존재한다. 병원에서 쓰는 X선도 빛의 일종이고, TV나 라디오, 그리고 휴대 전화기에서 방출되는 전자파도 빛의 일종이다. 자연계에 존재하는 빛 중에서 인간이 눈으로 볼 수 있는 가시광선은 불과 5% 정도다. 나머지 95%는 아무리 눈이 좋은 사람도 결코 볼 수 없다. 이 세상에 존재하는 빛을 모두 보는 줄로 생각하는 사람은 착각 속에 살고 있는 것이다.

그러면 소리를 듣는 귀는 어떤가? 소리의 본질은 공기의 진동이고, 인간의 가청음역은 초당 20~2만 사이의 진동수를 내는 음파뿐이다. 이 영역을 벗어나는 음파를 초음파라 하는데 일부 동물들은 인간이 못 듣는 초음파를 듣는다. 개는 진동수 3만8천 헤르츠^{Hz : 진동수의 단위. 1초간 n회의 진동을 n헤르츠라 함}까지 들을 수 있고, 박쥐는 9만8천 헤르츠, 돌고래는 20만 헤르츠까지 들을 수 있다고 한다. 또 병원에서 쓰는 초음파 진단기는 수백만의 진동수를 내고 있으니 인간의 귀는 주변에 존재하는 음파의 1%도 못 듣는 셈이다.

또 '만물의 영장'인 인간의 판단력은 어떤가? 태양이 동쪽에서 떠서 서쪽으로 진다는 사실만 보고 인간은 무려 1,500년 동안 천동설을 믿어온 어리석은 역사를 가지고 있다. 과학이 발달한 오늘에도 우주 구성의 65%를 차지하고 있는 진공에너지^{dark energy}의 정체가 무엇인지 아무도 모르고 있다. 인간은 겸허해야 한다.

2) 사주란 무엇인가

사주학은 사람이 어머니로부터 독립하여 이 세상과 첫 호흡의 인연을 맺은 시점을 기준으로 하여 그 때의 종합된 기를 파악해서 평생의 운로를 추리하고 탐구한다. 따라서 사주학은 어느 시점에 태어났느냐를 문제삼는다. 그 시점은 생년 · 생월 · 생일 · 생시의 네 가지에 의해 구성된다.

우리가 흔히 팔자 또는 사주팔자라고도 부르는 사주四柱는 4개의 기둥이란 뜻이다. 사람이 태어난 연월일시는 각각 천간과 지지가 결합한 육십갑자로 나태낼 수 있는데, 한자는 가로쓰기가 아닌 세로쓰기를 하므로 연월일시의 육십갑자를 모두 적어놓으면 마치 4개의 기둥이 서 있는 형상과 같다.

사주학에서는 태어난 해의 육십갑자를 연기둥[연주:年柱], 태어난 달의 육십갑자를 월기둥[월주:月柱], 태어난 날의 육십갑자를 일기둥[일주:日柱], 그리고 태어난 시각의 육십갑자를 시기둥[시주:時柱]이라고 하며 연월일시 4개의 기둥을 사주라고 한다. 연월일시 4개의 기둥은 각각 천간 한 글자와 지지 한 글자로 이루어져 있다. 다시 말해 연월일시 4개의 기둥은 각각 두 글자로 이루어진 것이다. 따라서 4×2=8로 이것이 여덟 글자 즉 팔자八字이다. 사주팔자란 '네 기둥 여덟 글자'를 가리키는 용어이다. 그런데 네 기둥 즉 사주가 여덟 글자 즉 팔자이다. 따라서 사주팔자=사주=팔자이다.

어떤 용어를 사용하든 다 그게 그것이다.

그런데 '네 기둥 여덟 글자'는 사주학에서 어떤 의미를 갖고 있을까? 우리가 특정 시점에 이 세상과 인연을 맺고 태어났다는 사실을 부정할 수 없는 인과의 귀결이자 하늘의 명命으로 본다. 예를 들어 대포를 쏘면 각도, 화약과 포신의 크기 등에 따라 포탄의 운동곡선과 낙하지점 및 시점이 달라지듯이, 사주 또한 주

인공의 세세생생世世生生 함축된 인과를 나타내는 법륜法輪 즉 법의 수레바퀴라
고 보는 것이다.

◆ —— 간지

만세력이란 천체를 관측하여 해와 달의 운행과 절기 따위를 적은 책이다.

> 만세력은 음양오행의 바로미터barometer이다.
> 그런데 만세력에는 연월일年月日이 간지干支라는 문자로 나타나있다.

예를 들면 2010년은 경인庚寅년인데 무인戊寅월 을유乙酉일부터 시작된다.

간干은 하늘이고 천간天干이라고도 한다 —— 천간에는 갑甲 · 을乙 · 병丙 · 정丁 ·
무戊 · 기己 · 경庚 · 신辛 · 임壬 · 계癸의 10간이 있다. 위에서 본 2010년의 경우
윗글자인 경庚 · 무戊 · 을乙은 천간이다.

지支는 땅이고 지지地支라고도 한다 —— 지지에는 자子 · 축丑 · 인寅 · 묘卯 · 진
辰 · 사巳 · 오午 · 미未 · 신申 · 유酉 · 술戌 · 해亥의 12지가 있다. 위에서 본 2010
년의 경우 밑글자인 인寅 · 인寅 · 유酉는 지지이다.

천간과 지지를 합쳐 간지干支라고 한다 —— 10간과 12지를 동시에 순차적으로 진
행시켜 짝을 이루어나가면 60개의 간지가 되는데 이것을 육십갑자六十甲子라고
한다. 갑자甲子, 을축乙丑, 병인丙寅, 정묘丁卯......순으로 짝지어나가면 마지막은
계해癸亥가 된다.

❖ 10간의 음양과 오행은 다음과 같다.

음양오행 ＼ 10간	갑 甲	을 乙	병 丙	정 丁	무 戊	기 己	경 庚	신 辛	임 壬	계 癸
음양	+	-	+	-	+	-	+	-	+	-
오행	목 木		화 火		토 土		금 金		수 水	

❖ 12지의 음양과 오행은 다음과 같다.

음양오행 ＼ 12지	자 子	축 丑	인 寅	묘 卯	진 辰	사 巳	오 午	미 未	신 申	유 酉	술 戌	해 亥
음양	-	-	+	-	+	+	-	-	+	-	+	+
오행	수 水	토 土	목 木		토 土	화 火		토 土	금 金		토 土	수 水

◆ ── 본인별

본인별이란 사주팔자에서 일기둥[일주：日柱]의 두 글자 중 윗글자인 일간日干을 달리 표현한 것인데, 사주학에서는 이것을 '주체'로 본다. 본인별[일간]이 목성·화성·토성·금성·수성 중에서 어디에 해당하는지 알려면 만세력[천체를 관측하여 해와 달의 운행과 절기 따위를 적은 책]에서 본인이 태어난 날의 일진日辰 즉 일주日柱를 보아야 한다. 일진은 두 글자로 되어 있는데 윗글자인 첫 글자가 갑甲이나 을乙이면 목성이고, 병丙이나 정丁이면 화성이며, 무戊나 기己면 토성이고, 경庚이나 신辛이면 금성이며, 임壬이나 계癸이면 수성이다.

다시 말해 본인별이란 태어난 날의 천간이다. 천간에는 갑甲·을乙·병丙·정丁·무戊·기己·경庚·신辛·임壬·계癸라는 10개의 별이 있다. 본인별은 천간으로 표시할 수도 있고, 그 오행을 따라 목성·화성·토성·금성·수성으로 나타낼 수도 있다.

　예들 들어 갑신甲申년 임신壬申월 계해癸亥일 경신庚申시에 태어난 사람의 경우에는 일진이 계해癸亥이니 본인별은 계해癸亥의 천간인 계癸로 표시할 수도 있고, 그 오행을 따라 수성으로 나타낼 수도 있다. 10개의 별은 다음과 같이 각각 다른 비유로써 구체화시킬 수도 있다.

갑甲 —— 큰 수목, 재목		**기**己 —— 평원옥토, 화단	
을乙 —— 화초, 덩굴식물		**경**庚 —— 무쇠, 바위	
병丙 —— 빛, 태양		**신**辛 —— 보석, 열매	
정丁 —— 열, 등댓불		**임**壬 —— 바다, 호수	
무戊 —— 큰 산, 제방		**계**癸 —— 개울물, 비	

　위의 비유는 예시에 불과하므로 이것에 지나치게 얽매일 필요는 없다. 예를 들어 갑甲은 맨 앞의 천간이니 선두주자나 통치권자라고 할 수도 있고, 계癸는 섬세함의 극치이니 이슬이나 눈이라고 할 수도 있기 때문이다.

3) 사주 구성법

　사주는 사람이 태어난 연월일시를 각각 천간과 지지로 나타낸 연주, 월주, 일주, 시주의 네 기둥으로 이루어진다. 태어난 해를 연주, 태어난 달을 월주, 태어난 날을 일주, 태어난 시각을 시주라고 한다.

　사주를 보기 위해서는 우선 사주 구성 즉 사주팔자 세우기를 해야 한다. 하지만 그 내용이 무척 까다롭다. 주인공이 태어난 연월일시를 정확하게 알면 만세력을 이용해서 연주·월주·일주를 세울 수 있다. 그러나 시주는 만세력에 나타나 있지 않으므로 만세력을 이용해도 시주를 세울 수 없다. 또한 입춘 등 절기를 밝혀야 하고 표준시 · 서머타임^{summer time} 등을 계산에 넣어야 하며 그 밖에도 다루어야 할 것이 있다.

그러나 독자는 조금도 걱정할 필요가 없다. 왜냐하면 컴퓨터의 활용으로 사주 팔자 세우기를 간단하게 해결할 수 있기 때문이다. 인터넷 포털사이트에서 '사주포럼^{www.sajuforum.com}'으로 들어가 거기서 '인생방정식'을 이용하면 금방 사주명식四柱命式 ^{: 연월일시를 간지로 바꾸어 놓은 것}을 뽑아낼 수 있다.

❖ ― '인생방정식' 이용 하기

인터넷 포털사이트 → 『사주포럼^{www.sajuforum.com}』 → '인생방정식' → 진행 → 사주명식

사주명식을 적을 때에는 오른쪽에서 왼쪽으로 연주 · 월주 · 일주 · 시주를 적는다. 남성의 경우에는 건명乾命이라 하고 여성의 경우에는 곤명坤命이라 하는데 사주명식 옆에 적는다.

예 ― 1944년 8월 27일^{양력} 16시 출생/남성

시	일	월	연 乾命
庚	癸	壬	甲
申	亥	申	申

위의 사주명식을 상세하게 살펴보면 다음과 같다,

● **연주**年柱 ―― 갑신甲申. 연간年干은 갑甲, 연지年支는 신申

● **월주**月柱 ―― 임신壬申. 월간月干은 임壬, 월지月支는 신申

● **일주**日柱 ―― 계해癸亥. 일간日干은 계癸, 일지日支는 해亥

● **시주**時柱 ―― 경신庚申. 시간時干은 경庚, 시지時支는 신申

예 ― 2009년 1월 1일^{양력} 12시 출생/여성

시	일	월	연 坤命
甲	丙	甲	戊
午	午	子	子

위의 사주명식을 상세하게 살펴보면 다음과 같다.

● **연주**年柱 ―― 무자戊子. 연간年干은 무戊, 연지年支는 자子

● **월주**月柱 ―― 갑자甲子. 월간月干은 갑甲, 월지月支는 자子

● **일주**日柱 ―― 병오丙午. 일간日干은 병丙, 일지日支는 오午

● **시주**時柱 ―― 갑오甲午. 시간時干은 갑甲, 시지時支는 오午

4) 사주와 희용신

사주학에서는 사주를 꽃피울 수 있는 핵이 되는 오행^[木火土金水]을 '용신用神'이라고 한다. 그리고 용신은 아니지만 용신한테 길吉 작용을 하는 것을 '희신喜神'이라고 한다.

예를 들어 사주가 더워서 시원한 수水를 기뻐하면 수水가 용신이고, 금생수金生水의 원리에 따라 이 수水한테 길吉 작용을 하는 금金이 희신이다.

사주학에서 용신을 찾는 방법은 다음 다섯 가지가 있다.

◆ ―― 억부용신

사주에서 강한 오행은 억압해주고, 약한 오행은 도와주어야 한다. 이렇게 조정해 줄 수 있는 오행이 용신이 되는데 이것이 곧 억부용신이다.

◈── 조후용신

사주는 조화를 이루어야 한다. 추우면 따뜻함이 필요하고 더우면 서늘함이 필요하다. 건조하면 윤택함이 필요하고 습하면 밝음이 필요하다. 이렇게 조정해 줄 수 있는 오행이 바로 조후용신이다.

◈── 종용신

사주에 특정 오행의 기운이 지나치게 강해서 도저히 다스릴 수 없는 경우에는 그대로 그 오행에 따르는 것이 좋다. 그 오행이 바로 종용신이다.

◈── 통관용신

사주에서 두 세력이 서로 치고받고 다툴 때에는 이를 소통시켜 줄 필요가 있다. 이렇게 해줄 수 있는 오행이 통관용신이다.

◈── 병약용신

병이란 사주를 길격으로 구성하는 데 방해되는 자^{예를 들어 불필요하게 태왕한 자} 또는 용신에 해를 끼치는 자^{예를 들어 용신을 극하는 자}로 전자를 사주의 병, 후자를 용신의 병이라고 한다. 반면 병을 다스릴 수 있는 자를 약藥이라고 한다. 약인 오행이 병약용신이다.

용신을 찾는 일은 결코 쉽지 않다. 따라서 용신과 희신을 명확하게 구별할 수 없는 경우가 많다. 그런 경우에는 '희용신' 이란 용어를 사용할 수 있다. 예를 들어 어느 사주가 목木·화火를 모두 기뻐하지만 어느 것이 용신이고 어느 것이 희신이라고 명확하게 구별할 수 없으면 '목木 · 화火가 희용신이다' 라고 표현할 수 있다.

사주팔자에서 희용신을 찾아내기 위해서는 먼저 주인공의 사주가 신강身强인 지 아니면 신약身弱인지를 알아내야 한다. 그런데 신강과 신약의 구별은 사주 전체를 보는 안목과 관련되어 있다. 그래서 신강과 신약을 명쾌하게 구별할 수 있다면 사주학 공부는 이미 절반은 끝난 셈이라고 한다.

사주학에서는 본인별 즉 일간을 '주체' 로 보기 때문에 신강은 일간이 강하다는 뜻이고, 신약은 일간이 약하다는 뜻이다.

| 시간 | 일간 | 월간 | 연간 |
| 시지 | 일지 | 월지 | 연지 |

사주팔자에서 일간을 도와주는 오행이 많으면 신강이라 하고 반대로 일간을 도와주는 오행이 적으면 신약이라고 한다. 그러면 도와주는 오행이란 무엇일까?

오행	도와주는 오행
목木	목木 · 수水
화火	화火 · 목木
토土	토土 · 화火
금金	금金 · 토土
수水	수水 · 금金

위의 표에서 목木이 목木을 도와주는 것은 당연하고, 수水는 수생목水生木으로 목木을 도와준다. 화火가 화火를 도와주는 것은 당연하고, 목木은 목생화木生火로

화火를 도와준다. 토土가 토土를 도와주는 것은 당연하고, 화火는 화생토火生土로 토土를 도와준다. 금金이 금金을 도와주는 것은 당연하고, 토土는 토생금土生金으로 금金을 도와준다. 수水가 수水를 도와주는 것은 당연하고, 금金은 금생수金生水로 수水를 도와준다.

사주학에서는 사주가 신강인지 아니면 신약인지를 구별해서 희용신을 판단하지만, 어디까지나 대자연의 이치에 따를 것을 일러주고 있다. 모든 생명체는 사계절의 기후변화에 따라 성장 발육에 큰 영향을 받는다. 인간 역시 마찬가지여서 기후에 따라 정신적·육체적인 차이가 생기고 운명 또한 달라지게 된다. 그러므로 자신에게 필요한 좋은 기후를 만나야 하는데, 사주학에서는 자신의 성장 발육에 바람직한 기후와의 조화를 조후調候라고 하여 매우 중시한다.

사주는 억부_{사주에서 강한 자는 억압해주고, 약한 자는 도와주는 것}와 조후의 이치를 조화롭게 적용하여 파악해야 한다. 억부는 현실이요, 조후는 이상이다. 현실을 떠난 이상은 있을 수 없고 이상을 떠난 현실은 무의미하다.

현실과 이상이 조화를 이루면 가장 바람직하다.

5) 사주와 운의 흐름

이태백은「춘야연도리원서春夜宴桃李園序」라는 시에서 '광음光陰이란 백대百代의 과객이요, 천지란 이 과객을 맞이하는 객줏집 같은 곳이다'라고 노래했다. 이태백의 표현을 빌면 사주는 과객이요, 운은 객줏집이다. 여기서 사주라는 나그네는 쉬지 않고 새로운 객줏집으로 발길을 돌린다. 정적인 나그네가 동적으로 파악되고 있다.

그러므로 사주 간명看命이란 먼저 사주의 간지干支를 살펴 그 근기根基를 파악한 다음, 운로運路 즉 운의 흐름에 비추어 해당 인물의 일생을 논하는 것이다. 근기는 초목과 같고 운의 흐름은 기후와 같다. 초목이 조화로운 기후를 만나면 생기를 발하지만 그렇지 못하면 시들어버린다. 마찬가지로 근기가 박약하면 마치 봄날의 복사꽃처럼 잠시 동안만 아름다울 뿐 그 아름다움이 길지 않다. 그러나 근기가 충실하면 마치 송죽松竹처럼 그 기상이 겨울에도 푸르다. 그러므로 먼저 근기를 논하고 다음으로 운의 흐름을 살피는 것이다. 그러나 아무리 충실한 근기라고 해도 운의 흐름이 조화롭지 않으면 아름다움을 누리지 못하니, 이 때문에 사주 간명看命의 초점을 운의 흐름에 두는 것이다.

우리 선현들은 인간도 하나의 소행성이라고 인식하고, 사주학의 많은 이론들을 천문학에 근거를 두고 발전시켜왔다. 인간도 지구와 마찬가지로 태양계에서 태어나 태양 주위를 맴돌다 사라지는 하나의 소행성이다. 하도와 낙서에는 이러한 우주의 신비가 담겨 있다. 태초에 음양이 분리되어 물[H2O]이 생기고, 이것이 수소와 산소로 분리되어 하늘의 불이 형성된다. 그 과정에서 상승과 하강 작용이 이루어져, 천지만물은 태어나면서부터 구심점을 형성해서 빙글빙글 돌게 된다. 달은 지구의 둘레를 돌고, 지구는 태양의 둘레를 돈다. 태양 또한 다른 별자리를 도는데, 이처럼 모든 천체가 자미신궁을 중심으로 원무圓舞를 추고 있다. 하도와 낙서는 우주의 신비를 말하면서, 인간도 하나의 소행성이니 우주의 질서 속에 조화를 이루며 살아가라고 가르쳐준다.

예로부터 많은 과학자들이 우주 탄생의 기원과 크기, 모습, 중심점 등을 알아내기 위해 많은 노력을 해왔다. 그러나 우주는 인간의 상상을 초월할 정도로 크고 방대하기 때문에 지금까지도 밝혀지지 않은 부분이 많다. 태양계를 비롯한 수많은 별·성단·성운 등을 포함하고 있는 우리 은하에는 태양과 같은 별이 약 2,000억 개가 있다고 추정된다. 한편 우리 은하 밖에는 타원은하·나선은하·불규칙은하 등으로 이루어진 외부은하가 있다. 이들을 모두 포함하는 우주는 계속 팽창하고 있다.

우리가 살고 있는 지구는 태양계에 속해 있으며, 태양계는 태양을 중심으로 움직이는 모든 천체, 즉 8개의 행성, 44개 이상의 위성, 수많은 소행성, 혜성, 그리고 별똥별과 행성간의 물질들을 포함한다. 이들은 태양과 상호간의 만유인력으로 인해 궤도 이탈 없이 유지된다. 달은 지구의 위성으로 지구 주위를 공전하면서 자전하고, 지구는 태양 주위를 공전하면서 자전한다. 지구의 자전축은 약간 기울어져 있다. 이렇게 지구의 자전축이 기울어 자전하면서 태양 주위를 공전하는 동시작용으로 인해 계절의 변화가 생긴다. 또한 이 동시작용으로 말미암아 같은 지역에서도 계절에 따라 태양의 고도차와 온도차가 생기고 밤낮의 길이가 달라진다.

대양 주위를 돌면서 지구는 태양으로부터 강한 영향을 받는다. 이때 태양의 활동 정도는 흑점의 많고 적음을 보고 추정하는데, 흑점이 많으면 태양의 활동이 활발하다는 것을 의미한다. 태양의 흑점이 극대·극소가 되는 것은 약 10년 주기다.태양의 흑점수는 측정 방법 등에 따라 달라질 수 있으니 하도와 『천부경』의 원리에 따라 약 10년 주기로 변한다고 보면 된다.

흑점이 극대가 되면 지구상에는 자기폭풍 때문에 나침반이 심하게 움직이므로 정밀한 항로가 필요한 비행기의 운항 등에 많은 어려움이 생기고, 통신이 두절되기도 하며, 극지방에서는 많은 오로라가 관측된다. 태양과 내행성^{태양과 지구 사이의 행성}, 그리고 지구가 일직전상에 있을 때를 합合이라고 하고, 태양과 외행성^{태양으로부터 지구 바깥쪽에 있는 행성} 사이에 지구가 일직선상으로 위치하는 때를 충沖이라고 한다. 태양의 시궤도視軌道, 즉 지구에서 보아 태양이 지구를 중심으로 운행하는 것처럼 보이는 천구상天球上의 대원大圓을 황도黃道라고 한다.

2. 구체적인 적용

1) 성격 판단

사주에서 오행이 중화되고 순수하면 성격이 원만하고 온후하지만, 오행이 편중되고 혼탁하면 성격이 비뚤어지고 비굴하며 걸핏하면 성질을 부린다.

사주에 금金·수水의 기가 강하면 이성적이고 차가운 면이 많고, 반대로 목木·화火의 기가 강하면 감성적이고 들뜬 면이 많다.

신강한 사주는 독립형이고 신약한 사주는 의존형이니 예를 들어 대통령의 사주가 지나치게 신강하면 독재자가 될 것이고, 반대로 지나치게 신약하면 비서실장에게 많이 의지할 것이다.

오행 중에서 목木은 인仁, 화火는 예禮, 토土는 신信, 금金은 의義, 수水는 지智인데 그 왕쇠강약에 따라 내용이 달라진다. 예를 들어 목木이 중화를 이루고 있으면 어진 성품이 바르게 나타나지만, 태과太過이면 목다화식木多火熄^{나무가 많으면 불이 꺼진다} 등의 부작용이 문제가 되며, 불급不及이면 너무 여린 형상이라 진취적으로 뻗어 나가는 기상이 미약해서 문제가 된다.

합다유정合多有情^{이리저리 정을 두는 것}이면 지나친 사교성이 문제가 될 것이고, 충다유전沖多有戰^{잦은 충돌로 전쟁이 일어남}이면 투쟁적인 성격으로 인해 좋은 의미로 보아도 운동선수로서 쉴 틈이 없을 것이라고 해석할 수 있다.

또한 양인羊刃^칼이 지나치면 독한 성격일 것이고, 괴강魁罡^{하늘의 우두머리 별}이 이루어져 있으면 자립 정신이 강할 것이다.

예 ― 갑신甲申년 임신壬申월 계해癸亥일 경신庚申시 출생이다.

◎ ― 갑신甲申년의 갑甲은 목木이고 신申은 금金이다.

◎ ― 임신壬申월의 임壬은 수水이고 신申은 금金이다.

◎ ― 계해癸亥일의 계癸는 수水이고 해亥는 수水이다.

◎ ― 경신庚申시의 경庚은 금金이고 신申은 금金이다.

따라서 이 사람의 사주는 금金이 4개, 수水가 3개, 목木이 1개이다. 본인별^{일간}은 계癸로서 수성이며, 금金·수水의 기가 강하여 신강하다. 금金·수水의 기가 강하여 이를 빼주는 목木 즉 갑甲이 용신이며 목화木火운을 기뻐한다.

❖ **사주를 가지고 성격 판단을 해보자.**

● 오행이 편중되어 성격이 편협하고 성질을 잘 낸다.
● 금金·수水의 기가 강하여 이성적이고 차가운 성향을 띠는데 그 정도가 무척 심하다.
● 지나치게 신강하여 아주 자기 본위로 흐른다.

● 금金은 의義이고 수水는 지智이다. 너무 정의만 부르짖는 것도 병이요, 너무 지혜만 내세우는 것도 병이다. 특히 지나치게 시시비비를 분명히 하여 의義만 부르짖다가는 이 금金으로 용신인 목木을 금극목金剋木하는 돌이킬 수 없는 결과를 초래할 수 있다. 이 세상은 인仁·의義·예禮·지智·신信이 조화를 이루어야 아름다운 화음을 낼 수 있다. 이 사람은 목木·화火의 마음을 지녀야 하는데, 목木은 인仁이요 화火는 예禮이다. 어질고 예의바른 자세여야 개운開運할 수 있다.

2) 건강 판단

평생 무병장수할 수 있는 사람의 사주는 우선 음양이 조화를 이루고 오행이 주류周流한다. 그러면서 중화되고 순수하다. 다음과 같이 정리할 수 있다.

① 극剋이나 충沖이 없어야 한다. 충沖이란 서로 충돌하여 둘 다 상처를 입는 것이다.
② 한寒 · 열熱 · 조燥 · 습濕이 중화를 이루어야 한다.
③ 용신이나 희신이 운의 흐름과 잘 어우러져야 한다.

한편 건강하지 못하고 장수하기 어려운 사람의 사주는 우선 음양이 조화를 이루지 못하고 오행이 편중되어 있으면서 혼탁하다. 다음과 같이 정리할 수 있다.

① 극剋이나 충沖이 심하다.
② 한寒 · 열熱 · 조燥 · 습濕이 고르지 못하다.
③ 용신이나 희신이 운의 흐름과 맞지 않는다.

어느 시기를 사람의 사운死運죽을운으로 보는가. 우선 용신이 심하게 극剋을 당하거나 충沖을 이루는 시기를 사운死運죽을운으로 본다. 다음과 같이 정리할 수 있다.

① 강왕격强旺格^{사주의 특수격 중 하나}은 일간이 매우 약해지는 운과 30년 계절운이 바뀌는 접목운接木運을 사운死運^{죽을 운}으로 본다. 접목운接木運은 '나무를 기후와 풍토가 다른 곳으로 옮겨 심는 운' 이란 뜻으로 교운기交運期라고도 한다. 접목운接木運에는 파란이 많고 특수한 나무는 적응하지 못하여 죽어버린다.

② 종격從格^{사주의 특수격 중 하나}은 종從하는 데 가장 지장이 되는 운을 사운死運^{죽을 운}으로 본다.

③ 화격化格^{사주의 특수격 중 하나}은 격이 파괴되는 운을 사운死運^{죽을 운}으로 본다.

④ 사주의 왕신旺神^{강한 오행}이 입묘入墓^{무덤으로 들어감}하는 운을 사운死運^{죽을 운}으로 본다. 예를 들어 사주에 금金이 매우 많은 경우에는 금金의 묘墓가 되는 축丑운이 사운死運^{죽을 운}이디.

예 — 갑신甲申년 임신壬申월 계해癸亥일 경신庚申시 출생이다.

◎ — 갑신甲申년의 갑甲은 목木이고 신申은 금金이다.

◎ — 임신壬申월의 임壬은 수水이고 신申은 금金이다.

◎ — 계해癸亥일의 계癸는 수水이고 해亥는 수水이다.

◎ — 경신庚申시의 경庚은 금金이고 신申은 금金이다.

따라서 이 사람의 사주는 금金이 4개, 수水가 3개, 목木이 1개이다. 본인별^{일간}은 계癸로서 수성이며, 금金·수水의 기가 강하여 신강하다. 금金·수水의 기가 강하여 이를 빼주는 목木 즉 갑甲이 용신이며 목화木火운을 기뻐한다.

❖ 사주를 가지고 건강 판단을 해보자.

한의학은 인간도 하나의 소우주라고 전제하면서 인체의 각 부위를 음양과 오행으로 나누어 판단한다. 즉 전해 내려오는 유력한 학설에 따르면, 인체의 오장과 육부는 각각 음과 양에 해당하고, 간과 담은 목木, 심장과 소장은 화火, 위장과 비장은 토土, 폐와 대장은 금金, 신장과 방광은 수水이다. 이때 간은 피가 집결되어 있으니 확장작용을 하려는 성질이 있어서 목木이고, 폐는 조직이 퍼져 있으니 수축작용을 하려는 성질이 있어서 금金이라는 것이다.

● 금金이 매우 많다. 금金의 실實이 지나치다. 지나치면 변한다. 실實이 지나쳐 그만 허虛로 통하였다. 어릴 때부터 호흡기 계통이 약했다.
● 금金처럼 수水 역시 아주 강하다. 소변이 잦고 신장과 방광이 약하다.
● 목木이 약하다. 간이나 담 질환에 유의해야 한다.
● 금金이 왕신旺神^{강한 오행}이다. 사주의 왕신旺神^{강한 오행}이 입묘入墓^{무덤으로 들어감}하는 운을 사운死運^{죽을 운}으로 본다. 금金의 묘墓는 축丑이다. 축丑운에 몇 번이나 죽을 고비를 당하였다.

질병은 예방할 수 있고 치료할 수 있다. 동양의학은 상생관계에 바탕을 둔 예방의학의 성격이 강하고, 서양의학은 상극관계에 바탕을 둔 치료의학의 성격이 강하다. 그러나 둘 다 예방과 치료를 함께 다루며 상호보완적인 방향으로 나아가고 있다. 오늘날의 치료 형태를 보면 식이요법·물리요법·단식요법 등의 자연요법에서 정신이 육체를 다스릴 수 있다고 보는 정신요법·초능력요법까지 이어지고 있다.

사주학은 수신학修身學이다. 항상 스스로 살펴보며 다스려 나가야 한다. 하늘은 스스로 노력하는 자를 돕는다. 질병은 예방할 수 있고 치료할 수 있는 만큼 이 사람은 여생의 건강을 위하여 목木·화火로 다스려 나가야 한다. 그 한 예로 동쪽에 대문을 낸 남향집을 선택하여 나무를 심고 정원을 가꾸며, 늘 따뜻하고 밝은 마음을 지니도록 노력해야 한다.

3) 육친 판단

사주학에서 사용하는 '육친六親'이란 용어는 부모·형제와 배우자 그리고 자식을 일컫는 말로 가족관계를 뜻한다. 그러므로 사주학에서 육친 판단이라 함은 한 사람의 사주를 놓고 그 사람의 가족관계를 판단한다는 뜻이다.

과연 사주팔자만으로 육친 판단이 가능할까? 지금까지의 사주 간명看命법은 일간을 본인으로 보고 이 일간에 대응하는 각각의 간지干支에 인간관계를 부여하여 육친 판단을 해왔다. 그러나 여기에는 관점에 따라 해석이 달라질 수 있는 문제점이 있다.

예를 들어 일간이 목木인 남성의 경우 남녀 상극원리에 바탕을 둔 견해는 목극토木剋土의 관계로 토土가 아내가 될 수 있다고 하지만 남녀 동등원리에 바탕을 둔 견해는 같은 오행인 관계로 목木이 아내가 될 수 있다고 하기 때문이다.

그러므로 세간에서 거론하는 이른바 '부모덕·형제덕·배우자덕·자식덕'에 대해서는 간명看命 대상자의 사주 하나만으로 논할 것이 아니라, 부모·형제·배우자·자식의 개별 사주와 대조하여 궁합론적인 관점에서 논해야 한다.

예 — **갑신**甲申**년 임신**壬申**월 계해**癸亥**일 경신**庚申**시 출생이다.**

◎ — 갑신甲申년의 갑甲은 목木이고 신申은 금金이다.

◎ — 임신壬申월의 임壬은 수水이고 신申은 금金이다.

◎ — 계해癸亥일의 계癸는 수水이고 해亥는 수水이다.

◎ — 경신庚申시의 경庚은 금金이고 신申은 금金이다.

따라서 이 사람의 사주는 금金이 4개, 수水가 3개, 목木이 1개이다. 본인별일간은 계癸로서 수성이며, 금金·수水의 기가 강하여 신강하다. 금金·수水의 기가 강하여 이를 빼주는 목木 즉 갑甲이 용신이며 목

❖ **사주를 가지고 육친 판단을 해보자.**

본인별^{일간}이 계癸로서 수水이니까 이를 생生하는 경庚과 신申의 금金이 어머니이다. 왜냐하면 어머니가 자식을 생生하기 때문이다. 경庚과 신申이 계癸의 어머니인 것에 대해서는 고금古今의 견해가 일치한다.

그런데 사주에는 경庚과 신申이 너무 많다. 너무 많은 것은 병이다. 이 사람의 어머니는 남편과 뜻을 달리하고 일찍 가정을 떠났다.

한 인간에게 자신의 육친인 부모·형제·배우자·자식은 참으로 소중한 존재이다. 이와 관련하여, 크게 보면 우주가 바로 자신의 육친에 해당한다는 견해가 있다. 이 견해는 하도와 낙서를 연결지어서 다음과 같이 설명하고 있는데, 그 내용이 무척 재미있고 또한 설득력을 가지고 있다.

금金·수水는 음陰⁻이고 목木·화火는 양陽⁺인데 음陰⁻과 양陽⁺은 서로 짝을 이룬다. 하도의 금金·수水와 목木·화火는 나란히 평행선을 이루고, 낙서의 금金·수水와 목木·화火는 서로 교차선을 이룬다. 이러한 구조를 연결해보면, 평행선과 교차선의 2중 나선구조^[螺旋構造, helical structure]로 꼬여 있는 인체의 DNA구조가 우주의 모습을 닮아 있다.

위의 견해에 따르면 우주란 자체의 DNA구조를 이루어 변화하는 전체적인 것이고, 인간이란 그 전체적인 것을 구성하는 부분적인 것으로서 우주가 바로 인간의 육친에 해당한다. 나아가 삼라만상은 모두 자타불이自他不二의 존재이다.

4) 직업 판단

사주를 보고 주인공의 직업을 추리할 수 있다.

어느 날 할머니 한 분이 필자의 사무실로 와 자신의 사주를 좀 봐달라고 한다. 이 할머니는 생년월일시만 알려줄 뿐 신상에 대해서는 한마디도 하지 않는다.

사주를 살펴보니 연지와 월지에 의식주衣食住를 뜻하는 별이 강하게 빛나고 있고 또한 같은 기둥에 학문을 나타내는 문창귀인文昌貴人, 교육을 나타내는 학당學堂, 우두머리를 나타내는 장성將星이 나란히 배치되어 있다. 그리고 형刑·충沖·파破·해害가 없어 깨끗하다. 아울러 연지, 월지, 일지, 시지가 각각 자子, 자子, 사巳, 사巳로 맵시있게 구성되어 있다.

필자가 첫마디로 "의식주衣食住 계통의 교수가 아니십니까?"라고 하니 깜짝 놀라면서 현재 대학교 외식학 교수로 재직 중이라고 한다.

사실은 필자가 그렇게 추리하면서 이런 노인이 무슨 대학교 교수일까 하는 의구심이 들었지만 사주에 나타난 대로 말한 것이 그대로 적중한 것이다.

사주를 보고 주인공의 직업을 추리하려면 사주 전체에 대한 종합적인 판단이 이루어져야 한다. 판사와 검사 그리고 의사의 사주를 예로 들어 보자.

판사가 세상 사람들의 존경을 받고 명망을 누리려면 기본적인 요건을 갖추어야 한다.

— 원고와 피고를 대할 때 예의가 있어야 하므로 본인별일간이 예의를 뜻하는 화火이면 좋고, 신의가 있고 믿음직스러워야 하므로 본인별일간이 신의를 뜻하는 토土여도 좋다. 이처럼 본인별일간이 화火나 토土이면서 관성官星과 재성財星을 갖추면 판사로 적격이다. 왜냐하면 관성은 명예를 뜻하고 재성은 관성을 뒷받침해주기 때문이다.

— 지혜가 있어야 하므로 본인별^{일간}이 지혜를 뜻하는 수水이면 좋고, 자비로워야 하므로 본인별^{일간}이 자비를 뜻하는 목木이어도 좋다. 본인별^{일간}이 수水나 목木이면서 술戌이나 해亥가 있으면 판사로 적격이다. 왜냐하면 술戌이나 해亥는 하늘의 이치에 통할 수 있는 천문天門이기 때문이다.

검사 또한 세상 사람들의 존경을 받고 명망을 누리려면 기본적인 요건을 갖추어야 한다. 정의감이 있어야 하므로 정의를 뜻하는 금金이 있어야 하고 아울러 사회의 어두운 실상을 밝혀 내려는 마음가짐이 있어야 하므로 화火가 함께 있어야 한다. 이와 같이 금金과 화火가 함께 있으면 검사로 적격이다.

의사들은 지지에 묘卯 · 유酉 · 술戌 중 두 가지를 갖춘 경우가 많다. 묘卯는 해가 떠오르는 동쪽으로 천지만물에 새로운 생기를 부여하고, 유酉는 해가 지는 서쪽으로 천지만물의 피로를 풀어주며, 술戌은 하늘의 이치와 통하는 천문天門으로 도道를 행할 수 있는 관문이 되어 세 가지 모두 활인업活人業과 인연이 있기 때문이다. 사람을 살리는 도道 · 의술醫術 · 점占 · 역易 · 종교宗敎 등은 활인活人에 속한다. 그리고 의사들에게는 충沖^{충돌} · 형刑^{다스림} · 양인羊刃^칼이 있는 경우가 많다.

위에서 본 것처럼 사주를 보고 주인공의 직업을 추리할 수 있다. 그러나 직업은 시대와 장소에 따라 달라지므로 구체적으로 이를 알아내는 것은 무리다.

예 — 갑신甲申**년 임신**壬申**월 계해**癸亥**일 경신**庚申**시 출생이다.**

◎ — 갑신甲申년의 갑甲은 목木이고 신申은 금金이다.

◎ — 임신壬申월의 임壬은 수水이고 신申은 금金이다.

◎ — 계해癸亥일의 계癸는 수水이고 해亥는 수水이다.

◎ — 경신庚申시의 경庚은 금金이고 신申은 금金이다.

따라서 이 사람의 사주는 금金이 4개, 수水가 3개, 목木이 1개이다. 본인별^{일간}은 계癸로서 수성이며, 금金 · 수水의 기가 강하여 신강하다. 금金 · 수水의 기가 강하여 이를 빼주는 목木 즉 갑甲이 용신이며 목木화火火운을 기뻐한다.

❖ **사주를 가지고 직업 판단을 해보자.**

● 수적으로 절반을 차지하는 경庚과 신申의 금金은 의義 · 생사여탈권 · 숙살지기肅殺之氣^{차가운 기운}이면서 학술 분야에 해당한다. 그래서 정의를 추구하는 법학에 선천적인 인연을 지니고 태어났다. 그리고 본인별^{일간}이 수水이면서 해亥가 있으니 판사로 적격이다. 그러나 관성官星이 뚜렷하지 않으니 제약 속의 명예를 좋아하지 않으며 재성財星이 없으니 세속적인 욕망에서 떠나 있다.

● 금金과 수水가 어우러져 깨끗하고 맑은 기상을 펼친다. 그리고 금생수金生水의 원리에 따라 금金으로부터 발원한 수水의 기세가 드높다. 이 수水는 지智 · 외유내강外柔內剛 · 순리順理이면서 주체성이다. 이 드높은 수水의 기세를 목木과 화火로 이어나가 목화통명木火通明으로 세상을 밝히는 일이 어울린다.

● 사주를 그림의 형태로 형상화시켜서 이것으로 직업을 논해보자. 연지와 월지에 있는 금金은 둘 다 자신의 천간으로는 투출하지 못했으므로 이 2개를 합쳐서 음陰으로 본다. 그리고 시지에 있는 금金은 자신의 천간인 시간의 금金으로 투출하였으니 이 2개를 합쳐서 양陽으로 본다. 사주의 형상이 음양陰陽으로부터 일주와 월간의 수水로 뻗어나가서 연간의 목木으로 청기淸氣를 설한다. 그러니 음양오행陰陽五行을 다루는 사주학자이다.

● 젊은 시절에 인연을 맺었던 '맥주'나 '온천' 역시 금金인 바위와 수水인 물에서 비롯한 것이다. 만일 외교관으로 나갔더라면 음陰인 북한과 양陽인 남한의 통일을 위해서 국제무대에서 멋지게 활약하여 동방목국東方木國을 일으켜 세우고 조국을 빛나게 했을 것이다.

5) 행운 판단

❖ **행운行運 판단이란** —— 사주를 운로運路 즉 운의 흐름에 비추어 인생사의 길흉화복을 논하는 것이다. 사주란 좁게 보면 화단에 뿌려진 꽃씨 하나이지만, 넓게 보면 우주 속의 태양계에 새로 등장한 하나의 소행성이다. 이 소행성은 자전과 공전을 거듭하며 계절운, 대운大運, 연운年運, 월운月運, 일운日運, 시운時運의 흐름으로 이어지는데 시시각각 그 모습이 변화한다. 행운行運 판단은 바로 이러한 변화를 파악하는 것이다.

❖ **계절운 · 대운 · 연운 · 월운 · 일운 · 시운이란** —— 계절운이란 봄[30년]운, 여름[30년]운, 가을[30년]운, 겨울[30년]운이다. 계절운은 3개의 대운으로 이루어진다. 따라서 대운이란 계절운 안에서 10년마다 새롭게 펼쳐지는 운이다. 사주가 같아도 남성과 여성은 대운의 흐름이 다르다. 연운이란 1년마다 펼쳐지는 운이고, 월운이란 매월마다 펼쳐지는 운이며, 일운이란 매일 펼쳐지는 운이고, 시운이란 시간마다 펼쳐지는 운이다.

❖ **접목운이란** —— 봄[30년]이 가면서 여름[30년]이 오는 시기, 여름[30년]이 가면서 가을[30년]이 오는 시기, 가을[30년]이 가면서 겨울[30년]이 오는 시기, 겨울[30년]이 가면서 봄[30년]이 오는 시기의 운이다. 다시 말하면 접목운이란 30년 계절운이 바뀔 때의 운이다. 마치 나무를 기후와 풍토가 다른 곳으로 옮겨 심는 것과 같기 때문에 붙여진 이름이다. 사주학에서 오행을 계절로 나타내면 목木은 봄, 화火는 여름, 금金은 가을, 수水는 겨울이다. 그러므로 오행으로 이야기하면 접목운이란 목木운과 화火운, 화火운과 금金운, 금金운과 수水운, 수水운과 목木운이 교차하는 기간 즉 환절기의 운이다. 환절기가 되면 여러 가지 변화가 일어난다. 예를 들어 겨울이 가면서 봄이 오는 시기를 보자. 따사로운 햇빛과 물오른 봄의 생기는 사람들을 집 밖으로 불러내지만, 꽃샘추위와 황사는 방 안에 머물게 만든다.

접목운은 교운交運, 즉 기의 교차가 이루어지는 운이므로 길운과 흉운이 들락 날락한다. 길운이 오기 전인데도 길함이 발생할 수 있고, 흉운이 지나갔는데도 흉함이 생길 수 있다.

❖ **사주가 같은 사람은 운명이 같을까?** —— 출생 시점을 놓고 사주를 판단하지만, 출생 시점 그 자체는 시각의 나열에 불과하여 아무런 의미가 없으므로 이것을 주체와 결부시킬 필요가 있다. 예를 들어 서기 2000년 5월 15일 12시 정각에 태어난 나비·사슴·인간은 사주가 같지만 운명이 같지 않다. 각각 나비·사슴·인간으로서 서로 다른 일생을 살지 않겠는가.

이러한 논리는 사주가 같은 사람에게도 마찬가지다. 그러므로 사주는 주체가 되는 개인과 결부시켜 판단해야 한다. 개인마다의 현실적인 차이를 고려하지 않은 사주 판단은 추상적인 추리에 그치고 만다.

❖ **행운行運 판단의 요체** —— 행운行運 판단이란 사주를 운로運路 즉 운의 흐름에 비추어 인생사의 길흉화복을 논하는 것이다. 운의 흐름은 이를 간지干支로 나타내고, 주로 대운과 연운을 다루며, 일반적으로 대운은 지지를 중시하고 연운은 천간을 중시한다. 행운行運 판단의 요체는 수水와 화火의 관계, 나아가 금金·수水와 목木·화火의 관계를 살피는 것이다. 금金·수水는 수축·통합 작용이요, 목木·화火는 확장·분산 작용이다. 이 두 가지 작용이 잘 순환되어야 생기가 돈다. 사주에 금金·수水가 많으면 목木·화火운으로 흐르는 것이 좋고, 반대로 목木·화火가 많으면 금金·수水운으로 흐르는 것이 좋다. 금金·수水를 지닌 토土는 목木·화火를 기뻐할 것이고, 목木·화火를 지닌 토土는 금金·수水를 기뻐할 것이다. 그러나 아무리 좋고 기뻐하는 운이라도 이것이 세력을 갖추어 충沖의 형태로 기존 질서를 파괴하면 바로 죽음으로 이어질 수 있다.

지금까지 등장한 갑신甲申년 임신壬申월 계해癸亥일 경신庚申시 출생인 사람의 사주는 금金·수水가 많으니 목木·화火운으로 흐르는 것이 좋다. 그러면 실제로는 어떠한가?

대운의 경우 천간天干은 대부분 목木·화火로 흐르고 있지만 지지地支는 대부분 금金·수水로 흐르고 있다. 즉 천간天干과 지지地支의 흐름이 다른 것이다. 이럴 때는 행운 판단을 어떻게 해야 하는가? 대운은 지지를 중시하므로 이럴 때는 천간의 목木·화火가 지지의 금金·수水 때문에 꽃을 피우지 못하는 것으로 본다. 이렇게 볼 때 행운은 겉으로만 목木·화火의 아름다움을 나타낼 뿐, 그 바탕은 계속 금金·수水의 차가운 기로 이어져 외화내빈外華內貧의 형상이다.

대운의 지지가 목木·화火로 흐르는 것은 55세 이후이므로 만년晩年에 비로소 꽃을 피우는 것으로 본다. 사실 이 사람은 대운의 지지가 목木인 무인戊寅대운을 맞이하여 크게 도약할 수 있었다.

인생이란 10년 단위의 꿈이 이어지는 것이라고 볼 수 있다.

높은 이상을 품고 만인의 신망을 누리던 희망찬 갑술甲戌대운의 10년이 있었는가 하면, 여러 곳의 산사山寺를 찾아 떠돌다가 그만 절 향기에 젖어든 을해乙亥대운의 10년이 있었다. 기업체와 인연을 맺은 병자丙子대운의 10년이 있었는가 하면, 공직과 연분이 닿은 정축丁丑대운의 10년이 있었다.

무인戊寅대운을 지나서 지금의 기묘己卯대운에 이른다. 그 다음은 경진庚辰대운이다.

경진庚辰대운 경자庚子년을 보면 금金·수水가 하늘로 치솟는다. 어디로 갈 것인가?

인생은 유한하다.

요동 사람 정령위는 영허산에서 도를 배워 신선이 되었다. 후에 800년 만에 학이 되어 다시 요동으로 돌아오니, 예전에 알던 사람들은 모두 죽고 무덤만 빽빽이 남아 있었다. 그래서 그는 허공을 배회하며 슬피 울고는 하늘로 날아 올라갔다. 덧없는 인생, 그렇다고 신선이 되어 홀로 천만년을 산들 무슨 뜻이 있겠는가.

사람의 한평생이란 불변의 개체인 '나我'를 꿈꾸는 사람에게는 한낱 덧없고 허망한 꿈에 불과하다. 그렇지만 이러한 개체사상에서 벗어나 불이不二의 경지에 이른 사람은 생멸生滅을 벗어난 영원한 자유를 노래한다.

생멸生滅이란 무엇인가?

물이 얼음으로 변하면 물은 멸滅이고 얼음은 생生이다. 얼음이 물로 변하면 얼음은 멸이고 물은 생이다. 그러나 두 물질은 자신의 모습을 바꾸지만 등가원리等價原理로 존재한다. 이처럼 삼라만상은 자신의 모습을 바꾸지만 불생불멸不生不滅이다.

여기 저녁에 하늘을 우러르는 사람이 있다. 하루의 삶을 마무리하는 시간이다. 일 년으로 치면 만추晩秋이고 인생으로 치면 초로기初老期이다. 김광섭金珖燮 시인은 곧 어둠 속으로 사라질 한 생명의 실루엣을 '저녁에'로 그려낸다.

저녁에

저렇게 많은 중에서
별 하나가 나를 내려다본다
이렇게 많은 사람 중에서
그 별 하나를 쳐다본다
밤이 깊을수록
별은 밝음 속에 사라지고
나는 어둠 속에 사라진다
이렇게 정다운
너 하나 나 하나는
어디서 무엇이 되어
다시 만나랴

시인은 너와 나가 사라지면서 모습을 바꾸어 다시 만나는 생멸生滅의 모습을 그려낸다.

도종환都鍾煥 시인은 사후死後의 재회再會를 흙과 바람으로 그려낸다.

옥수수밭 옆에 당신을 묻고

견우직녀도 이 날만은 만나게 하는 칠석날
나는 당신을 땅에 묻고 돌아오네
안개꽃 몇 송이 함께 묻고 돌아오네
살아 평생 당신께 옷 한 벌 못 해주고
당신 죽어 처음으로 베옷 한 벌 해 입혔네
당신 손수 베틀로 짠 옷가지 몇 벌 이웃께 나눠주고
옥수수밭 옆에 당신을 묻고 돌아오네
은하 건너 구름 건너 한 해 한 번 만나게 하는 이 밤
은핫물 동쪽 서쪽 그 멀고 먼 거리가
하늘과 땅의 거리인 걸 알게 하네
당신 나중 흙이 되고 내가 훗날 바람 되어
다시 만나지는 길임을 알게 하네
내 남아 밭 갈고 씨 뿌리고 땀 흘리며 살아야
한 해 한 번 당신 만나는 길임을 알게 하네

시인은 위의 김광섭처럼 너와 나가 사라지면서 모습을 바꾸어 다시 만나는 생멸의 모습을 그려낸다. 두 시인 모두 생멸을 영원한 사랑의 율동이라고 노래한다.

3. 김치金緻

인조반정이란 1623년 서인西人 일파가 광해군 및 대북파大北派를 몰아내고 능양군綾陽君 종倧인조을 왕으로 옹립한 사건이다.

선조의 뒤를 이어 왕위에 오른 광해군은 당론의 폐해를 통감하고 이를 초월하여 좋은 정치를 해보려고 애썼으나, 자신이 대북파의 도움을 받아 왕위에 올랐기 때문에 뜻을 펼 수 없었다. 처음에는 이원익 · 이항복 · 이덕형 등 명망 높은 인사를 조정의 요직에 앉혀 어진 정치를 행하려 하였으나, 이이첨 · 정인홍 등 대북파의 무고로 친형 임해군과 이모제 영창대군을 죽였으며, 또 계모인 인목대비를 유폐하는 패륜을 자행하였다. 이와 같은 광해군의 실정이 계속되어 기강이 문란해지자 서인의 거두인 김유, 이괄, 이귀, 신경진신립 장군의 아들, 심기원 등이 난정을 바로잡기 위해 반정을 모의, 1623년 3월 21일을 거사일로 정하고 모든 계획을 추진하였다.

그러나 반정 주모자들은 거사를 주도하면서도 성패를 알 수 없어 불안할 수밖에 없었다. 그래서 그들은 당시 사주에 밝다고 알려진 김치金緻의 판단을 따르기로 했다.

심기원이 김치를 찾아갔다.

김치는 안동 출신으로, 호號는 남봉南峰이며, 그 유명한 진주대첩의 용장인 김시민 장군의 후손으로, 선조 30년 알성시에 급제하고, 광해군 때 참관을 지내다가 병을 핑계로 물러났다.

김치가 심기원이 가져온 여러 사람들의 사주를 상위에 펴놓고 하나 하나 차례로 보더니 갑자기 놀라며, "모두 장래에 재상이 될 운수이니, 참으로 이상한 일이오. 그대도 또한 머지않아 재상이 되겠소이다"라고 하였다.

심기원이 곧 능양군의 사주를 내 보이며 말하기를,

"이 사람은 궁박한 선비인데 그대에게 앞날의 운을 물어봐 달라고 원하였습니다" 하니,

김치가 오랫동안 자세히 보다가 급히 일어나 의관을 바로 잡고 향을 피우고는 꿇어 앉아서 그 사주를 다시 보았다.

심기원이 말하기를,

"어찌하여 이 사람의 사주를 보면서 존경을 표하는 것이 그토록 지극합니까?" 하자,

김치가 말하기를,

"이 사람은 임금이 되실 분인데 어찌 감히 공경하지 않을 수 있겠소?"라고 대답하였다.

심기원이 거짓 놀라는 체하며 말하기를,

"멸족을 당할지도 모르는데 어찌 그런 위험한 말씀을 쉽게 하십니까?" 하자,

김치가 곧 일어나 절을 하고 말하기를,

"지금 여러분들의 사주를 보니, 분명히 반정을 도모하지 않는다면 이렇게 여러사람이 한번에 부귀영화를 누릴 수 없습니다. 지금 흉악한 간신들이 모여 폐모시키는 일까지 저지르고 윤리와 기강이 끊어졌습니다. 진실로 나라를 걱정하는 사람이라면 이 어지러움을 다스리고 반정을 할 마음을 갖지 않겠습니까? 나는 택일할 줄도 아는데, 그대들은 거사일을 언제로 잡았오?" 하니,

심기원이 더 속일 수 없음을 알고 곧 말하기를,

"3월 21일을 거사하는 날로 잡고 있습니다" 하였다.

김치가 오랫동안 생각하다가 말하기를,

"3월 21일은 좋은 날이라고 할 수 없습니다. 지금 이 거사는 매우 큰 일이니, 실로 죽이고 부수고도 복덕을 받는 날이 아니면 안됩니다. 내 생각으로는 3월 12일보다 더 좋은 날이 없습니다. 이 날은 비록 밀고가 있어도 크게 우려할 일이 못됩니다"라고 하였다.

심기원이 이 말을 여러사람들에게 전하고 그 결과 거사일을 3월 12일로 바꾸었다.

도중에 이이반의 누설로 탄로될 위기에 놓였으나 예정대로 거사를 단행하였다. 이서는 장단長湍에서, 이중로는 이천伊川에서 군사를 일으켜 홍제원弘濟院에서 김유의 군대와 합류하였다. 이 군대를 능양군이 친히 거느리고 이괄을 대장으로 하여 12일 밤에 창의문으로 진군하여 훈련대장 이흥립의 내응으로 반정군은 무난히 궁궐을 점령하였다. 이어 왕대비^{인목대비}의 윤허를 얻어 능양군이 왕위에 올랐다.

이런 일로 김치金緻는 정사공신靖社功臣의 호를 받고, 안동부사安東府使가 되었으며, 후일 관찰사를 역임하였다.

김치金緻의 시詩

登漢拏山
등 한 라 산

한라산에 올라

石登穿雲步步危
석 등 천 운 보 보 위

구름속으로 돌사다리 딛고 걸음마다 조마조마

雨餘天氣未晴時
우 여 천 기 래 청 시

비갠 뒤 날씨 아직 맑지 않아

山高積雪經春在
산 고 적 설 경 춘 재

봄 지나도 산 높이 눈 쌓였고

海闊長風盡日吹
해 활 장 풍 진 일 취

드넓은 바다엔 온종일 바람이 부네

鶴駕不迷玄圃路
학 가 불 미 현 포 로

학을 타면 현포^{신선계}길 잃지 않을 터

鳳笙留待赤松期
봉 생 류 대 적 송 기

봉소불며 적송자^{도사}를 만날까 기다리네

終令學得餐霞術
종 령 학 득 찬 하 술

마침내 도술을 배우느라

歸去人間莫恨遲
귀 거 인 간 막 한 지

인간세계에 돌아갈 날 늦은들 어떠리

4. 이석영李錫暎

우리나라의 사주학 대가大家로 이석영李錫暎을 꼽을 수 있다. 이석영은 1920년 평안북도 삭주군에서 부농의 아들로 태어났다. 어린 시절부터 한학과 역학에 조예가 깊었던 조부의 가르침을 받았다. 1948년 월남하여 충북 청주에서 몇 년간 살다가 그 후 서울로 옮겨와 살았는데 1983년 사망하였다. 이석영은 『사주첩경四柱捷徑』을 저술하였다. 6권으로 이루어졌으며, 1948년부터 약 20년간의 연구와 실제사례 수집을 거쳐 1969년에 완성되었다.

　『사주첩경』은 한국에서 『동의보감』과 같은 역사적 의의를 지니고 있다. 허준이 『동의보감』을 저술함으로써 조선의 의학이 중국의 권위로부터 독립할 수 있었듯이, 이석영李錫暎이 『사주첩경』을 저술함으로써 한국의 사주학이 중국의 권위로부터 독립할 수 있었다. 이 책이 나오기 전에 한국에서 사주학을 배우려면 중국의 원전에 의지해야만 했다. 그러나 중국의 원전을 해독하려면 웬만한 한문 실력 없이는 불가능하다. 단순한 글자 해석도 쉽지 않고, 나아가 그 내용을 완벽하게 이해하기는 더더욱 어려운 일이다. 더군다나 이들 원전에 등장하는 사례들이 거의 중국 사람들을 다루고 있고, 시대적으로도 몇백 년 전 상황이라서 오늘날 우리나라의 상황과는 여러 면에서 거리가 있다. 『사주첩경』은 중국의 여러 원전에서 소개한 요점만을 요령 있게 추려서 이를 한글로 정리했기 때문에 원전 읽기의 부담을 덜어주었다. 또한 우리나라 사람들을 대상으로 한 임상사례들을 소개하고 있으므로 훨씬 현실감 있게 느껴진다.

『사주첩경』에 다음과 같은 이야기가 실려 있다.

> 기묘己卯년 음력 7월 어느 날이었다. 나는 친구와 함께 그 당시 사주의 명인이라고 명성이 자자한 김선생님을 찾아갔다. 가서 보니 장님인지라 내심으로 '눈먼 사람이 보면 얼마나 잘 보겠느냐' 싶었다. 대뜸 친구가 "제 사주 한번 봐주시오" 하고 말을 건넸다. 그러니까 김선생님은 "사주를 불러보시오"라고 했다. 친구가 "병진丙辰 신축辛丑에 임신壬申 임인壬寅이외다"고 하니 김선생님은 "자세히 들어보시오" 하더니 "아버지는 절뚝발이이고 부인은 장님이라. 어찌 한집안에 병신이 둘이냐"고 하였다. 친구가 "아버지는 그렇지만 부인은 그렇지 않소이다" 하니 김선생님은 "신사辛巳년에 가 보시오"라고 하였다. 그 후 과연 신사辛巳년에 장님이 되고 말았다. 내가 매형의 사주 〈무신戊申년 정사丁巳월 기묘己卯일 경오庚午시〉를 불러주었더니 "금년을 못 넘기고 죽을 사람의 사주라"며 더 이상 봐주지를 않다가 내 사주를 듣고는 "후일 남방으로 가서 사주로 이름을 날릴거요"라고 했는데 그 후 예언이 모두 정확하게 맞았다.

위의 김선생님 예언대로 후일 이석영이 남방으로 와서 사주로 이름을 날리면서 세상 사람들의 사주를 봐준 예를 간단히 살펴보기로 하자.

갑인甲寅년 임신壬申월 을해乙亥일 병술丙戌시 출생／여성

◎ ― 목화木火가 잘 통명通明하였으므로 문명의 기상을 타고 났다.

◎ ― 모든 사리에 매우 밝으며 마음이 비단결 같고 말이 곱다.

◎ ― 역마驛馬에 충沖을 놓아 채찍질하니 집 이사함이 매우 빈번하다.

◎ ― 해외땅 만리 길에도 반드시 살아봄이 있다.

◎ ― 관성官星 신申이 인寅과 충형沖刑되어 남편궁은 아주 부실하다.

◎ ― 수水는 양凉서늘함하고 목木은 풍風바람인데 수목왕水木旺으로 양병凉病과 풍병風病으로 몹시 앓았다.

◎ ― 자녀를 낳은 후로 그 수목水木이 병화丙火로 뽑혀 지병인 양병凉病과 풍병風病은 깨끗이 나았다.

◎ ― 식신食神인 병화丙火가 재성財星인 술토戌土를 생생生하여 재복財福은 유족하다.

◎ ― 또다시 식신食神이 백호살白虎殺에 있어 아들이 횡사橫死의 운명이다.

◎ ― 일병―丙은 입묘入墓요 일병―丙은 충형沖刑인데 또다시 왕旺한 수水가 달려와 화火를 극剋한다.

◎ ― 아들 둘이 있으나 식신食神 하나가 워낙 상하여 아들 하나만 임종臨終한다.

◎ ― 술해戌亥가 천문성天門星 되어 노래 염불 지극히 하며 산다.

계해癸亥년 정사丁巳월 계묘癸卯일 갑인甲寅시 출생／여성

◎ ― 여자 운명에 상관傷官이 왕旺하면 부도지흉婦道之凶여자로서 나아갈 길이 험난함이라고 말한다.

◎ ― 사주에 상관傷官인 갑목甲木이 솟아 올라 상관투傷官透로 기생득명妓生得名기생이 됨이다.

◎ ― 사랑에 속고 돈에 속아 고운 얼굴에 눈물이었더냐.

◎ ― 사주에 역마驛馬인 관성官星이 합습하니 국제연애도 있어 본다.

◎ ― 그런데 그 역마驛馬인 관성官星이 충극沖剋을 맞고 있다.

◎ ― 북방으로 여행하는 길에 차안에서 애인이 사고로다.

◎ ― 그리고 또 해운대에서 정사情死를 맹서한 적도 있다.

◎ ─ 그 애인은 그만 황천길 가고 나홀로 이 세상에 남아 있다.

◎ ─ 밤마다 밤마다 꿈자리에 그 원한의 정情을 호소한다.

◎ ─ 몸에 병이 끊이질 않아 신경이 매우 쇠약해졌다.

◎ ─ 사주에 상관傷官과 식신食神이 명明과 암暗으로 혼합했다.

◎ ─ 백로가 오리 새끼를 키우니 남이 낳은 자식을 기른다.

경오庚午년 기축己丑월 신유辛酉일 무술戊戌시 출생／남성

◎ ─ 음陰과 양陽이 조화를 이루어 강함과 부드러움을 아울러 갖추었다.

◎ ─ 생일生日과 생월生月이 생生하고 합습하니 이웃 친족과 화목하다.

◎ ─ 인印이 정正 편偏의 혼합을 이루어 어머니 외에 또 어머니가 있다.

◎ ─ 신유辛酉일에 태어나 천문성天門星인 술戌을 만나니 손에 약침藥鍼을 쥔 의사로다.

◎ ─ 생일生日에 음착살을 놓아 외삼촌이 쇠몰衰沒이다.

◎ ─ 생일生日과 생시生時가 생生하고 합습하니 아내는 어질고 자식은 효도한다.

◎ ─ 연年의 말과 월月의 소가 원진을 이루어 할아버지와 아버지가 따로 떨어져 살았다.

◎ ─ 오술午戌의 관국官局과 무술戊戌의 인수印綬가 있으니 부富와 귀貴를 다 누리겠다.

◎ ─ 편인偏印인 축丑이 술戌을 만나므로 할아버지가 횡액橫厄을 당한다.

◎ ─ 소가 할아버지를 들이받아 할아버지가 황천 세계로 갔다.

◎ ─ 만약 이런 일이 없으면 어머니가 개한테 물려 세상을 뜬다.

◎ ─ 비견比肩과 비겁比劫이 혼합을 이루어 부모가 다른 형제가 있다.

관상 이야기

1. 총설

1) 관상觀相 또는 인상人相

관상이란 사람의 생김새를 보고 성격, 건강, 육친, 직업, 운 따위를 판단하는 것이다. 요즘은 관상이란 용어 대신 인상이란 용어를 사용하는 경향이 있다. 인상이란 용어가 신선하고 부드러운 느낌이 든다. 그러나 두 용어를 구분하지 않고 사용할 수 있다.

관상 또는 인상이라 할 때 '상象' 이 아닌 '상相' 을 쓰는 까닭이 무엇인가?

상象이란 사물 그 자체가 아니고 그 사물을 상징하는 추상적인 것이다. 그러나 상相이란 사물 그 자체 다시 말하면 그 사물의 외표外表appearance로서 구체적인 것이다. 관상 또는 인상이란 추상적인 것을 대상으로 하는 것이 아니라 구체적인 것을 대상으로 한다. 따라서 '상象' 이 아닌 '상相' 을 쓴다.

관상학 또는 인상학은 머리털에서 발끝에 이르기까지 몸 전체를 대상으로 한다. 여기에는 말과 행동, 그리고 버릇까지 포함한다.

관상학 또는 인상학은 음양오행陰陽五行 사상의 바탕 위에 서 있다.

우선 음양陰陽 사상을 따라 남녀를 구분하여 본다. 예를 들어 임신했을 때 여자의 오른쪽 와잠^{눈의 아래 부위}이 더 부풀어 오르고 윤기가 있으면 아들로 보고, 왼쪽 와잠^{눈의 아래 부위}이 더 부풀어 오르고 윤기가 있으면 딸로 본다. 그러나 남자의 경우에는 여자와 반대로 본다.

그리고 오행五行 사상을 따라 사람을 목木·화火·토土·금金·수水의 다섯 가지 형으로 나누어 본다.

❖ **목木형** —— 얼굴이 길고 몸집이 가느다란 타입이다. 자태가 늘씬하고 늠름하며 길쭉하다. 목木형인 사람은 금金형인 사람을 상대하기가 어렵다. 쇠^[金]가 나무^[木]를 다치게 하기 때문이다.

❖ **화火형** —— 얼굴이 삼각형이고 모든 것이 격렬한 양상의 타입이다. 이마가 좁고 턱이 넓으며 살빛이 붉고 성질이 조급하다. 화火형인 사람은 수水형인 사람을 상대하기가 어렵다. 물^[水]이 불^[火]을 꺼버리기 때문이다.

❖ **토土형** —— 몸에 살이 많아 통통하고 수족이 짧은 타입이다. 자태가 아담하고 두툼하며 무게있게 느껴져서 거북처럼 보인다. 토土형인 사람은 목木형인 사람을 상대하기가 어렵다. 나무^[木]가 흙^[土]을 파고들어 양분을 빼앗아가기 때문이다.

❖ **금金형** —— 얼굴이 사각형으로 희며 귀가 단단하고 견실한 타입이다. 뼈대가 견실하며 살결이 희고 맑다. 금金형인 사람은 화火형인 사람을 상대하기가 어렵다. 불^[火]이 쇠^[金]를 녹여버리기 때문이다.

❖ **수水형** —— 얼굴이 둥글고 살찐 타입이다. 몸이 풍만하며 몽실몽실하다. 수水형인 사람은 토土형인 사람을 상대하기가 어렵다. 흙^[土]이 물^[水]의 흐름을 가로막기 때문이다.

관상학 또는 인상학에는 연령별 행운도行運圖가 있다. 양쪽 귀로는 14세 때까지의 운을 보고, 이마로는 15세부터 30세까지의 운을 보며, 눈썹과 눈동자로는 31세부터 40세까지의 운을 보고, 코로는 41세부터 50세까지의 운을 보며, 코 밑에서 입술로는 51세부터 60세까지의 운을 보고, 입술 아랫부분으로는 61세부터

70세까지의 운을 본다.

관상학 또는 인상학은 관상 또는 인상보다 심상心相의 중요성을 강조한다. 유형의 상이 무형의 상에 지배되어 변한다고 한다. 관상 또는 인상이 부귀할 상이라도 심상에 따라 빈천해질 수 있고, 빈천할 상이라도 심상에 따라 부귀해질 수 있다는 것이다. 따라서 자신의 운명을 관상이나 인상에만 의존하지 말고 심상心相을 잘 다스려 운명을 개척해 나가야 할 것이라고 한다. 관상학 또는 인상학이 심상을 다루므로 이를 간단히 상학相學이라고 부를 수 있다.

2) 관상학의 역사

중국에서는 동주東周 B.C.770~B.C.221의 숙복叔服이 처음으로 상법相法을 엮었다고 한다. 고대 중국에서는 의醫와 상相을 확연히 분리하지 않고 얼굴의 생김새, 골격, 피부의 색조色調 등을 관찰하여 병과 수명을 판단하였다.

일설에 의하면 숙복을 계승한 고포자경姑布子卿이 공자孔子가 어렸을 때 그의 상相을 보고 장차 그가 성인이 된다는 것을 예언했다고 한다. 숙복과 고포자경은 골상을 중히 여겼는데 『순자荀子』 비상편非相篇에서도 칭송 받은 초나라의 당거唐擧는 기색氣色을 보는 것을 고안하여 이로써 관상학이 대강 확립되었다고 한다.

진나라를 쓰러뜨리고 나아가 초나라 항우項羽와 겨루어 천하를 통일한 한나라 고조高祖 유방劉邦은 청년시절 만난 관상가의 예언대로 황제가 되었기 때문에 그는 관상학을 장려했고 궁중에 관상가의 출입을 허용했다고 한다. 전한前漢의 허부許負, 후한後漢의 곽림종郭林宗·관락管輅 등이 관상가로 전해 내려온다.

양나라 무제武帝 때 인도에서 달마達磨가 와서 불교를 전했는데 포교의 수단으로 달마상법達磨相法을 이용했다고 한다. 그 후 수·당·5대 10국五代十國시대가 되어서도 관상학이 이어져 내려와 여동빈呂洞賓·일행선사一行禪師를 비롯하여 항상 마의麻衣를 입었던 마의선인麻衣仙人과 후주後周 세종의 스승이었던 왕박王朴 등의 관상가가 나왔다고 한다.

우리나라에는 신라 선덕여왕 때 승려들이 중국을 왕래하면서 관상학을 들여온 것으로 전해진다. 정사에는 이렇다 할 기록이 없으나 야사로 전해지는 바에 의하면 이때 달마상법과 마의선인의 관상법이 함께 들어왔다고 한다.

고려 말 승려인 혜징惠澄이 이성계의 상을 보고 장차 군왕이 될 것이라고 하였고, 조선 세조 때 영통사靈通寺의 한 도승이 한명회의 상을 보고 장차 재상이 될 것이라고 하였다는 이야기 등은 한국의 관상학이 불교의 전통 위에 있음을 보여준다.

3) 관인팔법觀人八法

관인팔법이란 사람의 상相을 크게 여덟 가지 유형으로 나누어 보는 법이다. 옛날에는 왕이나 재상 등을 고를 때 이 관인팔법을 썼다고 한다. 관인팔법의 내용은 다음과 같다.

첫째, 위威이다 —— 권력과 명성에 어울릴 만큼 위엄이 있느냐는 것이다. 그것은 은연중에 사람을 누르는 힘을 말한다.

둘째, 후厚이다 —— 그릇이 얼마나 크냐는 것이다. 좀스럽고 옹졸하며 너그럽지 못하면 안 된다.

셋째, 청淸이다 —— 깨끗한 정신의 소유자여야 한다는 것이다. 그래야 사심없는 정치를 할 수 있다.

넷째, 고固이다 —— 굳은 의지를 지닌 자여야 한다는 것이다. 한 번 옳다고 믿으면 끝까지 밀고 나갈 수 있어야 한다.

다섯째, 고孤이다 —— 인생이 외로우면 안 된다는 것이다. 집안이 화목할 뿐만 아니라 인정이 많아 사람들이 그를 따라야 한다.

여섯째, 박薄이다 —— 체모가 빈약하고 건강하지 못하면 안 된다는 것이다. 단순히 키가 크고 작음만을 따지는 것이 아니다.

일곱째, 악惡이다 —— 심성이 간악하고 표독스러우면 못 쓴다는 것이다.

여덟째, 속俗이다 —— 기품이 고상하지 못하고 경박한 사람은 안 된다는 것이다.

4) 용어 해설

❖ 12궁 十二宮

명궁命宮	눈썹 사이 부위
	인당印堂 또는 미간眉間이라고도 한다.
	밝고 빛나며 깨끗하고 윤택하면 소망을 이룬다.
	어둡고 거칠면 고단한 삶을 누린다.

재백궁財帛宮	코
	둥근 대나무통을 쪼개서 엎어놓은 것 같거나 쓸개주머니를 매단 것 같으면 부귀영화를 누린다.
	끝이 뾰족하거나 콧구멍이 크게 보이면 재물이 모이지 않는다.

형제궁兄弟宮 　눈썹

수려하고 길면 형제간에 우애가 있다.

끊기고 엉키면서 거칠고 짧으면 형제가 헤어진다.

전택궁田宅宮 　눈썹 아래 부위

넓고 두두룩하면 부동산이 따른다.

좁고 움푹하면 거처할 곳을 걱정한다.

남녀궁男女宮 　눈 아래 부위

누당淚堂 또는 와잠臥蠶이라고도 한다.

넓고 두두룩하면 자식이 잘된다.

좁고 움푹하면 자식이 재난을 겪는다.

노복궁奴僕宮 　턱

풍만하고 윤기가 있으면 부하덕이 있다.

뾰족하고 흠이 있으면 부하가 배신한다.

처첩궁妻妾宮 　눈 끝 부위

펴지고 윤택하면 부부해로하고 배우자덕이 있다.

패어 있고 흠이 있으면 부부이별하고 배우자 때문에 고생한다.

질액궁疾厄宮 　눈 사이 부위

산근山根이라고도 한다.

높고 윤택하면 일생동안 건강하다.

오목하고 흠이 있으면 일생동안 질병에 시달린다.

천이궁遷移宮 　이마의 양 끄트머리 부위

역마驛馬라고도 한다.

밝고 두두룩하면 귀한 신분으로 천하를 누빈다.

어둡고 움푹하면 고단한 몸으로 객지에서 고생한다.

관록궁官祿宮 　이마의 중심 부위

높고 윤택하면 고관으로 영화를 누린다.

오목하고 흠이 있으면 관재官災를 당한다.

복덕궁福德宮 　눈썹 끄트머리 윗 부위

밝고 두두룩하면 아름답고 여유로운 인생을 누린다.

어둡고 움푹하면 험난하고 고달픈 인생을 산다.

부모궁父母宮 　이마의 중심 좌우 부위

높고 둥그스럼하며 깨끗하면 부모의 덕을 누린다.

오목하고 거칠며 흠이 있으면 부모 때문에 고생한다.

❖ 8학당八學堂

고명학당高明學堂 　머리

둥글게 솟아 있어야 좋다.

고광학당高光學堂 　이마

밝고 운택하며 반듯해야 좋다.

광대학당光大學堂   인당印堂^{두 눈썹 사이 부위}

결함이 없이 맑고 깨끗하며 밝아야 좋다.

명수학당明秀學堂   눈

흑백이 선명하고 기상이 활달해야 좋다.

총명학당聰明學堂   귀

선명하고 적당히 두터우며 부드러워야 좋다.

충신학당忠信學堂   이

가지런하며 흰빛이 나야 좋다.

광덕학당光德學堂   혀

길고 두터우며 붉고 무늬가 있어야 좋다.

반순학당班笋學堂   눈썹

길고 청아하며 둥그스름해야 좋다.

❖ **5악**五嶽

남악南岳	이마
북악北岳	턱
중악中岳	코
동악東岳	좌측 광대뼈
서악西岳	우측 광대뼈

❖ **5관**五官

채청관採聽官	귀
보수관保壽官	눈썹
감찰관監察官	눈
심판관審判官	코
출납관出納官	입

❖ **5성**五星

화성火星	이마
토성土星	코
수성水星	입
목성木星	왼쪽 귀
금성金星	오른쪽 귀

❖ **4독**四瀆

강독江瀆	귀
하독河瀆	눈
준독准瀆	입
제독濟瀆	코

❖ **3주**三柱

수주壽柱	머리
양주梁柱	코
동주棟柱	발

❖ **5색**五色

청색靑色　근심, 걱정, 놀람을 나타낸다.
인체의 간, 담^{쓸개}을 가리킨다.

적색赤色　관재, 구설, 송사, 시비, 수술, 사고, 재난, 파산을 나타낸다.
인체의 심장, 소장^{작은창자}을 가리킨다.

황색黃色　기쁜 일, 성취, 손재, 도난, 질병을 나타낸다.
인체의 비장^{지라}, 위를 가리킨다.

백색白色　슬픈 일, 상복喪服을 입는 일을 나타낸다.
인체의 폐, 대장^{큰창자}을 가리킨다.

흑색黑色　부상, 질병, 형벌, 사망을 나타낸다.
인체의 신장^{콩팥}, 방광을 가리킨다.

관상이야기

5) 관상觀相과 대자연

● 머리는 하늘을 상징하니 높고 둥글어야 한다.

● 발은 땅이니 모가 나고 두터워야 한다.

● 눈은 해와 달이니 밝고 빛이 나야 한다.

● 음성은 우레와 같이 깊은 울림이 있어야 한다.

● 혈맥은 강과 하천을 상징하니 윤택해야 한다.

● 골격은 쇠와 돌이니 견고하고 무거워야 한다.

● 코와 이마와 턱과 광대뼈는 산악을 상징하니 높이 솟아야 한다.

● 몸에 난 털은 나무를 상징하니 사철 푸른 나무처럼 기상이 수려해야 한다.

● 살집은 흙을 상징하니 풍요롭고 두터워야 한다.

6) 고사성어

❖ 장경오훼長頸烏喙

장경오훼란 목이 길고 입이 까마귀 부리같이 뾰족한 사람을 가리키는 말이다. 이런 사람과는 고난은 함께 할 수 있으나 부귀는 함께 누릴 수 없다고 한다.

　이 말은 중국 춘추시대 말기의 정치가인 범려范蠡가 월왕越王 구천勾踐의 관상을 표현한 것이다. 『사기』「월세가越世家」에 전한다.

　오왕吳王 합려闔廬가 월왕 구천에 의해 죽자, 합려의 아들 부차夫差는 매일 장작더미 위에서 자면서[와신:臥薪] 복수의 칼을 갈았다. 이것을 안 구천이 먼저 부차를 공격하였으나, 도리어 대패하고 사로잡혔다. 구천은 범려의 충고로 부차의 신하 되기를 자청하였다.

부차夫差의 신하가 된 구천은 방의 서까래에다 돼지의 쓸개를 매달아 놓고 매일 핥았다[상담:嘗膽]. 십여 년이 지나 마침내 구천은 오나라를 쳐서 멸망시켰다.

이렇게 월越이 오吳를 멸하는데 가장 큰 공헌을 한 사람은 범려였다. 그는 20여 년 동안 구천을 보필하면서, 마침내 그를 패자로 만들었다. 그 공로로 범려는 상장군上將軍이 되었다. 그러나 범려는 구천의 인물됨에 대해 꿰뚫고 있었다. 그래서 그는 구천에게 작별을 고하고 제나라로 갔다.

제나라에서 그는 자신과 절친했던 월나라의 대부 종種에게 편지를 썼다. "나는 새가 다하면 좋은 활은 쓸모가 없고[조진궁장:鳥盡弓藏], 토끼 사냥이 끝나면 사냥개는 삶아 죽으니[토사구팽:兎死狗烹], 적국敵國이 망하면 모사謀士가 죽는 법이오. 게다가 구천의 상相은 목이 길고 입은 까마귀 주둥이오. 이런 인물은 어려움은 함께 할 수 있으나 즐거움은 함께 누릴 수 없소. 빨리 구천을 떠나시오." 종은 범려와 함께 오나라를 멸망시키는 데 큰 공헌을 한 충신이었으나 구천은 얼마 뒤 종을 죽였다.

❖ **백락자**伯樂子

백락의 아들처럼 어리석은 사람을 가리키는 말이다. 낭야대취편琅椰代醉編에 전한다.

주나라 때 천리마를 식별하는 데 아주 탁월한 안목을 지닌 백락伯樂이라는 사람이 있었다. 그에게는 말 감정법을 배우는 아들이 있었다. 어느날 백락은 아들에게 말을 보는 방법에 대해 "좋은 말이란 이마가 불쑥 나오고 눈이 툭 튀어 나와야 하며 말발굽이 누룩을 쌓아놓은 것처럼 생겨야 한다"라고 가르쳐 주었다.

백락의 아들은 말을 보는 법을 배운 후 그 방법을 손에 적어 가지고 명마를 찾아 여기저기를 돌아다녔다. 그러던 어느 날 백락의 아들은 커다란 두꺼비를 잡아들고 와서 아버지에게 다음과 같이 말하였다.

"명마 한 마리를 구했습니다. 아버님께서 말씀하신 명마의 관상과 같습니다. 불쑥 나온 이마에 툭 튀어 나온 눈, 그런데 말발굽만은 누룩을 쌓아놓은 것처럼 생기지 않았습니다."

백락은 두꺼비를 명마라며 가져온 아들을 보자 어이가 없어 할 말을 잃었다.
동시에 그 어리석음에 화가 머리끝까지 치밀어 오르는 것을 간신히 참으며 말했다.

"이 말이 잘 뛰겠다만 수레는 끌지 못하겠구나."

2. 구체적인 적용

❖ **머리털**　숱이 빽빽하면 성격이 곧아서 융통성이 없다.

숱이 성기면 이지적이나 정력이 약하다.

곱슬머리는 구설, 시비가 따르고 파란이 많다.

머리털로 이마를 가리면 하늘의 은총을 누리지 못한다.

헤어스타일이 복잡하면 일이 잘 풀리지 않는다.

동양인이 붉은 머리털이면 화재가 따른다.

동양인이 노란 머리털이면 단명하다.

남자 대머리는 출세가 빠르나 하극상을 한다.

여자 대머리는 사회생활이 활발하나 남편을 누른다.

❖ **머리**　뒷통수가 짱구이면 기억력이 좋고 자존심이 강하다.

뒷통수가 납작하면 얌전하고 심리적인 변화가 많다.

정수리가 솟아 있으면 추진력이 강하다.

정수리가 패여 있으면 가정운이 약하다.

앞뒤 짱구는 기억력과 창의력이 좋으나 장난이 심하다.

❖ 얼굴

상정上停^{머리털 난 곳부터 눈썹까지의 부위}으로 초년운을 본다.

중정中停^{눈썹 아래부터 코끝까지의 부위}으로 중년운을 본다.

하정下停^{코끝부터 턱밑까지의 부위}으로 말년운을 본다.

삼정三停^{上停,中停,下停}이 균형을 이루면 일생운이 고르다.

목木형 — 곧고 길다. 행동력이 강하다.

화火형 — 이마보다 턱이 넓다. 인정미가 있다.

토土형 — 두텁고 무게가 있다. 신의가 있다.

금金형 — 모가 나고 희다. 조리가 정연하다.

수水형 — 살이 탐스럽게 많고 검다. 감수성이 예민하다.

균형을 이루면 사고가 상식적이다.

균형을 이루지 못하면 사고가 기묘하다.

길면 까다롭다.

넓으면 대담하다.

좁으면 세심하다.

볼이 꺼져 양뺨이 오목하면 남탓을 잘한다.

남성이 보조개를 이루면 외도한다.

여성이 보조개를 이루면 말년^{특히 64~5세}을 조심해야 한다.

중앙이 불룩하면 성격이 단순하다.

중앙이 오목하면 성격이 섬세하다.

개기름이 흐르면 배우자ㆍ자식운이 불길하다.

피부가 귤껍질 같으면 고독하다.

역삼각▽형이면 파고드는 성격이다.

사각[□]형이면 의지가 강하다.

원[○]형이면 다정다감하다.

관상이야기

❖ 이마

넓으면 이해력이 풍부하다.

좁으면 소견머리가 없다.

여성이 이마가 넓으면 사회적인 활동을 하며 친정을 돕는다.

튀어나오면 능동적이고 감수성이 예민하며 재치가 있다.

반듯하면 지성적이다.

울퉁불퉁하면 침착성이 없고 직업의 변동이 잦다.

자빠지면 실리적이다.

상부上部가 튀어나오면 이론에 밝고 철학적인 사고가 깊다.

중부中部가 튀어나오면 추리력과 분석력이 우수하다.

하부下部가 튀어나오면 직관력이 풍부하고 지각력이 높다.

네모지면 사리가 분명하다.

M자字형은 기획력이 우수하다.

아취^{Arch}형은 인품이 온화하다.

꼭지가 있으면 반항적인 기질이 있다.

이마 상부上部의 주름이 끊어지면 윗사람과의 인연이 박하다.

이마 중부中部의 주름이 끊어지면 동료와의 인연이 박하다.

이마 하부下部의 주름이 끊어지면 아랫사람과의 인연이 박하다.

갈매기 무늬의 주름이 있으면 신경이 쇠약하다.

왕王자字 무늬의 주름이 있으면 우두머리이다.

한줄의 주름이 길고 뚜렷하면 지구력과 고집이 있다.

❖ **미간**眉間
눈썹 사이 부위

넓으면 포부가 크다.

좁으면 소심하다.

두툼하면 일찍 출세한다.

오목하면 출세를 탐하지 않는다.

흠이 있으면 신분의 변동이 심하다.

❖ **눈썹**

길면 생각이 깊다.

짧으면 결단이 빠르다.

털이 길면 인자하다.

굵고 짙으면 신의가 있고 우직하다.

성기면 요령이 있다.

털이 없는 것 같으면 고독하다.

초승달 같으면 감수성이 예민하다.

짝짝이이면 이복형제가 있다.

눈을 누르는 듯 하면 특기가 있다.

끝이 갈라지면 가족 관계가 단순하지 않다.

끝이 칼 같으면 성격이 예리하다.

끝이 늘어지면 자비심이 있다.

두 눈썹이 팔八자字형이면 남의 도움으로 출세한다.

각 눈썹이 일一자字형이면 원리원칙을 따른다.

각 눈썹이 ∧형이면 문예에 소질이 있다.

채彩눈썹에 난 한두개의 긴 털가 있으면 출세한다.

눈썹 안에 점이 있으면 총명하다.

눈썹이 끊어지면 도덕 관념이 없다.

속눈썹이 길면 지혜가 있다.

속눈썹이 진하면 인정이 있다.

❖ 눈

눈은 마음의 창窓이다.

크면 낙천적이고 정열적이며 유혹에 약하고 체념이 빠르다.

작으면 정확하고 날카로우며 경계심이 강하고 찬찬하다.

솟으면 충동적이고 생각이 얕다.

깊으면 사색적이고 세세하다.

동그라면 밝고 단순하다.

치켜오르면 고집이 세다.

처지면 수동적이다.

가늘면 생각이 깊다.

삼각형이면 박정하다.

짝짝이이면 부부 인연이 약하다.

사팔뜨기이면 한 군데 몰두한다.

눈동자가 검은색이면 생각이 깊다.

눈동자가 푸른색이면 청순하다.

눈동자가 노란색이면 자기위주이다.

눈동자가 회색이면 속을 드러내지 않는다.

눈동자가 녹갈색이면 현명하다.

눈동자가 옅은 갈색이면 소박하다.

눈동자가 짙은 갈색이면 심오하다.

검은 자위가 크면 순정파이다.

흰자위가 많으면 광폭하다.

눈을 자주 깜박이면 타산적이다.

눈을 자주 움직이면 경계심이 있다.

눈을 가늘게 뜨고 보면 의심이 있다.

눈을 감고 말하면 음흉하다.

눈을 내리깔고 말하면 거짓이 있다.

쌍꺼풀이면 감성적이다.

한꺼풀이면 침착하다.

눈꼬리가 치켜오르면 자아의식이 강하다.

눈꼬리가 처지면 결단이 느리다.

눈꼬리가 길면 인격자이다.

❖ **와잠**臥蠶
눈 아래 부위

남자의 왼쪽 눈 아래 부위가 더 부풀어 오르고 윤기가 있으면 아들을 낳는다.

남자의 오른쪽 눈 아래 부위가 더 부풀어 오르고 윤기가 있으면 딸을 낳는다.

여자의 왼쪽 눈 아래 부위가 더 부풀어 오르고 윤기가 있으면 딸을 낳는다.

여자의 오른쪽 눈 아래 부위가 더 부풀어 오르고 윤기가 있으면 아들을 낳는다.

주름이 많으면 성기능이 허약하다.

점이 있으면 자식문제로 눈물을 흘린다.

무늬가 있으면 자식과의 인연이 박하다.

❖ **처첩궁**妻妾宮
눈 끝 부위

주름이 많으면 다정다감하다.

점이 있으면 색난을 당한다.

무늬가 있으면 배우자와의 인연이 박하다.

❖ **광대뼈**

풍부하면 인기가 있다.

빈약하면 재미가 없다.

날카로우면 괴팍하다.

❖ **산근**山根
눈 사이 부위

넓으면 활달하다.

좁으면 예리하다.

높으면 건강하다.

낮으면 허약하다.

❖ **코**

크면 통솔력이 강하다.

작으면 겸허하다.

넓으면 기력이 왕성하다.

좁으면 기력이 부족하다.

길면 이론가이다.

짧으면 행동가이다.

높으면 리더형이다.

낮으면 순종형이다.

두툼하면 풍요롭다.

앙상하면 빈한하다.

비뚤면 안정성이 부족하다.

들창코이면 재물이 따르지 않는다.

매부리코이면 구두쇠이다.

뾰족코이면 냉정하다.

딸기코이면 파산한다.

주먹코이면 재물을 모은다.

층계코이면 원만하지 못하다.

그리스인코이면 지성적이다.

로마인코이면 공격적이다.

흑인코이면 본능적이다.

콧방울이 크면 재운이 좋다.

콧방울이 없는 것 같으면 재운이 따르지 않는다.

코끝에 붉은 반점이 있으면 의외의 지출을 한다.

❖ **콧구멍**　　크면 낭비한다.

작으면 인색하다.

❖ **인중**人中
코끝 아래부터 입 위까지
옴폭 파인 부위

길면 대범하다.

짧으면 소심하다.

깊으면 만년운이 좋다.

얕으면 만년운이 나쁘다.

넓으면 낭비한다.

좁으면 구차하다.

흠이 있으면 소망을 이루기가 힘들다.

쭈그러져 있으면 비천하다.

❖ **식록**食祿
인중人中의 좌우 부위

넓으면 부하가 많다.

좁으면 부하가 적다.

두둑하면 출세한다.

빈약하면 곤궁하다.

수염이 빽빽하면 성공이 빠르다.

수염이 성기면 이해심이 많다.

줄이 많으면 고독하다.

❖ **법령**法令
코끝 좌우로부터
입가로 뻗친 줄

나타나 있지 않으면 직업이 없다.

좌우의 폭이 넓으면 출세한다.

좌우의 폭이 좁으면 곤궁하다.

길면 늦도록 수입이 있다.

짧으면 일찍 수입이 없어진다.

짝짝이이면 이중적인 성격이다.

법령法令이 뚜렷하고 깊으면 뛰어난 준법가이다.

법령法令이 고르지 못하면 직업이 불안정하다.

법령法令이 입안으로 들어가면 지나친 검약가이다.

법령法令의 주름이 너무 깊으면 남을 해친다.

법령法令이 이중이면 두 가지 직업이 있다.

법령法令이 갈라지면 이중으로 수입이 있다.

❖ 입

크면 활동가이다.

작으면 겁쟁이이다.

두툼하면 다정하다.

얇으면 박정하다.

윗입술이 발달하면 아랫사람을 돌본다.

아랫입술이 발달하면 하극상을 한다.

입술이 위아래로 말리면 허풍이 세다.

입꼬리가 올라가면 낙천가이다.

입꼬리가 처지면 심술쟁이이다.

입이 튀어나오면 야성적이다.

입이 오므라들면 유혹에 빠진다.

입이 일一자字형이면 일에 전념한다.

입이 비뚤어지면 시비를 가린다.

이가 튀어나온 입이면 나서기를 좋아한다.

윗잇몸이 드러나면 무드에 약하다.

아랫잇몸이 드러나면 냉정하다.

입을 벌리고 있으면 지능이 모자란다.
입을 벌리고 자면 단명하다.

입술을 떨면 실수를 저지른다.
입술이 물기가 있으면 성적인 욕망을 가지고 있다.
입술이 메말라 있으면 생식기에 이상이 있다.
입술이 푸른색이면 급성질환이다.
입술이 붉은색이면 건강하다.
입술이 보라색이면 빈혈이다.
입술이 흰색이면 열병이다.
입술이 검은색이면 소화 불량이다.
입술 주위가 검은색이면 독극물 중독이다.

❖ 혀

넓고 길면 권위가 있다.
좁고 짧으면 권위가 없다.

뱀처럼 날름거리면 사악하다.
계란처럼 말리면 곧 죽는다.

❖ 이

고르고 튼튼하면 부귀하다.
고르지 못하고 약하면 빈한하다.

뻐드렁니이면 비밀을 못지킨다.
덧니이면 사교적이다.

뾰족니이면 날카롭다.

옥니이면 집요하다.

흑치이면 음탕하다.

공간이 많으면 불성실하다.

잇몸이 보이면 천하다.

잇몸이 검으면 중독이다.

❖ 턱

길면 인정적이다.

짧으면 사무적이다.

크면 노년운이 좋다.

작으면 노년운이 나쁘다.

튀어 나오면 저돌적이다.

후퇴하면 내향적이다.

둥글면 친화적이다.

네모지면 의지적이다.

뾰족하면 말년운이 사납다.

이중이면 여유가 있다.

갈라지면 재운이 약하다.

없는 것 같으면 비밀유지가 어렵다.

좌우가 불균형이면 배은망덕하다.

❖ 수염

뻣뻣하면 성격이 강하다.

연하면 성격이 부드럽다.

빽빽하면 덕이 후하다.

듬성듬성하면 덕이 부족하다.

❖ 귀

크고 두터우면 장수한다.
작고 얇으면 단명하다.

귓문이 넓으면 협조심이 많다.
귓문이 좁으면 협조심이 적다.
귓문에 긴털이 나면 장수한다.

정면에서 안 보이면 태평형이다.
정면을 향해 뻗으면 정보형이다.
짝귀이면 망설임이 많다.
귓불이 크면 인자하다.
귓불이 없는 것 같으면 박덕하다.
뒤집히면 무정하다.
위가 뽀족하면 윗사람을 받들지 않는다.
아래가 뽀족하면 아랫사람을 돌보지 않는다.

❖ 목

남자는 목이 짧은 듯 하면 길상이다.
여자는 목이 긴 듯 하면 길상이다.

목이 없는 것 같으면 장수를 누리기 어렵다.
울대뼈가 솟으면 고독하다.
목에 심줄이 많이 보이면 고달프다.

❖ 어깨   넓으면 활달하다.

            좁으면 나약하다.

            올라가면 적극적이다.

            내려가면 소극적이다.

            앞으로 굽으면 성급하다.

            뒤로 재껴지면 느긋하다.

            ―――――――――――――――――――

            좌우가 불균형이면 재난을 당한다.

            흔들거리며 걸으면 중심이 바르지 않다.

❖ 팔   길면 이타적이다.

            짧으면 이기적이다.

            ―――――――――――――――――――

            왼손잡이이면 외골수이다.

❖ 등   튼튼하면 세파를 이겨낸다.

            허약하면 세파에 시달린다.

            ―――――――――――――――――――

            거북등이면 부귀 장수를 누린다.

❖ 손   크면 대범하다.

            작으면 소심하다.

            두툼하면 신분이 높다.

            얇으면 신분이 낮다.

            따뜻하면 운이 좋아진다.

            차가우면 운이 나빠진다.

윤기가 있으면 안락하다.

메말라 있으면 분망하다.

육손이이면 특이한 소질이 있다.

손가락이 길면 감수성이 빠르다.

손가락이 짧으면 감수성이 느리다.

엄지 손가락이 길면 신중하다.

엄지 손가락이 짧으면 경솔하다.

가운데 손가락이 길면 이상주의자이다.

가운데 손가락이 짧으면 현실주의자이다.

새끼 손가락이 길면 달변이다.

새끼 손가락이 짧으면 눌변이다.

손가락 마디가 대나무 같으면 사서 고생한다.

손가락 끝이 뾰족하면 재운이 따르지 않는다.

손가락이 젖혀지는 정도와 환경 적응력은 비례한다.

손가락을 떨면 알콜 · 마약 등 중독이다.

손을 내밀 때 손가락을 모두 벌리면 꾸밈이 없다.

손을 내밀 때 손가락을 모두 붙이면 꾸밈이 있다.

❖ **손톱**　　크면 단 것을 좋아한다.

작으면 매운 것을 좋아한다.

둥글면 너그럽다.

네모이면 원칙을 따른다.

세모이면 별스럽다.

가로줄이 있으면 심장이 약하다.

세로줄이 있으면 신경이 약하다.

손톱 끝이 부서지면 기생충질환이다.

❖ **가슴**　　넓고 두터우면 활력가이다.

좁고 얄팍하면 병약자이다.

새가슴이면 겁이 많거나 도량이 좁다.

움푹 꺼져있으면 엉큼하고 흉악하다.

젖가에 긴 털이 적당히 나면 자식이 귀하게 된다.

가슴에 털이 많으면 남자는 선량하나 여자는 악독하다.

❖ **유방**　　풍만하면 후덕하다.

빈약하면 박덕하다.

유방이 바깥 쪽을 향하면 개방적이다.

유방이 안 쪽을 향하면 폐쇄적이다.

유방이 처지면 기력이 모자란다.

포탄 유방은 성희를 즐긴다.

짝짝이 유방은 감정의 기복이 심하다.

젖꼭지가 크면 능동적이다.

젖꼭지가 작으면 수동적이다.

젖꼭지의 사이가 넓으면 성품이 여유가 있다.

젖꼭지의 사이가 좁으면 성품이 여유가 없다.

젖꼭지가 위를 향하면 적극적이다.

젖꼭지가 아래를 향하면 소극적이다.

❖ **배**

가죽이 두텁고 부드러우며 고우면 길상이다.

가죽이 얇고 거칠며 사나우면 흉상이다.

배가 배꼽 아래로 처지면 미련하다.

배꼽이 깊고 넓으면 지혜가 있고 복록을 누린다.

배꼽이 얕고 좁으면 지혜가 모자라고 복록을 누리기가 어렵다.

❖ **허리**

곧고 둥글며 두터우면 길상이다.

굽고 모지며 얇으면 흉상이다.

허리가 개미허리처럼 날씬하면 색정이 강하다.

❖ 엉덩이   둥글고 탄력이 있으면 길상이다.

평평하고 탄력이 없으면 흉상이다.

엉덩이가 위로 붙으면 스스로를 높인다.

엉덩이가 아래로 붙으면 스스로를 낮춘다.

엉덩이가 뒤로 빠지면 자신감이 부족하다.

엉덩이가 뒤로 처지면 용두사미이다.

살찐 사람이 엉덩이가 작으면 신세가 따분하다.

❖ 성기   음경이 크면 신장활동이 강하다.

음경이 작으면 신장활동이 약하다.

성기와 항문의 사이가 가까울수록 동물적이다.

음모가 어지러우면 음란하다.

음모가 없으면 배우자덕이 없다.

❖ 다리   길면 언행이 빠르다.

짧으면 언행이 느리다.

O자字형다리는 운세가 약하다.

수통형 다리는 기교가 부족하다.

무 다리는 고달프다.

안짱 다리는 만년이 고독하다.

❖ 발   크고 두터우면 안락한 인생을 누린다.

작고 얇으면 빈한한 인생을 산다.

복사뼈가 튀어나오면 빈천하다.

오리발은 둔하다.

평발은 가난하다.

발가락이 길면 신중하다.

발가락이 짧으면 경솔하다.

❖ 버릇 | 언어   음성이 단전으로부터 나오면 좋다.

음성이 혀 끝이나 목구멍으로부터 나오면 좋지 않다.

큰 음성이면 분주하고 실속이 없다.

청아한 음성이면 극히 귀한 몸이 된다.

온화한 음성이면 부유해진다.

낮은 음성이면 심신이 허약하다.

가라앉은 음성이면 게으르고 무기력하다.

쉰 음성이면 인기나 수명이 길지 않다.

깨지는 음성이면 일을 성사시키지 못한다.

말씨가 빠르면 경솔하고 단명하다.

말씨가 성난 듯하면 처세에 서투르고 편협하다.

말씨가 가벼우면 무책임하다.

말씨가 흐리면 일을 이루지 못한다.

말씨가 여운이 없으면 말년운이 좋지 않다.

말을 더듬으면 성격이 급하고 좁다.

말하는 도중에 말을 삼키면 중풍을 일으킨다.

두리번거리면서 말을 하면 정신이 불안정하다.

시선을 딴 곳에 두고 말을 하면 부정직하고 감추어 둔 비밀이
있다.

턱을 내밀고 말하면 허풍쟁이이다.

눈을 감고 말하면 음흉하다.

혼자 중얼거리면 고독하고 한스러움이 있다.

말 끝을 맺지 못하면 단명하다.

몸이 크도 음성이 빈약하면 소인이다.

몸이 작아도 음성이 웅장하면 대인이다.

남자가 여자 목소리이면 빈천하다.

여자가 남자 목소리이면 곤고하다.

❖ **버릇 | 걸음** 몸을 흔들지 않고 바른 자세로 정중하게 걸어야 귀인이다.

머리를 다리보다 앞세우고 걸으면 만년운이 좋지 않다.

위를 보고 걸으면 거만하다.

아래를 보고 걸으면 의기소침하다.

자주 뒤돌아보며 걸으면 켕기는 게 있다.

길가로만 걸으면 실의에 빠져있다.

문지방을 밟고 다니면 복을 감한다.

❖ 버릇 | **식사**

대식가이면 미련하다.

소식가이면 현명하다.

정신이상자는 대식 또는 편식한다.

식사를 하면서 먼 곳을 바라보면 다가오는 운이 약하다.

식사를 하면서 고개를 늘이면 체면을 차리지 않는다.

식사를 하면서 음식을 흘리면 길에서 사고를 당한다.

식사를 하면서 이를 드러내면 즐거움이 없다.

식사를 빨리 하면 성격이 여유가 없다.

식사를 께지럭거리면 성격이 까다롭다.

❖ 버릇 | **앉는 자세**

바르고 중후하며 자주 움직이지 않으면 스스로 큰 뜻을 펼친다.

무릎을 넓혀서 앉으면 사람을 거느린다.

앉아서 무릎을 흔들면 불안정하다.

앉아서 몸을 흔들면 경솔하다.

앉아서 몸을 기대면 사교적이다.

앉아서 몸을 앞으로 기울이면 성급하다.

앉아서 발가락을 꼼지락거리면 분망하다.

앉아서 다리를 까불면 복이 달아난다.

❖ 버릇 | **잠**

새벽 잠을 달게 자면 장수한다.

잠귀가 밝으면 총명하다.

잠귀가 어두우면 우둔하다.

대大자字로 자면 낙천적이다.

손발을 오그리고 자면 지쳐있다.

다리를 꼬고 자면 가난하다.

눈을 뜨고 자면 비명횡사한다.

입을 벌리고 자면 병약하다.

잠꼬대가 많으면 번뇌가 많다.

몸을 뒤척이면서 자면 이리저리 생각이 많다.

이를 갈면서 자면 가족운이 열리지 않는다.

죽은 듯이 꼼작하지 않고 자면 현재의 처지가 어렵다.

엎드려 자면 전환을 생각한다.

코를 골면서 자면 건강에 문제가 있다.

침을 흘리면서 자면 피로가 지나치다.

❖ **버릇 | 기타**

팔장낀 자세이면 주관이 강하다.

자주 하품을 하면 콩팥이 허하다.

푸푸 소리를 내며 세수를 하면 재수 옴 붙는다.

악수를 할 때 손을 잡고 흔들며 놓지 않으면 부탁이 있다.

생트집은 열등의식의 은폐이다.

❖ **부귀의 상**

이마가 넓고 이맛살이 두툼하며 윤택하다.

역마^{이마의 양 끄트머리 부위}가 밝고 두두룩하다.

눈썹이 수려하고 길다.

미간^{눈썹 사이 부위}이 넓고 두툼하다.

복덕궁^{눈썹 끄트머리 윗 부위}이 밝고 두두룩하다.

눈의 흑백이 선명하고 기상이 활달하다.

코가 둥근 대나무통을 쪼개서 엎어 놓은 것 같거나 쓸개 주머니를 매단 것 같다.

콧방울이 크고 둥글다.

볼이 풍만하고 윤택하다.

법령^{코끝 좌우로부터 입가로 뻗친 줄}이 길고 뚜렷하다.

인중^{코끝 아래부터 입 위까지 옴폭 파인 부위}이 길고 깊다.

식록^{인중의 좌우 부위}이 넓고 두둑하다.

입이 크고 긴장미가 있다.

이가 고르고 튼튼하다.

턱이 크고 그득하다.

귀의 윤곽이 선명하다.

귓불이 크고 두툼하다.

허리가 곧고 둥글며 두텁다.

거북등이다.

손발이 실하다.

❖ **장수長壽의 상**

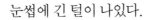

눈썹이 길고 청수하다.

눈썹에 긴 털이 나있다.

눈에 정기가 있다.

산근^{눈 사이 부위}이 높고 윤택하다.

코가 단단하며 보기가 좋다.

법령^{코끝 좌우로부터 입가로 뻗친 줄}이 길고 뚜렷하다.

인중^{코끝 아래부터 입 위까지 옴폭 파인 부위}이 길고 깊다.

이가 고르고 튼튼하다.

턱이 크고 그득하다.

귀가 크고 두텁다.

귓문에 긴 털이 나있다.

목이 실하다.

가슴이 넓고 두텁다.

허리가 곧고 둥글며 두텁다.

거북등이다.

성격이 관대하다.

음성이 맑고 울림이 있다.

과식하지 않는다.

음식을 잘 씹어서 삼킨다.

새벽잠을 달게 잔다.

하체가 튼튼하다.

장수 집안이다.

❖ 빈천의 상

머리는 작고 목은 길다.

이마에 주름이 난잡하다.

눈썹이 없는 것 같다.

명궁^{눈썹 사이 부위}이 어둡고 거칠다.

눈이 깊이 패였다.

눈을 가늘게 뜨고 본다.

콧대가 울퉁불퉁하다.

코끝이 뾰족하거나 콧구멍이 크게 보인다.

코가 앙상하다.

콧방울이 없는 것 같다.

딸기코이다.

인중^{코끝 아래부터 입 위까지 움푹 파인 부위}이 좁다.

인중^{코끝 아래부터 입 위까지 움푹 파인 부위}이 쭈굴쭈굴하다.

식록^{인중의 좌우 부위}이 빈약하다.

입이 헤벌어져 있다.

입이 불을 부는 듯 뾰족하다.

잇몸이 드러난다.

마른 침을 뱉는다.

이가 튀어 나왔다.

이가 고르지 못하고 약하다.

이가 가늘고 듬성듬성하다.

싱겁게 웃는다.

턱이 뾰족하다.

턱이 갈라져 있다.

턱이 짧다.

귀가 발랑 뒤집혀져 있다.

울대뼈가 높다.

어깨가 처진다.

엉덩이가 작고 볼품이 없다.

다리를 까분다.

복사뼈가 튀어나와 있다.

평발이다.

새처럼 팔짝팔짝 뛰면서 걷는다.

혼자서 낮은 목소리로 노래를 부른다.

매우 쓸쓸해 보인다.

❖ **단명**短命**의 상**

동양인이 노란 머리털이다.

머리는 크고 목은 가늘다.

얼굴이 좌우 불균형이다.

얼굴이 항상 붉거나 창백하다.

미간^{눈썹 사이 부위}이 좁다.

산근^{눈 사이 부위}이 오목하고 흠이 있다.

퉁방울 눈이다.

눈에 핏줄이 서 있다.

눈동자가 희미하다.

눈이 흰자위가 많다.

코가 매우 짧다.

딸기코이다.

인중^{코끝 아래부터 입 위까지 옴폭 파인 부위}이 짧다.

법령^{코끝 좌우로부터 입가로 뻗친 줄}이 짧다.

이가 고르지 못하다.

앞니의 사이가 많이 벌어져 있다.

턱이 매우 짧다.

귀가 작고 얇다.

어깨가 좁다.

가슴이 좁고 얄팍하다.

엉덩이가 매우 작다.

하체가 약하다.

행동이 성급하다.

엉뚱한 짓을 한다.

눈을 뜨고 잔다.

헛 웃음을 웃는다.

혼자 중얼거린다.

말 끝이 흐리다.

입을 벌리고 잔다.

자면서 악을 쓴다.

모습이 고목처럼 쓸쓸하다.

❖ 범죄의 상

머리털이 뻣세고 거칠며 터부룩하다.

머리털이 곱슬곱슬하다.

이마가 좁다.

이마가 자빠져 있다.

이목구비가 불균형이다.

얼굴에 흉터가 많다.

얼굴에 개기름이 흐른다.

얼굴이 푸르스름하다.

눈썹뼈가 솟아있다.

미간눈썹 사이 부위이 좁다.

눈썹이 곱슬곱슬하다.

눈썹이 눈을 누르는 듯 하다.

눈썹이 끊어져 있다.

눈이 솟아 있다.

눈이 삼각형이다.

눈이 눈동자가 작고 사방이 흰자위이다.

눈이 붉고 핏줄이 서 있다.

눈이 뱀처럼 살기가 돈다.

눈을 깜박이지 않으면서 곁눈질을 한다.

광대뼈가 툭 튀어 나왔다.

코가 비뚤어졌다.

층계 코이다.

뾰족 코이다.

매부리코이다.

법령 코끝 좌우로부터 입가로 뻗친 줄 의 주름이 너무 깊다.

입술이 유난히 두텁다.

혀를 뱀처럼 날름거린다.

이가 고르지 못하다.

이가 뾰족하다.

턱이 튀어 나왔다.

귓불이 없는 것 같다.

귀가 발랑 뒤집혀져 있다.

가슴이 움푹 꺼져 있다.

뒤를 자주 돌아 본다.

곤충이나 동물을 잘 죽인다.

3. 육신통六神通

육신통이란 완전한 정신통일로 얻어 지는 6가지의 초자연적인 힘을 가리키는 불교용어이다. 신神은 불가사의, 통通은 무애無礙를 뜻하므로 신묘하고 거칠 것이 없는 경지이다. 줄여서 육통六通이라고 한다.

- **신족통**神足通 ─ 어떤 장소에나 임의로 갈 수 있는 능력
- **천안통**天眼通 ─ 무엇이든 꿰뚫어 볼 수 있는 능력
- **천이통**天耳通 ─ 모든 소리를 분별해 들을 수 있는 능력
- **타심통**他心通 ─ 타인의 마음속을 들여다 볼 수 있는 능력
- **숙명통**宿命通 ─ 전생의 생존상태를 알 수 있는 능력
- **누진통**漏盡通 ─ 모든 번뇌를 소멸하고 윤회를 벗어난다는 것을 깨닫는 능력

석가는 스스로 육신통을 갖추었다.

누진통을 갖추려고 노력하면 다른 신통까지 갖출 수 있다. 하지만 누진통만 갖추면 다른 신통까지 갖추지 않아도 아라한阿羅漢^{Arhan}이 될 수 있다. 불제자가 도달하는 최고의 계위階位이고 줄여서 나한羅漢이라고 한다.

석가에게는 10대 제자十大弟子가 있다. 각 제자마다 제일로 칭송되는 분야가

있다. 마하가섭摩訶迦葉은 두타頭陀 ^{번뇌의 티끌을 떨어 없애 의식주에 탐착하지 않으며 청정하게 불도를 닦는} ^일제일이다.

마하가섭摩訶迦葉이 마가다국의 뻽빨라 동굴에서 수행修行하면서 한때 신통에 마음을 기울였다. 코살라국의 제따와나에 있는 석가가 마하가섭의 이러한 자세를 멀리서 지혜로 보고 염력念力 ^{psychokinesis}으로 일깨워 누진통으로 향하게 해주었다. 석가의 도움이 아니었으면 마하가섭은 스승 본래의 가르침을 벗어나 '신통'이란 걸림에서 자유롭지 못했을 것이다.

석가가 마하가섭을 사랑하는 마음을 다룬 이야기이다.

마하摩訶란 주로 다른 말이나 인명 앞에 쓰여 '위대함', '뛰어남', '많음'의 뜻을 나타내는 말이다. 그러므로 마하가섭이란 대大 가섭迦葉이다. 가섭은 염화미소拈華微笑로 유명하다.

가섭은 석가가 죽은 뒤 제자들의 집단을 이끌어 가는 영도자가 되었다. 선가禪家에서는 그를 부법장付法藏 제 1조祖로 높이 받들고 있다.

4. 유방劉邦

유방劉邦은 중국 한나라의 제 1대 황제이다. 진나라 말기에 군사를 일으켜 진왕으로부터 항복을 받았으며, 4년간에 걸친 항우와의 쟁패전에서 대파하고 천하통일의 대업을 실현시켰다.

유방劉邦에 관하여는 다음과 같은 이야기가 전해 내려온다.

유방劉邦이 청년이었을 당시 여공呂公이란 관상가가 있었다.

어느날 여공呂公은 한중 땅을 지나다 밭을 일구고 있는 한 젊은이를 보았다. 여공呂公은 길도 묻고 아픈 다리도 쉴 겸 정자나무 그늘에 앉아 젊은이를 불렀다. 젊은이가 괭이질하던 손을 멈추고 돌아보았을 때 여공呂公은 깜짝 놀랐다.

"앗! 저 눈..."

부리부리하게 치솟은 양쪽 눈에서 서기가 빛났고, 홍조띤 두 뺨에는 구슬땀이 흐르고 있었다. 육척장신에 떡 벌어진 어깨, 새까만 눈썹 사이로부터 흘러 내려와 우뚝 솟은 코, 긴 인중 밑에 두툼한 입술로 덮인 한일자 입.

"이는 필경 천자가 될 상인 걸..."

여공呂公은 넋을 잃고 유방劉邦을 쳐다보다가

"젊은이, 이리 나와 쉬었다가 하구려!"

하고 딴청을 부렸다.

유방劉邦도 마침 쉬려던 참인지라 손에 묻은 흙을 툭툭 털고 정자나무 밑으로 나왔다. 몇마디 말이 오간 후 여공呂公은

"젊은이, 내 말을 명심해서 듣게"

하고 다짐을 둔 다음, 장차 천자의 지위에 오를 상이니 절대 발설하지 말고 무예를 익히라고 했다. 그리고 자기에게 과년한 딸이 있으니 정혼하자고 제의했다. 유방劉邦은 그길로 괭이를 집어던지고 칼과 창을 잡고 무예를 익히는데 전념했다. 그리고 여공呂公의 딸을 맞아 장가를 들었다.

과연 유방劉邦은 천하를 통일하여 한漢나라를 세웠고, 그 여공呂公의 딸은 황후가 되었다. 이 여인이 여태후呂太后이다.

이름 이야기

1. 총설

1) 이름의 의미

이름이란 어느 대상을 일컬어 부르는 칭호이다. 주로 어느 대상과 다른 대상을 구별하기 위하여 사용하는데^{하늘·땅·사람}, 때로는 이름이 어느 개념을 대표하기도 하고^{대통령}, 때로는 이름이 명예·명성·평판 등을 나타내기도 한다.

사람의 경우에는 이름을 다음과 같이 좁은 의미와 넓은 의미로 구분하여 생각할 수 있다.

> ● **좁은 의미** — 성^{성씨}에 붙여 다른 사람과 구별하는 명칭 | 박정희 전 대통령의 경우 「정희」
>
> ● **넓은 의미** — 성을 포함시켜 다른 사람과 구별하는 명칭 | 박정희 전 대통령의 경우 「박정희」
> 넓은 의미의 이름은 성명이다.

이름이란 어느 대상을 일컬어 부르는 칭호이므로 하늘에도 '도솔천' 같은 이름이 있고, 땅에도 '서울' 같은 이름이 있으며, 사람의 경우에는 자연인 뿐만 아니라 법인까지 사람으로 다루어진다. 유형·무형의 모든 것이 이름을 가질 수 있고 요즈음은 강아지 작명원까지 등장하였다.

2) 이름의 종류

◈── 아명과 관명

아명兒名은 신생아가 성장하는 동안의 이름 즉 아이 때의 이름이다. 옛날에는 의약이 발달하지 못하여 신생아가 다 성장하지 못하고 죽는 사례가 많았다. 그래서 아명은 무병장수를 염원하면서 천하게 짓는 경향이 있었다. 이름이 천하면 마귀가 함부로 접근하지 않는다고 보았기 때문이다. 고종황제의 아명이 '개똥이' 였다고 한다.

관명冠名은 아이가 어른이 되는 예식 남자는 갓을 쓰고 여자는 쪽을 찜 즉 관례 때 아명을 버리고 새로 지은 이름을 말한다. 아명이 그대로 관명으로 이어져 한자로 개동介東, 계동啓東, 소동召東, 소동蘇同, 마동馬東, 마동馬銅으로 된 경우도 있었다.

◈── 자

자字는 사람의 본이름 외에 부르는 이름으로서 부명副名인데 흔히 장가든 뒤에 성인으로서 본이름 대신으로 불렀다. 황희정승의 자는 구부懼夫였다.

◈── 호

호號는 사람의 본이름이나 자字 이외에 쓰는 아명雅名으로서 '별호' 라고도 한다. 본인이 지은 호를 자호自號라고 한다. 이율곡 선생의 어머니인 신申씨는 주나라의 성군인 문왕의 어머니 태임太任부인을 스승으로 삼아 본받겠다는 뜻에서 자호를 사임당師任堂이라고 하였다. 다른 사람이 지어준 호를 아호라고 한다. 그러나 아호에는 풍아 · 우아의 뜻이 담겨 있으니 본인이 지은 것이라도 이러한 뜻이 담겨 있으면 이를 아호라고 부를 수 있을 것이다.

시호諡號는 제왕·경상卿相·유현儒賢이 죽은 뒤에, 그의 공덕을 칭송하여 임금이 추증追贈하던 이름이다. 이순신 장군은 충무忠武가 시호이다.

◆ ── 필명과 예명

필명筆名은 시가·작품 등의 글을 쓸 때 사용하는 집필가의 이름이다. 시인 김지하金芝河는 본이름이 영일英一이고 필명이 지하芝河이다.

예명藝名은 미술, 음악, 연극, 영화 등 예술적인 분야에 몸담고 있는 사람들이 자신이 속한 분위기에 맞추어 세련되고 멋있게 또는 독특하게 부각시켜서 본이름 외에 따로 지어 부르는 이름이다. 탤런트 최불암崔佛岩은 본이름이 최영한崔英漢이고 불암佛岩은 예명이다. 그리고 패션디자이너 앙드레 김은 본이름이 김봉남金鳳男이고 앙드레 김은 예명이다.

3) 이름과 운명

이름과 운명은 어떤 관계일까? 이름으로 운명을 바꿀 수 있을까? 이름이란 있으나마나 한 것일까? '이름과 운명' 에 대해서는 성현의 견해와 성경의 내용을 알아보고 여러 가지 사례를 살펴서 종합적인 판단을 내리는 것이 좋을 듯하다.

◆ ── 공자

공자는 『논어』에서 "이름이 바르지 못하면 말이 순하지 아니하고, 말이 순하지 아니하면 일을 이루지 못한다" 고 하였다. 이것을 바꾸어 말하면 "이름이 바르면 말이 순하고, 말이 순하면 일을 이룬다" 는 것이다.

공자의 사상을 받들어 모시는 유가儒家에서는 이름에 대한 견해를 더욱 구체화시켜 '명체불리名體不離' 즉 '이름이 곧 몸이요, 몸이 곧 이름이라' 하였다.

 노자가 지은 『도덕경』의 맨 처음에 "말로 표현될 수 있는 도道는 영원한 도가 아니요, 이름 붙여진 이름이란 것도 본래 자기의 이름은 아니다"라는 글귀가 나온다. 이 글귀를 좀 더 상세하게 설명하면 다음과 같다.

참으로 영원히 살아 있는 진리인 도道는 그 모습을 그림으로 그려볼 수도 없고 언어로 한정할 수도 없다. 언어로 한정하는 데에서 이름이 생기게 된다. 그러나 이름이란 그 이름이 지칭하려고 하는 실상이 아니다. 그러므로 어떤 이름이라 할지라도 꼭 맞는 이름이란 없다. 그래서 "성인에게는 이름이 없다"고 한다.

노자의 뒤를 이은 장자는 '호접몽胡蝶夢'을 통하여 자신이란 존재에 대하여 근본적인 의문을 던졌던 것이니 인간세상에서 자신의 이름이 「A」로 통하든「B」로 통하든 아무래도 괜찮을 듯 싶다. 때문에 장자 역시 '성인에게는 이름이 없다'고 할 것이다.

> ● 호접몽胡蝶夢 ── '나비의 꿈'이라고도 한다. 장자가 나비이었던 꿈에서 깨어나 자신이 나비와 인간 중 어느 것이냐 즉 꿈이 현실인지 아니면 현실이 꿈인지에 대하여 근본적인 의문을 던졌다는 고사에서 온 말이다.

◆ —— 석가

석가는 설법을 하다가 갑자기 연꽃을 들어 대중에게 보였다. 진리의 참 모습은 언어나 문자로 다 표현할 수 없으니 뜻 있는 사람은 언어나 문자를 떠나서 스스로 깨달아야 한다는 별도의 가르침이었다. 이 때 마하가섭만이 그 뜻을 깨닫고 미소 지었다고 한다. 이를 두고 이심전심以心傳心, 교외별전敎外別傳, 염화미소拈華微笑라고 한다. 그러니 석가도 노자처럼 이름이란 완전한 것이 아니라고 본 셈이다.

◆ —— 성경

하나님의 이름은 여호와이고 여호와는 하나님의 영원한 이름이다. 태초에 하나님이 천지를 창조하면서 첫째 날에는 낮과 밤, 둘째 날에는 하늘, 셋째 날에는 땅과 바다의 이름을 지었다. 그리고 인류 최초의 첫 사람에게 아담^{사람이란 뜻}이란 이름을 지어 주었다.

그러나 하나님은 모든 것을 창조하고서도 이름 짓는 일을 혼자 다 하지 않고 일부를 인간인 아담에게 맡겼다. 아담이 각 생물을 부르는 것이 곧 그 이름이 되었다. 그러니까 '아담' 은 인류 최초의 작명가이다. 하나님이 아담의 배필을 창조하자 아담은 아내에게 여자란 뜻으로 '하와' 란 이름을 붙여 주었다. 이브^{Eve}는 하와의 영어 이름이다.

하나님은 때로는 인간의 이름을 개명해 주었다. 일개 족장에 불과한 아브람^{존귀한 아버지란 뜻}을 열국列國의 아버지란 뜻의 '아브라함' 으로 개명해 주어 이스라엘 민족의 조상이 되게 해주었고, 아브라함의 아내이자 족장의 부인에 불과한 사래^{왕비 또는 여주인의 뜻}를 열국의 어머니란 뜻의 '사라' 로 개명해 주었다.

◆── 종합적인 판단

결론적으로 말해 이름이 운명에 영향을 미칠 수 있으나 반드시 그런 것은 아니다.

　공자는 이름이 운명에 영향을 미친다고 보았다. 그러나 훗날 유가儒家에서 극단적인 이름 지상주의로 흘러 이름이 인간을 이끌어간다는 사상으로까지 확대된 것은 잘못이다. 이런 사상이 오늘날의 형식적인 이름학을 초래하여 세상을 어지럽히고 사람을 미혹하게 하는 결과로 이어졌다.

　노자나 석가는 시시각각으로 변해가는 존재한테 붙여진 고정된 이름이 자연스러운 것은 아니라고 보았다. 하지만 노자나 석가가 현실세계에서 불리는 이름 자체를 전혀 부인한 것은 아니다. 왜냐하면 노자는 도道를 「무無」라는 이름으로 부르다가 나중에는 「현玄」이란 이름으로 개명까지 하였으며, 석가도 언어나 문자 자체를 전혀 부인한 것은 아니기 때문이다.

　성경은 절대자인 하나님도 '여호와'란 영원한 이름을 가지고 있으며, 인간은 개명을 통하여 뜻한 바를 이루어 그 영화로운 이름이 내세의 천국에서도 빛날 수 있다고 한다.

❖ 필자는

이름이 운명에 영향을 미칠 수 있다고 생각한다. 말 한마디가 사람의 일생을 좌우할 수 있는데, 하물며 반복되는 이름을 그것에 비할 수 있겠는가.

사주가 똑같은 두 여인

 필자가 동방명리학연구원을 개설하기 전의 일이다. 그 당시 잘 나가는 멀쩡한 친구 O를 보고 감옥에 갈 것이라고 예언했는데 그것이 적중했다. 이 사실이 여러 친구에게 알려져 너도 나도 필자를 찾았다. 그런데 친구 A는 자신의 사주풀이를 자세하게 듣고서도 그것이 부족했던지 여인 B를 통하여 이름난 무당 C를 초청했다. IMF시절이었으니 그럴만도 했다. 무당 C는 사람을 보지 않고 이름만 가지고도 알아맞힌다고 소문이 나 있었다.

친구 A는 장난끼가 있다. 무당 C를 초청하기 전에 여인 B를 시켜서 필자의 이름을 알려주고 어떤 사람이냐고 물어보았다. 그랬더니 "그 어른은 신기神氣가 있는 분입니다. 매우 현명한 동자신童子神이 그 분을 밝혀드리고 있어요"라고 하더란다.

초청이 이루어져 A · B · C와 필자 그리고 친구, 이렇게 다섯이 일식日食집에서 자리를 함께 했다. 먼저 무당에게 이야기를 청했다. IMF한파에 시달리는 우리들의 앞날이 어떠할까 잘 좀 가르쳐 달라고 했다. 그랬더니 무당은 지금 이 자리에 참석한 분 중에 염력이 높은 분이 한 분 계셔서 도저히 말문이 열리지 않는다는 것이다. 그러면서 자꾸 필자를 바라보는 것이 아닌가. 필자는 짚이는 바가 있어서 "제가 사주학자라서 그럴런지 모르겠네요. 조금도 신경쓰지 마세요"라고 하였더니 편안한 자세로 이야기를 시작했다.

무당의 이야기를 듣고 난 후 필자가 두 여인의 사주를 봐 주기로 되어 있었다. 그러나 이 어찌된 일인가. 공교롭게도 두 여인은 을사乙巳년 기축己丑월 경오庚午일 무인戊寅시 출생이어서 사주가 똑 같은 게 아닌가. 친구들은 사주학자와 무당이 자리를 같이 했다는 것과 사주가 똑 같은 두 여인이 한 자리에 모인 것은 그야말로 TV 생중계감이라고 하면서 흥미진진해 했다. 필자는 그야말로 식은 땀이 흘렀지만 정신을 가다듬고 두 여인의 공통점과 차이점에 대해서 이야기했다. 똑 같은 사주임에도 두 여인의 출생지가 다르고 출생시각이 다르다는 점에 착안한 것이었다. 한 여인은 남쪽 섬에서 태어났고, 다른 한 여인은 휴전선 부근에서 태어났다. 또 두 여인의 출생시각은 45분의 차이가 있었다.

무당한테는 신이 들린 나이를 추리해 주었고, 다른 여인에게는 그녀의 아버지 본부인의 성씨까지 추리해주었는데, 모두 적중했다. 무당은 사주학의 광범위한 터치와 섬세한 적용방식에 경탄했다.

사주가 똑 같은 두 여인의 공통점은 다음과 같다.
- 둘 다 춤을 추면서 살아간다. 한 여인은 무당이고, 다른 한 여인은 고전무용가이다.
- 둘 다 아버지가 매우 일찍 돌아가셨다.
- 둘 다 어머니가 후처이다.
- 둘 다 나이 마흔이 가깝도록 남편 및 자식과 인연이 없다.
- 둘 다 이름에 '아름다울 미美' 가 들어 있다.
- 둘 다 다리에 질환이 있고 기타 신체에 공통점이 많다.

사주가 똑 같은 두 여인에게도 차이점은 있다. 한 여인은 남쪽 섬에서 태어나 고등학교를 졸업하고 독신으로 살아왔는데 지금은 작두 위에서 칼춤을 추는 무당이다. 그러나 다른 한 여인은 휴전선 부근에서 태어나 대학교까지 졸업하고 결혼해서 자식까지 두었는데 지금은 그들과 헤어져 고전무용가로서 활약하고 있다. 그런데 두 여인의 이름 글자 중 한 글자는 공교롭게도 똑 같지만 나머지 한 글자는 다르다.

두 여인의 사주를 보면 모두 추운 계절에 태어나 불[火]을 필요로 한다. 그리고 모두 흙[土]을 많이 지니고 있어 이를 파고들어 부드럽게 해줄 나무[木]를 필요로 한다. 그러면 이 두 가지를 모두 만족시켜줄 수 있는 것은 무엇일까? 그것은 나무[木]이다. 왜냐하면 나무는 불[火]을 일으키는 동시에 흙[土]을 파고들어 부드럽게 해줄 수 있으니 두 가지를 모두 만족시켜 주는 것이다. 두 여인 중 대학교까지 나와 고전무용가가 된 여인의 이름에는 나무[木]가 들어 있었으나 다른 여인의 이름에는 나무[木]가 없었다.

무당은 '무속인' 이라 부르지 말고 '무당' 으로 불러주는 것이 더 좋다고 했다. 그러면서 10년 이내에 자신은 큰 국사무당이 되겠다고 했다. 무당은 진솔한 분위기에 기분이 좋아서 하루 종일 함께 놀자고 청해왔다. 우리는 자리를 옮겨가며 시간가는 줄 모르고 놀았다.

그러나 우리는 이름의 영향력을 지나치게 과대평가해서는 안 된다. 왜냐하면 사람이란 외부의 요인에 따라서 결정을 당하기도 하지만, 자신의 심성心性으로 스스로 결정해 나가는 경우도 있기 때문이다. 이름이란 어디까지나 사람이 살아가는 데 필요한 보조적인 수단에 지나지 않는다. 이름이 주체가 되어 사람을 이끌어 나간다고 볼 수 없다. 사람에 따라서는 객관적으로 나쁜 이름이라도 이것을 좋게 받아들여 복된 삶으로 연결하는 경우가 있다.

필자가 운영하는 아이이름작명원www.iirum.com으로 매일같이 다양한 내용의 작명 신청이 올라온다. 다음은 그 가운데 하나로 딸을 낳은 아기 엄마가 올린 것이다.

선생님! 안녕하세요?
친정 어머니가 절에서 스님한테 받아온 아기 이름이 2개 있습니다.
하지만 이 이름들은 제가 학교 다닐 때 흔히 부른 이름이라….
독특하면서 부르기도 쉽고 한 번 들으면 기억할 수 있는 이름으로 부탁드립니다.
단, 저희 신랑 이름 같은 것은 말구요.

그런데 맨 나중에 부탁하는 말이 이상하다. 그래서 아기 엄마의 신랑 이름을 보니 'ㅇ백수'이다. 아기 엄마가 지적한대로 신랑 이름은 그야말로 독특하면서 부르기도 쉽고 한 번 들으면 기억할 수 있는 이름이지만 백수란 백수건달 즉 아무것도 가진 것 없는 멀쩡한 건달을 연상시킨다. 오호라! 이름이 운명에 영향을 미친다면 신랑은 그야말로 아직 새파랗게 젊은 나이로 그만 백수건달? 어디 한번 확인해 봐야지. 필자는 이름학자답게 ㅇ백수 씨한테 전화를 걸었다.

"안녕하십니까, ㅇ백수 씨! 저는 작명원 원장인데요, 부인께서 신청하신 따님의 이름은 정성들여 짓고 있습니다. 그런데 이름학자의 입장에서 궁금한 것이 있어서 전화를 걸었으니 이해해 주시고요. ㅇ백수 씨는 현재 직업이 무엇이며 자신의 이름에 대해서 어떻게 생각하고 계십니까?"

필자는 ㅇ백수 씨가 푸념을 털어놓을 줄 알았다. 그런데 결과는 정반대였다.

"아! 선생님, 저희 공주 이름 잘 좀 지어주시고요…. 저는 지금 자영업을 하고 있는데 이름 덕을 많이 보고 있는 것 같아서 이름에 대해서 만족스럽게 생각하고 있습니다. 사람들이 한 번 들으면 잊지 않고 더구나 '백수'를 면하라는 뜻에서 적극 도와주는 것 같아 사업에 도움이 된다고 생각합니다."

이렇게 대답하는 것이 아닌가! 필자가 '백수'란 이름을 보고 떠올렸던 '이름의 영동력靈動力 때문에 운명이?'라는 추측은 빗나갔다. 사람이 지니고 있는 심성心性의 중요성을 새삼 깨달았다.

사람은 마음먹기에 따라 지옥을 천국으로 바꿀 수 있다. 현실을 긍정적으로 받아들이면서 웃으며 살아간다면 하늘인들 또 어찌하겠는가. 하늘은 스스로 노력하는 사람을 돕는다.

우리는 '이름'이라는 옷을 잘 만들어 입고서 부귀영화를 맞아들이려고 한다. 그러면 부귀영화가 옷만 보고 찾아들까? 옷은 그 자체로서는 좋다, 나쁘다가 없다. 왜냐하면 옷이란 그 옷을 입는 사람에 따라 조화가 달라지기 때문이다.

극지에서 사는 사람들에게는 가볍고 따뜻한 옷이 바람직하거니와 순록caribou의 모피로 만든 에스키모 인의 옷은 더할 나위 없이 이상적이다. 에스키모 인의 옷에는 겉옷과 속옷이 있는데 각각 상하로 구분되며, 겉옷은 털을 바깥 쪽으로, 속옷은 털을 안 쪽으로 하여 입는다. 구조상의 특색으로는 단추를 사용하지 않고, 모든 부분을 여유 있게 만들어 몸과의 사이에 이중二重 공간이 생기도록 되어 있다. 모두 내한耐寒의 필요성에서 생긴 구조이다.

일본의 전통 의상인 기모노는 한 장으로 된 사각형의 천을 몸에 감고 허리에 오비를 둘러 멋을 낸 의상이다. 필자는 기모노가 남방의 개방적 바탕 위에서 일본인의 체격상의 결함을 보완할 수 있도록 고안된 의상이라고 본다. 그리고 옷 내외부의 차림은 여체의 선에 포인트를 맞추면서 고온다습한 여름을 지내거나 옷의 단조로움을 탈피하면서 한랭한 겨울을 나기 위한 수단이었다고 본다.

'이름'이라는 옷은 그 자체로서는 좋다, 나쁘다가 없다. 필자는 이름 하나 때문에 사람의 성격이나 건강 등이 영향을 받는다고 생각하지 않는다. 누구나 '이순신李舜臣'이란 이름을 사용하면 장군의 성격을 지닐까? 누구나 '동방삭東方朔속설에 서왕모의 복숭아를 훔쳐 먹어 장수하였으므로 삼천갑자 동방삭이라고 이른다'이란 이름을 사용하면 불로장생할 수 있을까? 그러나 비록 가설假說이긴 하지만 사주와 이름이 합세하면 사람에게 여러모로 영향을 줄 수 있다고 본다.

4) 이름학의 원칙

오늘날의 이름학은 확립된 이론이 아니라 가설假說에 불과하다. 그러나 가설이란 것도 뚜렷한 철학적인 바탕이 필요하고 현실적으로 설득력이 있어야 한다.

그러나 실상은 어떤가. 대부분의 주장들이 별것도 아닌 자질구레한 것들을 들고 나와 폭넓은 작명을 어렵게 만들고 있다. 예를 들어 작명은 글자의 발음오행이 상생하도록 지어야 한다는 주장을 보자. 이것이 김金, 강姜, 고高, 구具씨 등 우리나라 성씨 가운데 대다수를 차지하는 사람들을 얼마나 궁지로 몰아넣고 있는지 아는 사람은 다 알고 있을 것이다.

이름학에서는 오행을 다룰 때 글자의 소리를 가지고 발음오행을 논하고, 글자의 획수를 가지고 수리오행을 논하며, 글자의 뜻을 가지고 자원오행을 논한다.
일반적으로 오행이 상생하면 좋고, 상극하면 나쁘다고 한다. 그러나 상생과 상극은 모두 진리의 모습이다. 때문에 생과 극을 분리시켜 '생'을 사랑하고 '극'을 미워하는 오류를 범하면 안 된다.

필자는 작명에서 지켜야 할 기준을 다음과 같은 것들로 최소화시키고자 한다.

- 이름을 지을 때는 음양오행 사상에 따른다.
- 성명 글자의 획수가 모두 음짝수이거나 모두 양홀수이 되지 않도록 노력한다.
- 성명 글자의 오행은 사주를 따라서 합당한 것으로 한다.
- 오행의 상생과 상극 문제에 대해서는 신경 쓰지 않는다.

단, 위의 기준과는 별도로 이름을 지을 때 기본적으로 다음의 내용들을 유의한다.

❖ **발음**   부르기 좋아야 한다.

듣기 좋아야 한다.

자연스러워야 한다.

품위가 있어야 한다.

참신해야 한다.

세련미가 있어야 한다.

생기를 돋우어 줄 수 있어야 한다.

누구나 한 번 들으면 기억하기 쉬워야 한다.

놀림을 당할 수 있는 것은 피한다.

독특한 개성을 나타낼 수 있는 것이면 좋다.

❖ **글자**   대법원이 정한 인명용 한자가 아닌 것은 피한다.

획수가 너무 많거나 복잡한 것은 피한다.

모양이 이상한 것은 피한다.

비슷한 글자가 많아서 잘못 읽기 쉬운 것은 피한다.

❖ **뜻**   깊은 정성과 소망이 나타나면 좋다.

밝고 희망찬 이미지를 담고 있으면 좋다.

현대적인 감각을 느낄 수 있으면 좋다.

담긴 의미가 친근감을 주면 좋다.

부드러운 느낌을 주면 좋다.

이상하거나 불길한 느낌 또는 천한 느낌을 주면 좋지 않다.

너무 귀엽고 앙증맞으면 어른이 되어서는 부르기가 곤란하다.

2. 구체적인 적용

1) 이름과 음양

이름학에서는 성씨를 포함하여 이름자^{성명 글자}의 획수가 모두 짝수=음이거나 모두 홀수=양이면 일단 음양의 조화를 이루지 못하므로 아름답지 못한 이름이라고 판단한다.

   참고로 2자 성 즉 두 글자 성씨는 두 글자가 하나의 성씨를 이룬 것이므로 두 글자의 획수를 합친 것을 그 성씨의 획수로 한다.

   글자의 획수를 따져 이름의 좋고 나쁨을 가린다면 한 획 차이로 길흉이 뒤바뀌는 사례가 많을 것이다. 그런데 이렇게 중요한 획수 계산에 대해 학자들의 견해가 일치하는 것은 아니다.

   한자^{한문 글자}의 획수를 계산하는 방법으로는 필획법, 원획법 등이 있다.

필획법筆劃法은 획수 그대로 계산하는 방식이다.

3획	氵	忄	扌	阝
4획	王	⺿	辶	月
5획	⿱	衤		

이 견해는 소수설로서, 실제로 쓰이는 대로 획수를 계산하는 것이 정당하므로, 예를 들어 삼수변氵은 3획이지 왜 4획水이 되느냐고 의문을 제기한다.

원획법原劃法은 원래의 뜻을 찾아 계산하는 방식이다.

필획	원획	부수 이름	획수
氵	水	삼수변	4
忄	心	심방변	4
扌	手	손수변	4
月	肉	육달월	6
⺿	艸	초두밑	6
辶	辵	책받침	7
⿱	网	그물망	6
犭	犬	개사슴록변	4
王	玉	구슬옥변	5
礻	示	보일시변	5
衤	衣	옷의변	6
阝 (우)	邑	우부방	7
阝 (좌)	阜	좌부방	8
耂	老	늙을로밑	6

위 표에 있는 부수 외에 숫자를 표시하는 일一은 1획, 이二는 2획, 삼三은 3획, 사四는 4획, 오五는 5획, 육六은 6획, 칠七은 7획, 팔八은 8획, 구九는 9획, 십十은 10획으로 계산한다. 그러나 10을 넘으면 본래의 획수대로 계산해서 백百은 6획, 천千은 3획, 만萬은 15획으로 계산한다.

이 견해는 다수설로서, 한자는 표의문자表意文字이므로 당연히 원획대로 계산해야 마땅하고, 따라서 예를 들어 삼수변氵은 원획이 수水이므로 3획이 아니라 4획이라고 설명한다.

이 책에서는 원획법을 기준으로 하였다.

원획법을 기준으로 하면 옥편의 획수와 다른 경우가 많다.

다음의 예시를 통하여 원획법을 바로 알아두기로 하자.

● 강江 —— 7획 ^{6획이 아니다}

● 성性 —— 9획 ^{8획이 아니다}

● 서抒 —— 8획 ^{7획이 아니다}

● 육育 —— 10획 ^{8획이 아니다}

● 초草 —— 12획 ^{10획이 아니다}

● 변邊 —— 22획 ^{19획이 아니다}

● 라羅 —— 20획 ^{19획이 아니다}

● 독獨 —— 17획 ^{16획이 아니다}

● 민玟 —— 9획 ^{8획이 아니다}

● 시礻 —— 5획 ^{4획이 아니다} | 시示가 글자의 변으로 올 때의 약자略字임.

● 유裕 —— 13획 ^{12획이 아니다}

● 욱郁 —— 13획 ^{9획이 아니다}

● 륙陸 —— 16획 ^{11획이 아니다}

● 자者 —— 11획 ^{9획이 아니다}

필자는 저서 「우리아이 명품이름」의 부록에 인명용 한자의 획수를 실어 놓았다.

일반적으로 이름학자들은 성명 글자가 획수로 음양의 조화를 이루도록 배열해야 한다고 설명한다. 우주만물 자체가 음양의 조화 없이는 이루어질 수 없는 이치와 같다고 보기 때문이다. 그러면 성명 글자가 획수로 음양의 조화를 이루도록 배열하지 못하였을 때 어떤 결과가 일어날까?

❖ 이름자성명 글자의 획수가 모두 짝수인 경우

만약 이름자성명 글자의 획수가 모두 짝수로 구성된 순음純陰 또는 독음獨陰일 경우, 음기가 성하면 자연히 양기가 쇠하는 이치대로 가정에서 아버지와 남편 그리고 아들과의 인연이 박하고 크고 작은 변괴가 자주 일어난다고 한다. 마치 밤만 있고 낮은 없는 것처럼 만물이 생성되지 못하고 성격이 침울해지며, 성인병, 중풍, 신경통 등으로 고생하게 되고, 일생 동안 즐거움을 모르고 살아가게 된다는 것이다. 또한 음은 짝수로서 약하고 정적이며 소극적인 특징이 있으며 여성적인 역할을 하는데, 이름이 전부 음수로 구성되어 있으면 우유부단하고 진취성이 부족하므로 항상 정체 상태를 면하기 어렵다고 한다.

❖ 이름자성명 글자의 획수가 모두 홀수인 경우

반대로 이름자성명 글자의 획수가 모두 홀수로 구성된 순양純陽 또는 독양獨陽일 경우, 음기가 쇠진한 이치라 가정적으로 어머니와 아내와의 인연이 박하고, 질병으로 일생을 고통스럽게 보내며, 사회생활에서도 화합하기 어려우므로 큰일을 이루지 못하고 실패와 좌절로 온갖 파란을 겪게 된다고 한다. 또한 양은 홀수로서 강하고 동적이며 적극적인 특징이 있으며 남성적인 역할을 하는데, 이름이 전부 양수로 구성되어 있으면 의기양양하지만 지나치게 강한 운세로 인해 마치 내리막길을 달리는 고장난 자동차처럼 파괴를 초래하여 비운에 빠지게 된다고 한다.

그러면 다음의 예를 살펴보기로 하자.

● 성명 글자가 획수로 음양의 조화를 이루지 못하여 불행을 초래한 것이 아닐까 생각이
  드는 예이다.

성명	○	○	○
획수	9	9	15
음양	홀수 양	홀수 양	홀수 양

이 사람은 사회저명인사로 아내와 사별한 뒤 자식들과 함께
살아오다 86세에 스스로 목숨을 끊었다. 성명이 모두 홀수양
로 이루어져 음양의 조화를 이루지 못하였기 때문에 45년간
을 아내 없이 살았다고 볼 수 있을까.

성명	○	○	○
획수	20	10	6
음양	짝수 음	짝수 음	짝수 음

성명이 모두 짝수음인 '20 10 6'으로 이루어진 여성이 있다. 매
우 똑똑하고 반듯하며 청순한 미모까지 갖추었는데 10대 중반
무렵 어머니를 잃고 지금은 노처녀로 직장생활을 하고 있다.

● 그러나 성명 글자가 획수로 음양의 조화를 이루지 못하더라도 행복한 일생을 누리는
예가 있다.

이건희

성명	李	健	熙
획수	7	11	13
음양	홀수양	홀수양	홀수양

성명이 모두 홀수양인 '7 11 13' 으로 이루어져 있다. 우리나라
최고의 재벌가를 이루고 화락和樂한 가정을 꾸려서 많은 사람
들의 부러움을 받으며 살아가고 있다.

홍라희

성명	洪	羅	喜
획수	10	20	12
음양	짝수음	짝수음	짝수음

성명이 모두 짝수음인 '10 20 12' 로 이루어져 있다. 위의 이건
희 전 삼성그룹 회장의 아내이다.

위에서 보듯 성명 글자가 획수로 음양의 조화를 이루지 못하더라도 그것으로 인해 불행으로 이어진다고 할 수 없다. 글자에 마력이 있어서 그 획수 때문에 사람의 운명이 좌우된다고 믿는 것은 마치 종이에 그려진 부적의 형상 때문에 사람의 길흉화복이 좌우된다고 믿는 것과 같다.

그러나 필자는 이름을 지을 때 성명 글자가 획수로 음양의 조화를 이루도록 해주는 것이 좋다고 본다. 왜냐하면 동양철학의 알맹이 내지 '알파와 오메가' 인 하도河圖와 낙서洛書는 짝수와 홀수가 각각 음陰과 양陽이라고 일러주기 때문이다.

음-과 음-, 양+과 양+은 서로 배척한다. 그러니 음-과 양+이 어우러지게 해주는 것이 좋지 않겠는가.

2) 이름과 오행

성명 글자가 사주와 오행의 조화를 이루지 못하여 불행을 초래한 것이 아닐까 생각이 드는 예이다.

◆ ── ○**상봉** (○相俸)

이 사람은 무인戊寅년 기미己未월 계묘癸卯일 병진丙辰시 출생이다. 더운 계절에 출생하여 사주가 뜨겁고 건조하다. 따라서 이 사람의 이름에는 차가운 금수金水의 기氣를 불어넣어야 한다. 그러나 이름에 목木에 해당하는 상相과 화火에 해당하는 봉俸이 들어 있으니 불길이 더욱 치열해져 문제가 된다. 사주와 겹쳐서 자신을 해롭게 하는 이름을 사용하니 좋을 리가 없고 따라서 몸 또한 온전할 수가 없다고 판단한다.

이 사람은 2세 때인 기묘己卯년에 그만 한쪽 눈을 잃었다. 기己는 흙이어서 물기를 메마르게 하고 묘卯는 나무여서 물기를 빼앗는 동시에 불을 일으켰으니, 물에 해당하는 본인이 어찌 무사했겠는가. 사주와 이름이 합세하여 이 사람을 그만 영원한 불구자로 만들어버렸다.

◆ —— ○원석 (○源碩)

이 사람은 신사辛巳년 신축辛丑월 을유乙酉일 병술丙戌시 출생이다. 사주를 보면 사유축巳酉丑이 커다란 금金의 기氣를 형성하고 있다. 또한 추운 계절에 출생하여 사주가 한랭하다. 이러한 사주를 가진 사람의 이름에는 뜨거운 목화木火의 기氣를 불어넣어야 한다. 그러나 이 사람의 이름에는 원源과 석碩, 즉 수水와 금金이 들어가 있으니 좋을 리가 없다.

이 사람은 11세 때 그만 사고를 당하였다. 그 때가 경자庚子대운 신묘辛卯년인데 경庚과 신辛은 모두 금金에 해당한다. 사주 자체에 금金이 많고 이름 또한 금金을 지니고 있는데 설상가상으로 금운金運을 만났으니 나무에 해당하는 본인이 어찌 무사했겠는가. 금다목단金多木斷의 현상이 일어나 많은 금金이 그만 나무를 잘라버렸다. 이 사람은 수재이며 또한 뛰어난 인품까지 지니고 있는데 안타깝게도 한쪽 다리를 절며 살아가고 있다.

위의 간단한 예는 사주와 이름이 합세하면 사람에게 여러모로 영향을 줄 수 있음을 가리킨다. 그러나 사람의 운명은 복합적인 인과율因果律을 따라 달라질 것이므로 사주와 이름만 가지고 사람의 한평생을 논할 수야 없지 않겠는가.

3. 글자

---

1) 불용 문자

◆ —— 의미

언제부터인가 사람들 사이에 이른바 '불용 문자不用文字' 라는 것이 전해 내려왔다. 예를 들어 '동녘 동東' 을 넣어서 이름을 지으려고 하는데 누군가 옆에서 "그 글자는 이름에 쓰지 않는데요" 라고 하면 대부분의 사람들은 무조건 그대로 그 글자를 불용 문자로 받아들이고 꺼리는 것이다.

이렇게 해서 전해 내려오는 불용 문자의 수가 엄청나게 많아서, 이러한 글자들을 모두 빼고 이름을 지으려면 정상적인 작명이 거의 불가능하다고 해도 과언이 아니다. 그런데 이른바 '불용 문자' 라는 것 가운데는 좋은 글자들이 너무나 많이 포함되어 있다. 위에서 본 '동녘 동東' 만 하더라도 태양이 떠오르는 밝은 이미지를 갖고 있지 않은가.

불용 문자는 두 가지 형태로 나누어 볼 수 있다. 하나는 오늘날의 사회 통념상 이름 글자로 받아들이기 곤란한 문자 즉 진정한 불용 문자이고 다른 하나는 이름 글자로 사용하면 흉한 작용을 한다는 설 때문에 꺼리는 문자 즉 속칭 '불길 문자不吉文字' 이다.

◈ ── 진정한 불용 문자

다음과 같은 글자들은 대법원이 정한 인명용 한자이지만, 오늘날의 사회 통념상 이름 글자로 받아들이기 곤란한 문자이다.

개 견 犬   울 곡 哭   병 병 病   가난할 빈 貧   근심 수 愁
슬플 애 哀   빚질 채 債   아플 통 痛   패할 패 敗   흉할 흉 凶

이상의 글자들은 예에 불과하다. 그러나 사회 통념이란 항상 바뀌게 마련이다. 예를 들어 '근심 수愁'의 경우 일찍 고국을 떠나온 사람이 이국異國에서 출생한 자녀의 이름을 '여수旅愁'로 했다 해서 조금도 이상할 것이 없을 듯하다.

◈ ── 불길 문자

이름학자들은 나름대로 여러 가지 불길 문자를 소개하면서, 그로 인한 나쁜 영향을 설명한다. 다음은 그 예이다.

● 갑甲 ── 관재 구설이 따르고 질병으로 고생한다.
● 국國 ── 연속적으로 실패하고 배신을 당하게 된다.
● 길吉 ── 불화와 조난을 초래한다.
● 남男 ── 배우자 덕이 없으며 가정 불화가 잦다.
● 동東 ── 단정하나 근심, 걱정, 수심이 있다.
● 명明 ── 머리는 명석하지만 파란곡절이 많다.
● 미美 ── 부모 덕이 없으며 사업의 실패와 형액을 당한다.
● 복福 ── 빈천하다.
● 사四 ── 단명하고 조난을 당한다.

- 수壽 —— 뜻이 의미하는 것과 반대로 단명할 암시가 있다.
- 애愛 —— 뜻과는 반대로 비애에 빠지는 신세가 되기쉽고 남편과의 사랑도 지속되기 어렵다.
- 영榮 —— 수심이 떠날 사이가 없고 매사가 순탄하지 않다.
- 용龍 —— 하천 곤궁하다.
- 운雲 —— 재물이 분산되어 일생 동안 고생을 면하기 어렵다.
- 인仁 —— 고질을 지닐 암시가 있고 평생 불행이 끊일 사이가 없다.
- 일日 —— 고독과 형망兄亡을 불러온다.
- 진眞 —— 모든 일이 허무로 돌아가는 암시가 있다.
- 춘春 —— 갑자기 크게 성공할 수 있지만 봄바람처럼 허영심이 많아 곧 실패한다.
- 하夏 —— 파란이 많아 노력은 해도 이루는 것이 없다.
- 해海 —— 인생 항로에 파란곡절이 많다.
- 호虎 —— 단명하고 가난하다.
- 희喜 —— 비애와 고독의 암시가 있다.

이름학자들은 위와 같이 소개, 설명하고는 애매모호하게 '반드시 그런 것은 아니다' 라는 식으로 결론을 흐리는 경우가 많다.

위의 글자들은 주위 사람들의 이름에서 쉽게 발견할 수 있는 글자들이다. 따라서 위의 글자들이 불길 문자이면 이름 짓기에 많은 제약이 따른다. 그러면 위의 글자들이 정말 불길 문자일까? 전혀 그렇지 않다.

연합뉴스가 매해 발간하는 『한국인물사전』은 우리나라의 정·재계, 경제, 교육, 언론, 문화, 예술, 체육, 종교계와 전문직 등 각계각층 저명인사 뿐만 아니라 북한 인물, 한국 현대 역사인물, 세계 인물까지 수록한 대형 인물사전이다. 필자는 이 『한국인물사전』 등 실증적인 자료를 가지고 위의 글자들이 전혀 불길 문자가 아니라고 밝혔다(www.iirum.com 성명학 폴더 중 불용 문자 참고).

　터무니없는 헛소문을 따르면 안 된다. '불길 문자'란 없다. 어느 글자이든 '길한 문자'로 작용할 수 있다. 예를 들어보자. '명明'은 이명박 대통령의 이름자이고, '하夏'는 최규하 전 대통령의 이름자이며, '희喜'는 황희 정승의 이름자이다. 그러니 '불길 문자'란 그 수의 많고 적음을 떠나 헛된 견해에서 비롯되었다고 본다.

◆ ── 길한 문자

길吉한 문자란 불길 문자와는 반대로 이름자로 쓰면 좋다고 전해 내려오는 글자이다. 불길 문자로 분류되는 글자는 매우 많지만, 이와 반대로 길한 문자로 분류되는 글자는 많지 않다. 흥미로운 사실은 길한 문자로 알려진 글자 중에 두斗, 우愚, 태泰, 환煥 등 역대 대통령의 이름자가 많이 들어있다는 것이다.

　'불길 문자'란 것을 인정할 수 없듯이 '길한 문자'란 것 또한 인정할 수 없다. 왜냐하면 전두환全斗煥 전 대통령이나 노태우盧泰愚 전 대통령은 이름자에 속칭 '길한 문자'를 지니고서도 말년에 감옥살이 등 세찬 풍파를 겪고 있기 때문이다. 그러니 '불길 문자'나 '길한 문자'란 것이 모두 믿을 바가 못 된다고 판단해야 한다.

2) 파자破字

한자에는 글자를 합쳐서 만든 글자가 많다. 예를 들어 일日과 월月을 합쳐서 만든 글자가 명明이다. 그러므로 한자의 경우에는 파자破字를 하여 글자의 숨은 뜻이라면서 그럴싸한 이름풀이가 등장할 수 있다. 파자란 예를 들어 '姜'을 분해하여 '八王女'라고 하는 것이다. 박정희朴正熙 전 대통령의 성명을 살펴보자.

박정희朴正熙 전 대통령은 군인·정치가[1917~1979]이다. 1961년에 육군 소장으로 5·16 군사 정변을 주도하여 최고 권력 기관인 국가재건최고회의의장이 되었으며, 1963년에 예편하여 민주공화당 총재로 제5대 대통령에 취임하였다. 1972년에 10월 유신維新을 단행하였고, 1979년 제 9대 대통령 재임 중에 중앙정보부장의 총격으로 사망하였다.

파자破字로 성명 풀이한 박정희朴正熙

박정희 전 대통령이 시해된 뒤 '박정희朴正熙'라는 이름이 이미 그의 운명을 결정하고 있었다는 성명풀이가 인구에 회자 된 바 있다.

즉 한자로 朴에서 앞의 木자를 분해하면 十八이 되고 正자는 한 번[一]에 멈춰진다[止]는 뜻이고 끝의 熙자를 분해하면 신하[臣]+몸[己]+네번[灬]이 되므로 그의 18[十八]년 집권이 신하[臣]가 자신[己]을 향해 쏜 네 발[灬]의 총탄으로 인해 단번[一]에 멈춰진다[止]는 풀이가 된다.

위와는 약간 달리 풀이하기도 한다.

즉 朴에서 뒤의 ㅏ[점복]을 살려서 朴 전체를 '점[卜]을 쳐보니 18[十八]년 동안 권좌에 앉는다'로 풀이한다. 그리고 正을 '한[一]번 더 정권을 잡으려고 하지만 그친다[止]'로 풀이한다. 나아가 熙를 '자기[己]의 신하[臣]가 발사한 총탄 4발[灬]에 의해 쓰러진다'로 풀이한다.

참으로 기막히게 잘 맞는다. 그러나 이 파자는 혹세무민으로 이어진다. 왜냐하면 이름자에 '正'이 들어가 있는 사람은 모두 한 번 더 정권을 잡으려고 하지만 그치고, 또 이름자에 '熙'가 들어가 있는 사람은 모두 자기의 신하가 발사한 총탄 4발에 의해 쓰러지기 때문이다. 그러므로 파자란 술좌석 등에서 세상사를 비유로써 논할 때에나 거론할 수 있는 말장난에 불과하다는 생각이다.

글자 구성을 가지고 이렇게저렇게 이름풀이를 하는 것은 설득력이 없다. 그러나 글자 구성을 가지고 '보기 좋은 이름' 또는 '시각적인 배열'로 접근하는 것은 글자 구성의 미학적인 고찰을 시도하는 것이어서 별개의 문제라고 생각한다.

머슴의 파자破字풀이

 임진왜란壬辰倭亂이란 1592년[선조 25년]부터 1598년[선조 31년]까지 2차에 걸친 일본의 침략으로 일어난 전쟁이다. 일본에서는 분로쿠 게이초[文祿慶長]의 역役, 중국에서는 만력萬曆의 역役이라고 한다.

오랜 전쟁의 끝이라 사람들이 목구멍에 풀칠도 못하고 살아가는 형편이어서 인심이 흉흉했다. 많은 사람들이 칡뿌리나 나무껍질 등으로 허기진 배를 채우며 살아갔다.

이 때 전라도에 사는 오천석吳千石이 한양에 살고 있는 친구 맹사달孟思達을 찾아갔다. 두 사람은 둘도 없는 관포지교管鮑之交의 사이였다. 전라도 오천석은 근근히 목구멍에 풀칠할 정도였고 한양 맹사달은 비교적 부유했지만 임진왜란으로 가세가 많이 기울었다. 두 사람은 한 때 같은 선생 밑에서 동문수학을 한지라 우정도 우정이었지만 학문도 비슷한 실력이었다.

오천석이 한양에 도달해서 맹사달집 대문을 두드리니 머슴치고는 제법 눈망울이 똑바로 박힌 녀석이 나와 "뉘시오, 이 집 오셨수? 들어오시오" 하며 안내했다. 맹사달을 만난 오천석은 친구가 어딘지 모르게 사람이 변했음을 직감할 수 있었다. 그러나 '난리를 겪다보니 그럴 수도 있겠지!'라고 생각했다.

한참 이런 저런 이야기로 서로의 회포를 나누었다.

오천석은 여독이 채 풀리지 않은 데다가 시장기마저 들어 입에서 금방, '어이,

여보게. 나 밥 한 술 주겠나' 하고 싶었지만 그래도 양반 체면에 차마 그럴 수가 없어 꾹 참고 있는 중이었다.

그때 맹사달 부인이 들어와 인사를 나누고 뭔가 맹사달에게는 할 말이 있는 것처럼 입을 열려다 말곤 했다. 그런데 이상한 것은 옛날 같으면 음식을 억지로 권하던 친구가 전쟁통에 마음이 변했는지 때가 되었는데도 밥 먹자는 말이 없었다.

오천석은 할 수 없이 맹사달에게 "지금 몇 시각이나 되었는가?" 하고 묻자 맹사달은 "오시午時^{11시~13시}가 넘어 미시未時^{13시~15시}에 접어든 것 같네"라고만 했다.

그러고도 한참 있으려니까 맹사달부인이 방으로 들어와 맹사달에게 파자법破字法으로, "저 서방님 인량복일人良卜一이오리까?"란 이상한 말을 하자 맹사달이 재빠르게, "월월산산月月山山이라"고 응답했다.

그때서야 오천석은 두 사람이 주고받는 대화가 무슨 뜻인지를 알고 당장 자리를 박차고 일어나면서 "에끼 나쁜 사람들! 어디 이럴 수가 있나? 그러니 일소인량一小人良이구먼" 하고는 울분을 참지 못하며 문밖으로 나왔다. 때마침 마루턱에 앉아 있던 머슴 녀석이 유식했던지, "양반님들의 행동이 정말 정구죽천丁口竹天^{가소可笑롭다}이구먼" 하였다. 오천석이 머슴의 말귀를 알아듣고는 "흥, 너도 제법 풍월을 하는구나"라고 하였다.

오천석이 가고 나자 그 집 작은 머슴이 문자를 쓴 큰 머슴에게로 다가와 "형님! 아까 형님까지 모두 무어라 했는데 도대체 그게 무슨 뜻이오?" 하였다.

큰 머슴은 으쓱대며 작은 머슴에게 "맨 처음 안주인양반이 인량복일人良卜一이라 한 것은 '밥상을 올릴까요?'란 뜻이야. 왜냐하면 인량人良을 합하면 밥 식食자가 되고 복일卜一을 합하면 올릴 상上자가 되기 때문이지."

작은 머슴은, "아, 그것 참 재밌는데... 그것말고 또 있잖아" 하며 채근하였다.

큰 머슴은 "임마. 뭐가 그렇게 급해. 바깥양반이 월월산산月月山山이라 한 것은

'친구가 나가면' 이란 뜻이야. 왜냐하면 월월月月을 합하면 벗 붕朋자가 되고 산산山山을 합하면 나갈 출出자가 되기 때문이지."

그러자 작은 머슴은 감탄하며 "그럼 친구양반이 뭐라 했는데 그건 무슨 뜻이야?"라고 하였다.

"친구양반이 나가면서 일소인량一小人良이라 했거든. 그러니까 일소一小를 합하면 아니 불자不字가 되고 인량人良은 글자 그대로 어진 사람이란 뜻인데 거기에 아니 불不자가 붙어 있어 따지고 보면 '나쁜 놈' 이란 뜻이야. 알겠냐?"

오천석은 훗날 부자가 되고, 맹사달은 가세가 그대로였다.

그러나 오천석은 과거지사過去之事를 문제 삼지 않고 오히려 맹사달을 도와주었다. 그러자 맹사달은 오천석에게 옛 일을 깊이 사과하였고 두 사람은 옛날의 관포지교管鮑之交로 되돌아 갔다.

4. 81수리 이론

1) 의의

81수리 이론이란 성명 각 글자의 획수를 세어 원격元格 · 형격亨格 · 이격利格 · 정격貞格의 4격을 구성한 후, 이것을 81수리로 따져 이름이 갖는 운세를 설명한 것이다.

주역을 보면 원형이정元亨利貞이라는 말이 나온다. '원'은 봄, '형'은 여름, '이'는 가을, '정'은 겨울이다. 따라서 원격은 초년운, 형격은 청장년운, 이격은 말년운, 정격은 전체운을 나타낸다. 한 글자 성에 두 글자 이름인 경우 원격은 성을 제외한 이름 두 글자의 획수를 합한 것이고, 형격은 성과 이름 첫 글자의 획수를 합한 것이며, 이격은 성과 이름 끝 글자의 획수를 합한 것이고, 정격은 성과 이름 두 글자의 획수를 모두 합한 것이다.

- **원격** —— 성을 제외한 이름 두 글자의 획수를 합한 것
- **형격** —— 성과 이름 첫 글자의 획수를 합한 것
- **이격** —— 성과 이름 끝 글자의 획수를 합한 것
- **정격** —— 성과 이름 두 글자의 획수를 모두 합한 것

성과 이름에 따라 4격을 어떻게 구성하는지 자세하게 살펴보자.

① 한 글자 성에 두 글자 이름인 경우

a

任 임
6획

b

衍 연
9획

c

俊 준
9획

- 원격 —— b^{9획} + c^{9획} → 18획
- 형격 —— a^{6획} + b^{9획} → 15획
- 이격 —— a^{6획} + c^{9획} → 15획
- 정격 —— a^{6획} + b^{9획} + c^{9획} → 24획

② 한 글자 성에 외자 이름인 경우

a

金 김
8획

b

正 정
5획

c

0획

- 원격 —— b^{5획} + c^{0획} → 5획
- 형격 —— a^{8획} + b^{5획} → 13획
- 이격 —— a^{8획} + c^{0획} → 8획
- 정격 —— a^{8획} + b^{5획} + c^{0획} → 13획

③ 두 글자 성에 두 글자 이름인 경우

a

南宮 남궁
9획+10획 ^{19획}

b

石 석
5획

c

友 우
4획

- 원격 —— b^{5획} + c^{4획} → 9획
- 형격 —— a^{19획} + b^{5획} → 24획
- 이격 —— a^{19획} + c^{4획} → 23획
- 정격 —— a^{19획} + b^{5획} + c^{4획} → 28획

④ 두 글자 성에 외자 이름인 경우

a

皇甫 황보
9획+7획 ^{16획}

b

炅 경
8획

c

0획

- 원격 —— b^{8획} + c^{0획} → 8획
- 형격 —— a^{16획} + b^{8획} → 24획
- 이격 —— a^{16획} + c^{0획} →16획
- 정격 —— a^{16획} + b^{8획} + c^{0획} → 24획

⑤ 한 글자 성에 세 글자 이름인 경우

- 원격 —— b^{3획} + c^{7획} + d^{10획} → 20획
- 형격 —— a^{6획} + b^{3획} → 9획
- 이격 —— a^{6획} + d^{10획} → 16획
- 정격 —— a^{6획} + b^{3획} + c^{7획} + d^{10획} → 26획

지금까지 살펴본 것과 같이 81수리 이론에서 수리를 다룰 때에는 성명 각 글자의 획수를 따지는 것이 아니라 4격 수리로 따진다는 점을 유의해야 한다.

2) 배경

이름학상의 수리이론에 따르면, 수數에는 우주의 원리가 담겨 있기 때문에 성명을 이루는 글자의 획수로 성명의 주인공에게 미치는 영향을 판단할 수 있다고 한다.

이름학상 수리이론은 크게 두 가지로 나누어 볼 수 있는데, 그 중 하나는 주역의 논리에 따른 이론이고, 다른 하나는 81수리 이론이다.

남송南宋때 채침蔡沈이 「홍범황극」의 81수원도八十一數原圖를 만들어 한자의 획수에 따라 길흉을 설명한 것이 81수리 이론의 시작으로 알려져 있다. 채침은 「주역」의 8×8=64의 방법을 모방하여, 동양 전래의 낙서洛書를 기본으로 9×9의 수리 체계를 구성하였다. 생각하건대 8×8=64보다 9×9=81이 더 나은 수리 체계라고 선뜻 믿을 수가 없다.

그러면 현재 사용하고 있는 81수리 이론의 길흉판단은 어떠한가? 채침의 81수 원도는 1·1~1·9로부터 9·1~9·9까지 종횡으로 배열하여 길흉수吉凶數를 정하였다. 81수는 1·1에서부터 9·9까지 81개의 수를 말하는 것이지 1에서부터 81까지 연결된 수를 말하는 것이 아니다. 따라서 10, 20, 30, 40, 50, 60, 70, 80의 10수 8개가 빠져 있다.

이것을 일본인 학자 구마자키 겐오가 10수를 넣고 차례대로 배열하다 보니 원래의 홍범황극 81수와는 길흉수가 서로 맞지 않는다. 예를 들어 2·2는 11수에 해당한다. 2·2는 흉수이다. 그러나 구마자키 겐오의 11수는 길한 수가 된다. 이처럼 현재 사용하고 있는 81수리 이론의 길흉 판단은 근거가 분명하지 않다.

3) 내용

81수리 이론의 내용은 무엇인가?
예를 들어 간단히 살펴보기로 하자.

a	b	c
朴 박	旼 민	序 서
6획	8획	7획

원격 ^{b+c} → 초년운 ¹⁵

15 ── 통솔격統率格 · 복수운福壽運

지혜와 덕망 그리고 원만하고 쾌활한 성품으로 상하의 신뢰와 존경을 누리며 자립대성하는 순조로운 운세를 지닌 수이다. 가정운과 사회운이 모두 좋다. 부귀영화로 천하에 명성을 떨친다. 특히 통솔력과 지배력이 뛰어나다. 처음의 좋은 운에 너무 빨리 만족하지 말고 보다 큰 뜻을 펼치는 것이 바람직하다.

형격 ^{a+b} → 청장년운 ¹⁴

14 ── 이산격離散格 · 파괴운破壞運

모든 것이 사방으로 흩어지고 파괴되는 수이다. 노력에 비해 대가가 적고, 수고는 있으나 공이 없다. 소극적인 성격 때문에 조직 사회에 잘 적응하지 못한다. 가정운이 좋지 않아 가족끼리 헤어져 사는 경우가 많다. 여성의 경우에는 남편운이 매우 좋지 못하다.

이격 ^{a+c} → 말년운 ¹³

13 ── 지모격智謀格 · 지달운智達運

두뇌가 명석하고 재주가 뛰어나 큰 일을 성취할 수 있다. 탁월한 통솔력과 선견지명으로 만인의 신망을 얻어 뭇사람을 영도하는 위치에 설 수 있다. 입신양명이 따르는 매우 좋은 수이다. 다만 자만심에 빠지기 쉬우므로 항상 겸손과 미덕을 갖추도록 노력할 필요가 있다.

정격 ^{a+b+c} → 전체운 ²¹

21 ── 수령격首領格 · 견실운堅實運

지인용智人勇의 삼덕三德을 갖춘 대길수이다. 의지가 강하고 인정이 있으며 감정이 풍부하고 대인관계가 원만하다. 한 때의 파란을 거치더라도 결국은 큰 일을 성취하여 천하에 이름을 떨치며, 빼어난 통솔력으로 만인을 영도하는 지도자의 지위에 올라 부귀공명을 누린다. 여성에게는 강한 수여서 남편과 생사이별 하는 경우가 많다. 그러나 여성이 직업을 갖고 독신으로 살 경우에는 크게 발전할 가능성이 있다.

4) 81수리의 길흉

81수리 이론의 1획부터 81획까지의 수리 특성 즉 81수리의 길흉은 이 책 저 책 사이에 큰 차이가 없이 그 내용이 엇비슷하다.

1 ── 태초격太初格 · 두령운頭領運

모든 수의 으뜸이며 시작과 출발을 나타내는 기본수이다. 최고의 권위와 최대의 행복을 암시한다. 또한 시작과 출발 즉 창조의 수리이므로 연구 · 창안 · 발명을 가리킨다. 그러나 1은 하나이므로 타협을 모르는 자기과신으로 흐를 수 있다. 이 수는 선천 운명이 고귀한 사람이나 기관에 쓰는 것이 좋고, 보통 이하의 사람이나 여성에게는 피하는 것이 좋다.

2 ── 분리격分離格 · 재액운災厄運

2수는 둘로 쪼개지는 수리이므로 분열과 대립을 나타내는 수이다. 부모와의 인연도 박하고, 부부간이나 자식 및 친구간의 관계도 순조롭지 못하다. 고독과 번뇌 그리고 역경 등을 뜻한다. 이 수를 지닌 사람은 지나친 신중을 피하고 결단력을 길러 나가야 한다. 이 수는 색난을 암시하므로 이성관계에 유의해야 한다.

3 ── 명예격名譽格 · 복덕운福德運

3은 양수 1과 음수 2가 합하여 음양이 처음으로 형성을 이루는 수이다. 따라서 지혜와 용기 그리고 원만한 인격을 두루 갖추었으므로 부귀를 누리며 이름을 떨친다. 행복한 가정을 이루고 사회의 어느 방면에서나 크게 성공한다. 선천 운명과 조화를 이루면 크게 기대해 볼만한 수이다.

4 —— 부정격否定格 · **파괴운**破壞運

4는 분리를 뜻하는 2가 겹친 수이다. 따라서 사방으로 흩어짐을 뜻한다. 여러 방면에 걸쳐 용두사미이고 재산을 날리며 가족과 생리사별生離死別한다고 볼 수 있다. 그러므로 자신을 더욱 다듬어 나가야 한다. 특히 원만한 성품을 길러야 하며, 의지박약과 우유부단을 떨쳐버려야 한다. 이 수는 색난을 암시하므로 이성관계에 유의해야 한다.

5 —— 통어격統御格 · **성공운**成功運

5는 생수인 1, 2, 3, 4, 5가 성수인 6, 7, 8, 9, 10이 되도록 만들어주는 중간수이다. 따라서 지나치거나 부족함이 없는 매우 길한 수이다. 어떤 곳에서나 중심적인 위치에서 탁월한 지도자가 될 수 있다. 행복한 가정을 이루고 부귀를 누리며 온 누리에 지혜와 덕을 펼치니 만인이 우러러본다.

6 —— 계승격繼承格 · **덕후운**德厚運

6은 5를 발판으로 1수를 계승한 수이다. 그러므로 조상의 유업, 재산 등을 이어받아 발전시키는 의미가 있다. 그러나 처음부터 자신이 이루어 놓은 것이 아니고 너무 쉽게 물려받은 것이기 때문에 아까운 생각이 없어 주색에 빠질 가능성이 있다.

7 —— 독립격獨立格 · **발달운**發達運

7은 그 자체가 양수인데 그 구성 또한 양수들끼리의 집합인 3 · 3 · 1이어서 독립과 투지와 번영을 뜻한다. 따라서 개척정신으로 난관을 돌파하여 영달을 누릴 수 있다. 그러나 독단으로 흐를 가능성이 크므로 인화人和에 힘써야 한다.

8 —— 발달격發達格 · 전진운前進運

8은 양수들끼리의 집합인 3·5이면서 또한 음수들끼리의 집합인 4·4이어서 남성적인 면과 여성적인 면을 아울러 지니고 있다. 그러나 근본적으로는 2·2·2·2의 구성이기 때문에 극에 달한 음기가 양기로 변화하는 태동과 변혁의 형상이다. 따라서 아무리 어려운 난관이라도 극복하여 뜻을 이룰 수 있다고 본다. 그러나 여성한테는 다소 강한 수일 것이다. 남녀 모두 배우자와의 불화를 조심해야 한다.

9 —— 궁박격窮迫格 · 불행운不幸運

9는 양수들끼리의 집합인 3·3·3이면서 기본수 중 홀수의 마지막 수이다. 따라서 고독하고 외로운 수이다. 9는 10을 향하고 있으니 이는 마치 서산 위의 태양과 같다. 한 때의 부귀영화가 다하고 내리막길로 향한다. 여성의 경우에는 남편을 극하거나 화류계로 흐르기 쉽다. 남녀 모두 늦게 결혼하는 경우가 많다.

10 —— 공허격空虛格 · 단명운短命運

10은 기본수의 마지막 수로 꽉 찬 것을 의미하는 동시에 다시 처음의 상태로 되돌아간다는 것을 의미한다. 따라서 10은 '공허'를 암시한다. 여러 면에서 성취가 어렵고 실속이 없어 수포로 돌아가는 경우가 많다. 인덕이 없다. 가족과의 이별, 질병, 형액 등으로 불운의 세월을 보내기도 한다. 나태함과 우유부단함을 극복해야 한다.

11 —— 신성격新成格 · 흥가운興家運

11은 공수空數인 10에서부터 다시 1로 시작하는 수로 새봄이 다시 오는 것을 뜻하니 신성격이라고 한다. 성품이 온건하고 성실하며 두뇌가 명석한 데다가 창조력과 추진력이 있어 끊임없이 순차적으로 발전한다. 빈 손으로 큰 일을 성취한다. 점점 부귀하고 번영하는 길한 수이다.

12 ── **박약격**薄弱格 · **고수운**孤愁運

의지가 박약하고 무기력하며 소극적이어서 매사 막힘이 많다. 육친^{부모 · 형제 · 배우자 ·} ^{자식}과의 인연이 깊지 못하고 병약과 고독 등으로 번민한다. 사업 실패 등으로 뜻을 펴지 못하고 허송세월한다. 특히 여성의 경우에는 부부의 인연이 좋지 않다.

13 ── **지모격**智謀格 · **지달운**智達運

두뇌가 명석하고 재주가 뛰어나 큰 일을 성취할 수 있다. 탁월한 통솔력과 선견지명으로 만인의 신망을 얻어 뭇사람을 영도하는 위치에 설 수 있다. 입신양명이 따르는 매우 좋은 수이다. 다만 자만심에 빠지기 쉬우므로 항상 겸손과 미덕을 갖추도록 노력할 필요가 있다.

14 ── **이산격**離散格 · **파괴운**破壞運

모든 것이 사방으로 흩어지고 파괴되는 수이다. 노력에 비해 대가가 적고, 수고는 있으나 공이 없다. 소극적인 성격 때문에 조직 사회에 잘 적응하지 못한다. 가정운이 좋지 않아 가족끼리 헤어져 사는 경우가 많다. 여성의 경우에는 남편운이 매우 좋지 못하다.

15 ── **통솔격**統率格 · **복수운**福壽運

지혜와 덕망 그리고 원만하고 쾌활한 성품으로 상하의 신뢰와 존경을 누리며 자립대성하는 순조로운 운세를 지닌 수이다. 가정운과 사회운이 모두 좋다. 부귀영화로 천하에 명성을 떨친다. 특히 통솔력과 지배력이 뛰어나다. 처음의 좋은 운에 너무 빨리 만족하지 말고 보다 큰 뜻을 펼치는 것이 바람직하다.

16 ── **덕망격**德望格 · **재부운**財富運

인덕이 매우 많아서 주변으로부터 도움을 받아 대업을 성취하여 부귀공명을 누린다. 이 수는 조업祖業을 계승하여 가운家運을 크게 일으키는 암시도 지니고 있다. 성격은 다정다감하고 원만하며 강하고 부드러움을 아울러 갖추고 있지만, 자만하기 쉽고 색정에 탐닉하는 경우가 있다. 여성의 경우에는 혼기가 다소 늦기도 하지만 현모양처가 많다.

17 ── 용진격勇進格 · 건창운健暢運

강직한 의지로 난관을 돌파하는 불굴의 투사이다. 초지일관으로 나아가 자립대성하여 만인의 존경을 누린다. 그러나 자신을 과신하는 경향이 있고 고집불통이라는 평을 들을 수 있다. 남녀 모두 색정에 빠질 가능성이 많다. 여성의 경우에는 너무 강해서 남성의 기질로 화하기 때문에 남편을 극할 수 있다.

18 ── 발전격發展格 · 융창운隆昌運

뛰어난 지모와 강한 의지 그리고 진취력을 바탕으로 어느 분야에서나 성공하여 부귀영화를 누리며 주위 사람들로부터 존경을 받는 지위에 오를 수 있다. 특히 사업가로서 크게 수완을 발휘할 수 있다. 성격이 너무 강해 자칫 자만에 빠지거나 남을 업신여길 수 있으니 행동에 각별히 주의해야 한다.

19 ── 고난격苦難格 · 병액운病厄運

두뇌가 명석하고 활동력이 뛰어나지만 의외로 장애가 발생하여 뜻한 바가 수포로 돌아간다. 성공을 했는가 싶으면 곧 기울어진다. 육친^{부모 · 형제 · 배우자 · 자식}과의 인연이 박하다. 병고에 시달리고 심하면 불구가 된다. 조난, 형액 등의 재해가 속출한다. 여성의 경우에는 남편을 극한다.

20 ── 허망격虛妄格 · 단명운短命運

육친의 덕이 없고 하는 일마다 실패의 연속이며 가난, 고독, 횡액, 단명 등 아주 흉한 재난을 면하기 어렵다. 이 수는 가장 흉한 수로서 이름학상 써서는 안 될 수이다. 온갖 재난을 면하기 어려운 대흉수이다. 이 수가 남성에게 있으면 불량배로 나아가기 쉽고 여성에게 있으면 화류계로 흐르기 쉽다. 특히 여성의 경우에는 결혼을 한다 해도 과부가 되거나 아니면 첩이 될 신세이다.

21 —— **수령격**首領格 · **견실운**堅實運

지인용智仁勇의 삼덕三德을 갖춘 대길수이다. 의지가 강하고 인정이 있으며 감정이 풍부하고 대인관계가 원만하다. 한 때의 파란을 거치더라도 결국은 큰 일을 성취하여 천하에 이름을 떨치며, 빼어난 통솔력으로 만인을 영도하는 지도자의 지위에 올라 부귀공명을 누린다. 여성에게는 강한 수여서 남편과 생사이별을 하는 경우가 많다. 그러나 여성이 직업을 갖고 독신으로 살 경우에는 크게 발전할 가능성 있다.

22 —— **중절격**中折格 · **박약운**薄弱運

외모가 준수하고 재능과 지혜도 우수하지만 반드시 중도 좌절하여 비운을 한탄한다. 운세가 박약하여 모든 것이 뜻과 같지 않다. 가족과의 인연 부족, 역경, 조난, 색난, 병약, 형액, 단명, 패가망신 등을 암시하는 크게 불길한 수이다. 여성의 경우에는 정상적인 부부생활이 어렵고, 그렇다고 직업을 갖는다 해도 성공하기 어렵다. 22수도 20수와 마찬가지로 써서는 안 될 수리 중의 하나이다.

23 —— **공명격**功名格 · **융창운**隆昌運

지인용智仁勇의 삼덕三德을 갖춘 대길수이다. 권위와 세력이 왕성하므로 비록 미천한 데서 출발하였다 할지라도 나중에는 큰 뜻을 이루어 만인의 존경을 누린다. 그러나 남녀 모두 색난에 유의해야 한다. 여성의 경우에는 남편과 생사이별을 하는 경우가 많지만 직업을 갖고 독신으로 살면 크게 발전할 가능성이 있다.

24 —— **입신격**立身格 · **축재운**蓄財運

뛰어난 두뇌와 온유한 성품으로 주위의 신망을 얻어 점진적인 발달을 이룩한다.

빈 손으로 시작해도 크게 뜻을 이루고 특히 재복이 있어 아름다운 영화를 누릴 수 있다. 자손의 경사가 따른다. 여성의 경우에는 애교가 많아 원만한 가정을 꾸려 나갈 수 있다.

25 ── 건창격健暢格 · 복수운福壽運

영민하고 성실하며 강직하다. 큰 어려움 없이 안전한 발전을 이루어 재물과 명예를 아울러 누릴 수 있다. 자기 과신에 흐르지 않도록 유의할 필요가 있다. 바른 말을 잘하기 때문에 주위 사람과 마찰이 있을 수 있으니 인화人和에 힘쓰는 것이 좋다.

26 ── 영웅격英雄格 · 만달운晩達運

영리하고 의협심이 강하며 앞장서기를 좋아하고 큰 일을 이루어내는 능력이 있다. 영웅적인 기질이므로 때로는 크게 영화를 누릴 수 있으나 가족과의 생사이별 등 끊임없는 파란을 겪을 수 있다. 위인, 열사, 괴걸怪傑 등에서 많이 볼 수 있는 수이다.

27 ── 대인격大人格 · 중절운中折運

명석한 두뇌와 강한 자신감으로 큰 일을 해낼 수 있다. 그러나 욕심이 많고 자기 위주이기 때문에 주변의 도움을 받지 못하여 흉한 결과로 이어지는 경우가 많다. 경우에 따라서는 자살이라는 극단의 길을 택하기도 한다. 오만과 고집을 버리고 중용지도中庸之道로 성실하게 노력하는 자세가 필요하다.

28 ── 조난격遭難格 · 파란운波瀾運

일찍부터 파란곡절을 겪으면서 거센 세파에 시달린다. 가족과의 인연이 박하다. 호걸다운 기질이 있어 성공할 수 있지만 영화는 잠시일 뿐 모든 것이 수포로 돌아간다. 고독, 조난, 형액 등으로 고생하며 단명으로 이어질 수 있다. 사회에 대한 불신감을 씻어버리고 원만한 대인관계를 이루어 자신의 운명을 밝게 다스려 나가야 한다.

29 ── 성공격成功格 · 풍재운豐才運

탁월한 지모智謀와 왕성한 활동력으로 원대한 포부를 달성하여 부귀영화는 물론 장수까지 누릴 수 있다. 또한 예능 방면에 뛰어난 재능이 있으니 그림이나 글씨 등으로 나아가면 그 방면에서 명가名家가 될 수 있다. 그러나 지나친 욕심을 자제하고 자기 과신을 버려야 한다. 여성의 경우에는 여장부의 기질이 두드러져 사회 활동에서 크게 두각을 나타낼 수 있다.

30 ── 불측격不測格 · 부침운浮沈運

파도를 타는 것처럼 부침이 심하다. 성공과 실패의 연속이다. 그러므로 성공의 경우에는 더 이상의 욕심을 자제하고 마음을 비우는 여유를 가져야 하며, 실패의 경우에는 단번에 성공을 거두겠다는 꿈을 버리고 점진적으로 일어서겠다는 자세를 지녀야 한다.

31 ── 융창격隆昌格 · 흥가운興家運

지인용智仁勇의 삼덕三德을 갖춘 대길수이다. 원만하고 온후한 성품 그리고 강건한 의지와 백절불굴의 신념으로 날로 발전하여 수壽와 복福을 아울러 누린다. 세상을 보는 눈이 밝고 통솔력이 뛰어나며 사심이 없기 때문에 지도자로 군림하며, 좋은 배우자를 만나 아름다운 인생을 노래한다. 학문과 예술 분야에서 탁월한 능력을 자랑할 수 있다. 여성의 경우에는 재덕才德을 겸비한 현모양처이다.

32 ── 순풍격順風格 · 왕성운旺盛運

비록 어려운 환경에서 태어났다 하더라도 귀인이나 뜻밖의 행운을 만나 순풍에 돛 단 듯이 나아가는 요행수이다. 마치 물 속의 용이 때를 만나 하늘로 솟아오르는 것과 같다. 파죽지세로 나아가 부귀영화를 누릴 수 있다. 마음이 넓고 성품이 인자하며 감정이 풍부하다. 여성의 경우에는 매력이 넘치고 색정이 강해서 이성 관계에 유의해야 한다.

33 —— **승천격**昇天格 · **왕성운**旺盛運

지모智謀가 뛰어나고 자세가 적극적이어서 어떠한 난관이라도 극복하여 중천의 태양처럼 빛날 수 있다. 따라서 커다란 부귀영화를 자랑할 수 있다. 그러나 극왕수이므로 어느 날 갑자기 몰락할 수 있는 암시를 지니고 있다. 그러므로 이 수는 선천운과 조화를 이루어야 한다. 보통 이하인 사람에게는 피해야 할 수이다. 남녀 모두 강한 자존심과 권위적인 행동 때문에 구설수에 오를 수 있으며 색정이 강해서 문제를 일으킬 수 있다. 여성의 경우에는 남편을 극할 수 있다.

34 —— **변란격**變亂格 · **파멸운**破滅運

처음에는 운이 좋다가도 예기치 않은 재난이 닥쳐와 불행해지는 수이다. 사람을 잘 사귀는 수완이 있어 일시적으로는 성공을 해도 곧 실패한다. 흉한 일이 계속 일어나 패가망신하는 흉수 중의 흉수이다. 늦게 결혼하거나 또는 늦게 자식을 두며 가족과의 인연이 박해서 생사이별의 아픔을 겪는다.

35 —— **태평격**泰平格 · **안강운**安康運

근면하고 성실하여 행복을 누리고 장수할 수 있는 길한 수이다. 그리고 이상적이고 이지적이어서 학술, 문예, 기술 방면으로 나아가면 크게 성공할 수 있다. 소극적이고 박력이 부족해서 대부대귀大富大貴는 기대하기 어렵지만 온화하고 원만하여 평온하고 우아한 인생을 누릴 수 있다. 여성의 경우에는 매력이 있고 현모양처이다.

36 ── 의협격義俠格 · 파란운波瀾運

의협심과 호걸스런 기질로 다른 사람을 위하여 행동하기 때문에 세상 사람들의 추앙을 누릴 수는 있으나 자신은 파란곡절을 많이 겪는다. 한마디로 영웅운을 타고난 수이다. 생각과 행동을 바꾸어 작은 것을 소홀히 다루지 않도록 해야 한다. 여성의 경우에는 독신으로 살 가능성이 있다. 이 수에서 기인奇人, 풍운아가 나올 수 있다.

37 ── 인덕격人德格 · 출세운出世運

의지가 굳고 성실하며 추진력이 있어 어떠한 어려움이라도 극복하고 부귀영화를 누리며 명성을 떨칠 수 있다. 운세가 순조로워 뜻을 이룰 수 있는 대길수이다. 그러나 모든 일을 혼자서 다루어 나가는 경향이 있어 주위로부터 고립되기 쉽다. 용모가 아름다워 호색으로 발전할 수 있다. 여성의 경우에는 바람직한 여인상을 갖추고 있어 좋은 운이 따른다.

38 ── 문예격文藝格 · 평범운平凡運

두뇌가 명석하고 이지적이어서 창작성을 띤 문학, 예술이나 발명 등의 방면으로 나아가면 부귀공명을 누릴 수 있다. 그러나 이상적이고 환상적인 면이 다분해서 실천력이나 남을 통솔하고 지도하는 자질은 부족하다. 그리고 현실적인 물욕과도 다소 거리가 있다. 따라서 실제적인 생활기반의 구축에 유의해야 한다. 여성의 경우에는 남성의 경우보다 더욱 밝고 아름다운 수라고 볼 수 있다.

39 ── 장성격將星格 · 부영운富榮運

지모智謀와 권위 그리고 박력으로 만인을 통솔하는 지도자이다. 부귀를 누리며 천하에 이름을 떨친다. 극히 귀貴한 수이므로 아주 흉한 운을 불러올 수도 있다. 따라서 선천운과 조화를 이루어야 한다. 여성의 경우에는 강한 수여서 남편을 극할 수 있다.

40 —— 무상격無常格 · 파란운波瀾運

지모智謀가 뛰어나고 담력이 비범하지만 오만과 괴벽 때문에 실덕失德하고 비방을 받는다. 또한 모험심과 투기심이 강하여 일시적인 성공을 하더라도 결국 재앙을 초래한다. 따라서 배우자와 생사이별하고 고독과 병약 나아가 패가망신으로 이어질 수 있다. 따라서 착실하게 노력하여 성공을 이룩하려는 자세가 필요하다.

41 —— 대공격大功格 · 고명운高名運

준수한 용모에다 원만한 인격과 덕망 그리고 강한 의지까지 갖추어 무한한 발전을 이룰 수 있는 대길수이다. 큰 부귀영화와 장수를 기대할 수 있다. 먼 앞날을 내다보는 안목과 그에 따른 처신은 중생제도衆生濟度로 이어져 아름다운 이름을 길이 남긴다. 남녀 모두 이성에게 인기가 있으며 여성의 경우에는 현모양처가 될 수 있다.

42 —— 고행격苦行格 · 수난운受難運

총명하고 지혜가 있어 다방면으로 능하며 예술적인 재능까지 갖추고 있다. 그러나 여러 가지 일에 관심이 많고 한 가지 일에 몰두하는 노력이 부족하며 추진력과 의지력이 약하여 어느 것 하나 제대로 이루지 못한다. 성공을 했다 하더라도 오래 가지 못하고 스스로 재액을 초래하기 쉽다. 색난, 병액, 불구, 조난 등의 암시가 있다. 일찍부터 한 우물을 파는 노력과 적극적인 자세가 필요하다.

43 —— 성쇠격盛衰格 · 산재운散財運

재능이 많고 지혜가 뛰어나지만 정신이 산만하고 의지가 박약해서 성공을 바라기 어렵다. 겉으로는 행복해 보여도 안으로는 재액이 많아서 외화내빈이다. 정서가 불안하고 허황된 유혹에 빠져들기 쉽다. 그래서 일찍부터 색난을 겪는 수가 있다. 수입보다 지출이 많아 경제적으로 어려움의 연속이다. 여성의 경우에는 허영심이 많고 변덕이 심한 편이다.

44 —— 마장격魔障格 · 파멸운破滅運

하는 일마다 되는 것이 없고 평생 미로를 방황하다가 생을 마감하는 대흉수이다. 한때 성공하는 경우도 있으나 그것도 잠시일 뿐이다. 가족과의 생사이별, 병약, 불구, 변사 등으로 이어져 만사불통이며 패가망신이다. 그러나 이러한 역경을 헤치고 위인, 열사, 대발명가 등으로 등장하는 경우가 있다.

45 —— 대지격大智格 · 현달운顯達運

지혜가 뛰어나고 의지가 확고해서 크게 성공하여 부귀영화를 누릴 수 있다. 순한 바람에 돛을 올린 형상으로 매사가 순조로워 높은 지위에 올라 천하를 다스리며 이름을 떨칠 수 있다. 또한 선견지명이 뛰어나서 만인이 우러러 본다. 이 수는 대귀의 수이므로 선천운과 조화를 이루어야지 그렇지 않으면 오히려 풍랑에 표류하는 형상으로 돌변할 수 있는 암시를 지니고 있다.

46 —— 미운격未運格 · 비애운悲哀運

재능이 있어도 박약하고 무기력해서 꿈을 이루지 못하고 초야에 묻혀 지낸다. 사회에 진출해도 뜻을 이루기 어렵다. 평생 흉운이 가실 날이 없다. 만사가 뜬 구름 잡듯이 허망하고 모두가 수포로 돌아간다. 그러나 연구나 발명 또는 정신수행 등으로 나아가면 성공할 수 있다. 여성의 경우에는 기예 방면으로 나아가 성공하는 경우도 있다.

47 —— 출세격出世格 · 전개운展開運

강한 의지와 지속적인 노력으로 대업을 성취하여 부귀와 장수를 누리며 명예와 권세를 자랑하는 수이다. 특히 재운이 왕성하여 자손에게까지 풍요로움을 안겨 주니 가문이 화목하고 번창한다. 봄동산에 꽃이 만발한 형상이고 물고기가 물을 만난 형상이다. 많은 사람의 신망을 얻을 수 있으니 혼자서 행동하는 것보다는 합동으로 더욱 큰 뜻을 펼치는 것이 좋겠다.

48 ── 유덕격有德格 · 영달운榮達運

지모智謀와 재능과 덕망을 겸비하여 만인의 추앙을 받고 지도자의 위치에 올라선다. 먼 앞날을 내다보는 식견이 탁월하다. 하늘이 내려준 복록과 긴 수명은 선망의 대상이다. 흰 구름 속을 노니는 학과 같이 여유로움과 태평함을 즐길 수 있다.

49 ── 은퇴격隱退格 · 변화운變化運

재능이 뛰어나고 지략이 있어 자수성가할 수 있다. 그러나 길흉이 상반된다. 한번 길한 운이 오면 이어서 길한 운이 오다가, 한 번 흉한 운이 오면 이어서 흉한 운이 따른다. 정치가나 투기꾼의 경우에 흔히 볼 수 있는 현상이다. 길한 때에 미리 흉한 때를 대비하는 슬기로움이 필요하다.

50 ── 부몽격浮夢格 · 불행운不幸運

5는 길운을 불러오는 수이므로 대업을 성취할 수 있으나 0은 흉운을 불러오는 수이므로 파멸할 수 있다. 한 번 성공하면 한 번 실패한다. 말년이 흉해서 패가망신할 수 있다. 부부이별, 병액, 형벌, 살상 등 재난이 따르는 흉수이다. 성공하여 부귀영화를 누릴 때 여러 사람에게 은덕을 베풀어 둘 필요가 있다.

51 ── 길흉운吉凶運 · 성패운盛敗運

일생 동안 흥망성쇠를 걷잡을 수 없다. 처음에는 왕성한 운으로 재물과 명예를 얻어도 나중에는 흉운이 닥쳐와 애써 얻은 것이 곧 물거품처럼 사라져 버린다. 파란이 심해 안정된 생활을 누리기 힘든 수이다. 평소 수양을 닦아 마음가짐을 바로 하고 직업으로는 종교인 등이 좋다.

52 ── 약진격躍進格 · 시승운時乘運

지략이 뛰어나고 의지력이 강건하며 추진력이 왕성하다. 또한 무에서 유를 창조할 수 있는 능력이 있으며 선견지명이 탁월하다. 따라서 기회를 잡으면 용이 승

천하듯이 큰 꿈을 이룬다. 부귀영화를 자손한테까지 물려줄 수 있다. 대학자나 대정치가로도 크게 이름을 떨칠 수 있다. 남녀 모두 호색하는 경향이 있으므로 색난에 유의해야 한다.

53 —— **내허격**內虛格 · **장해운**障害運

겉으로는 화려하게 보여도 속으로는 어려움이 많다. 의지가 박약해서 자신의 힘으로 어려움을 헤쳐 나가기가 어렵다. 일생 길흉이 반반이어서, 전반기가 길하면 후반기가 흉하고, 전반기가 흉하면 후반기가 길하다. 한번 재난을 만나면 패가망신하는 비운을 겪을 수 있다.

54 —— **무공격**無功格 · **절망운**絕望運

도모하는 일마다 막히고 장애가 생긴다. 비참함이 끊이지 않다가 결국 패가망신으로 이어지니 삶 그 자체가 절망적이다. 일시적인 행복을 누릴 수 있으나 그것도 기대하기 어렵다. 속세를 떠나 종교에 귀의함이 좋을 것이다. 성명에 사용할 수리가 아니다.

55 —— **미달격**未達格 · **불안운**不安運

'5'의 길수가 겹쳐서 대길할 듯하지만 무엇이든지 지나치면 변하므로 모든 것이 뜻과 같지 않고 모래 위에 집을 지어놓은 것처럼 불안하다. 따라서 외화내빈이다. 나아가 여러 가지 재난을 겪을 흉한 암시가 있다. 의지가 굳으면 여러 가지 난관을 극복하여 늦게 성공을 이룰 수 있다.

56 —— **한탄격**恨歎格 · **패망운**敗亡運

의지가 박약하고 진취성이 부족하며 인덕이 박해서 주위의 도움을 기대하기가 어렵다. 따라서 하는 일마다 실패의 연속이다. 노력을 다하여도 성과는 보잘 것 없어 심신이 고달프다. 결국 패가망신하여 처량한 신세가 된다. 성명에 써서는 안 될 수리다.

57 —— **봉시격**逢時格 · **시래운**時來運

강한 의지와 신념으로 일시적인 큰 어려움을 극복하고 드디어 자신의 꿈을 이룬다. 모진 겨울을 이겨내고 꽃을 피우는 형상이다. 일생 동안 최소한 한 번은 커다란 재난을 겪지만 불굴의 투지와 끊임없는 노력으로 이를 극복한다. 이런 후 비로소 만사형통을 이루어 부귀영화를 노래한다. 흉을 벗어나 길로 나아가는 대길수이다.

58 —— **후영격**後榮格 · **후복운**後福運

성패와 부침이 많아 길흉의 교차가 잦다. 따라서 고난이 닥치더라도 좌절하지 말고 최선을 다하면 전화위복으로 영광을 누린다. 처음은 비록 곤궁하더라도 나중에는 영화를 누리는 대기만성형이니 중도에서 초조해하지 말고 성실한 노력을 다해야 한다.

59 —— **재화격**災禍格 · **실의운**失意運

의지가 약하고 인내력이 부족해 모든 것이 용두사미다. 더구나 재능까지 없고 조그만 어려움에도 쉽게 좌절하는 기질인지라 한 번의 재난으로 재기불능이 된다. 수양이 필요하다. 성명에 써서는 좋지 않은 수이다.

60 —— **동요격**動搖格 · **재난운**災難運

바람이 부는 대로 파도가 치는 대로 이리저리 떠다니는 일엽편주와 같은 형상이다. 자기중심이 없고 무계획적이어서 방황으로 일생을 마친다. 평생 한 번이라도 성공하기가 어렵다. 주위에서 도와주려는 사람도 없다. 항상 재난이 도사리고 있는 불길한 수이다. 그러나 자포자기하지 않고 최선을 다하면 작은 성공은 가능하다.

61 —— 영화격榮華格 · 재리운財利運

지혜가 뛰어나고 재능이 출중하여 명예와 재물을 겸비한 행복을 누릴 수 있다. 그러나 자존심이 강하고 겸손하지 못하여 주위의 비난을 받을 수 있다. 나아가 가정풍파까지 일으킬 수 있다. 따라서 겉으로는 행복한 듯 하지만 안으로는 불안한 삶이 될 수 있다. 다투는 일로 형사문제까지 일으킬 수 있으니 수양과 인화에 각별히 힘써야 한다.

62 —— 고독격孤獨格 · 쇠퇴운衰退運

사회적으로 신망을 잃고 내외가 불화하여 뜻을 이루지 못하고 점점 쇠퇴의 길을 걷는다. 해가 서산으로 기울어가는 형상이다. 무기력하고 권위가 없어 돌발적인 재난으로 인한 비운을 겪는다. 어려움의 연속이다. 여성의 경우에는 말을 많이 하며 잘난 척 하다가 망신을 당하기 쉽다.

63 —— 순성격順成格 · 성공운成功運

초목이 단비를 만나 무럭무럭 자라나는 형상이다. 또한 순풍에 돛을 단 것과 같다. 자신이 뜻하는 바를 모두 순조롭게 이룰 수 있다. 재난이 닥쳐도 스스로 피해가므로 걱정할 필요가 없다. 부귀영화를 자손한테까지 물려줄 수 있다. 남녀 모두에게 길수 중의 길수이다.

64 —— 침체격沈滯格 · 쇠멸운衰滅運

침체와 쇠멸의 수이다. 욕심과 무모함 때문에 뜻을 이루지 못한다. 한 번 운이 기울기 시작하면 엄청난 재앙을 벗어나기가 어렵다. 이별, 고독, 병액 등이 계속 일어난다. 욕심을 버리고 철저한 계획을 세우는 자세를 지녀야 한다.

65 —— 휘양격輝陽格 · 흥가운興家運

한낮의 태양처럼 밝게 빛나는 형상이다. 집안에 보석이 가득하고 사회적으로 중심인물이다.

만사를 뜻대로 이루어 부귀영화를 누리며 남은 경사가 자손한테까지 이른다. 온화하고 후덕하며 인정 있고 성실한 자세는 만인의 규범이다. 늦도록 행복을 누리며 존경과 예우를 받을 수 있다. 대길수이다.

66 ─── 우매격愚昧格 · 쇠망운衰亡運

어리석고 사리에 어두워 쇠망으로 나아가는 형상이다. 둔하고 계획성이 없어 빈곤과 고통에서 헤어나기 어렵다. 하는 일마다 진퇴양난의 어려움이 따르고 인덕이 없어 믿을 수 있는 사람들에게조차 배신을 당한다. 나아가 내외간의 불화로 손해와 재앙이 겹쳐 이르니 패가망신이 염려스럽다.

67 ─── 천복격天福格 · 자래운自來運

예민하고 활동적이며 인내심이 강하고 세상을 보는 안목이 뛰어나다. 주위로부터 도움을 받아 순조롭게 발전한다. 가세가 번창하고 부귀영화를 누리는 대길수이다. 지나친 욕심을 삼가야 한다.

68 ─── 명지격名智格 · 흥가운興家運

총명하고 아이디어가 뛰어나다. 또한 사리분별이 분명하고 용의주도한 실천력이 있어 자신의 뜻을 이룬다. 예술적이고 창조적인 재능이 탁월하므로 그 방면으로 나아가 성공할 수 있다. 본인이 능력 있고 주위의 신임도 두터우며 모든 일에 자신을 가질 만하다. 너무 치밀하여 우유부단으로 흐름을 삼가야 한다.

69 ─── 종말격終末格 · 불안운不安運

풍전등화의 형상이다. 성격이 우유부단하고 의지가 약하며 항상 불안과 근심에 쌓여 있다. 정신적인 발달이 부족하여 제대로 일을 처리할 수 없다. 병약, 불구, 단명 등 흉한 암시가 있다. 정상적인 가정을 이루기가 어렵다. 개명이 필요하다.

70 —— 공허격空虛格 · 멸망운滅亡運

근심과 고통이 끊일 사이가 없다. 때문에 평생을 공허 속에서 보내며 멸망으로 나아간다. 가족과 이별하고 폐질과 횡액 등 고통을 겪는다. 최악의 경우에는 벙어리, 귀머거리, 장님 등이 되기도 한다. 이름에 써서는 안 될 수 이다. 하루 빨리 개명을 하는 것이 좋다.

71 —— 만달격晚達格 · 발전운發展運

경사가 날 조짐이 잠재해 있으나 본인의 노력이 필요한 수이다. 따라서 대성공을 하려면 남다른 노력을 기울여야 한다. 초반에 어려움이 있더라도 좌절하지 말고 용기를 내어 이를 극복하려는 자세가 필요하다. 본인의 노력 여하에 따라 많은 변화가 있는 수이다.

72 —— 상반격相半格 · 후곤운後困運

길흉이 반복되는 수이다. 성취를 하면 고난이 따르고 외관이 길한 것 같으면 내실은 흉화가 따른다. 일생 희喜 · 비悲 · 애哀 · 락樂이 교차한다. 보름달이 먹구름과 어우러져 변화를 이루어 나가는 것과 같은 형상이다.

73 —— 평길격平吉格 · 평복운平福運

뜻은 원대하지만 지략과 실천력이 부족하여 자그마한 성공 정도로 그친다. 뜻에 비해 결과가 미흡하더라도 작은 행복에 만족할 줄 아는 슬기로운 자세를 지녀야 한다. 성실한 노력이 이어지면 성공의 폭이 커진다. 초반에는 기력이 약하여 고생을 하더라도 후반에는 복록이 점점 불어나 안락한 여생을 보낼 수 있다.

74 —— 우매격愚昧格 · 미로운迷路運

우둔하고 무능하다. 산 넘어 또 산이다. 평생 아무 일도 이루지 못한다. 뜻밖의 재액으로 괴로움의 연속이다. 무위도식하니 주위 사람들이 기피한다. 속세를 떠나 출가하는 것이 좋다.

75 —— **정수격**靜守格 · **평화운**平和運

매사가 명쾌하지 못하고 우여곡절이 따른다. 때문에 충분한 사전 검토와 치밀한 계획을 수립하여 추진하면 어느 정도 명리를 얻어 안정된 생활을 누릴 수 있다. 심사숙고한 후 행동으로 옮겨야 하는 수이다.

76 —— **선곤격**先困格 · **후성운**後盛運

감당하기 어려울 정도의 고난이 몰아닥친다. 그러나 강인한 의지력으로 이를 극복하면 보통 정도의 행복은 누릴 수 있다. 그렇지 않으면 평생 비참한 생활을 면하기 어렵다. 한번 나쁜 운이 오면 계속 이어서 오는 수라는 것을 명심하고 대처해야 한다.

77 —— **전후격**前後格 · **길흉운**吉凶運

시작이 있어도 끝맺음이 흐지부지하다. 꽃은 피지만 열매는 없는 형상이다. 처음에는 윗사람 덕택으로 행복을 누릴 수 있으나 나중에는 점점 운이 기울어 불행을 면하기 어렵다. 그러므로 행복을 누릴 때 불행에 대처해야 한다. 처음에 고전하다가 나중에 좋아지는 경우도 있다. 길한 가운데 흉이 있고 흉한 가운데 길이 있는 수이므로 처음과 나중에도 각각 길흉이 교차할 수 있다.

78 —— **선길격**先吉格 · **평복운**平福運

초반에는 우수한 재능과 노력으로 성공하여 재물과 명예를 얻으나, 후반으로 갈수록 운이 점점 쇠퇴하여 어려움을 겪는다. 따라서 후반을 위해서는 초반까지 이룩한 결실을 잘 관리하며 더 욕심내지 말고 여생을 조용히 보낼 필요가 있다. 그렇지 않으면 그 동안 쌓아 올린 것이 그만 사라져 버린다.

79 —— **종극격**終極格 · **부정운**不正運

신체는 건강하지만 정신력은 박약하고, 용감은 하지만 지혜는 없다. 또한 도덕심과 신용이 없어 사회적으로 소외된다. 노력을 해도 결과가 신통치 않아 무위도식으로 허송세월한다. 결국 신세 타령으로 이어지니 절벽 끝에 서 있는 것과 같고 서산의 해는 기우는 데 갈 길은 천리인 형상이다. 절대로 써서는 안 될 대흉수이다.

80 —— **종결격**終結格 · **은둔운**隱遁運

일생 동안 나쁜 것은 다 닥치니 너무나 고통스럽고 하늘이 원망스럽다. 중병으로 단명할 수도 있음을 유의해야 한다. 대흉수이다. 다만 살아가는 동안 최소한의 생계는 꾸려 나갈 수 있으니 불행 중 다행이다. 속세를 떠나 출가하는 것이 좋다.

81 —— **환원격**還元格 · **성대운**盛大運

9×9를 한 최종수이다. 아울러 다시 1로 환원하는 수이다.

5) 정리

81수리 이론이란 성명 각 글자의 획수를 세어 원형이정의 4격을 구성한 후, 이것을 81수리로 따져 이름이 갖는 운세를 설명한 것이다. 좀 더 쉽게 이야기하면, 81수리 이론이란 원격, 형격, 이격, 정격의 수[1-81]가 지니고 있는 영동력이 본인의 의식과는 관계없이 부단하게 작용해서 이것이 본인의 운명에 영향을 미친다는 것이다.

그러나 한마디로 이 81수리 이론이 믿을 수 없는 것이다.

어느 학문에서나 이론이란 현실에 적용시켜 그 타당성이 입증되어야 비로소 존재가치를 인정받을 수 있다. 81수리 이론도 마찬가지다.

81수리 이론을 내세우는 학자들은 그 타당성을 입증하기 위하여 '통계숫자'를 거론하는데, 아직까지 그 '통계 숫자'란 것을 본 적이 없다. 그러니 구체적인 검증이 필요하다.

간단한 예로 이명박李:7획, 明:8획, 博:12획 대통령과 이병철李:7획, 秉:8획, 喆:12획 삼성 그룹 창업주 그리고 이태영李:7획, 兌:7획, 榮:14획 전 이화여대 법정대학장의 경우를 들어보자.

이명박 대통령과 이병철 삼성그룹 창업주는 원격이 20획, 이격이 19획, 정격이 27획으로서 3격이 흉격이다.

◎ ― 원격은 초년운을 나타내는데 20획이 이루어지면 불량배로 나아가기 쉽다.

◎ ― 이격은 말년운을 나타내는데 19획이 이루어지면 뜻한 바가 수포로 돌아간다.

◎ ― 정격은 전체운을 나타내는데 27획이 이루어지면 흉한 결과로 이어지는 경우가 많고 경우에 따라서는 자살이라는 극단의 길을 택하기도 한다.

전혀 맞지 않는다.

이태영 전 이화여대 법정대학장은 형격이 14획, 정격이 28획으로서 2격이 흉격이다.

◎ ― 형격은 청장년운을 나타내는데 14획이 이루어지면 소극적인 성격 때문에 조직 사회에 잘 적응하지 못한다.

◎ ― 정격은 전체운을 나타내는데 28획이 이루어지면 고독, 조난, 형액 등으로 고생하며 단명으로 이어질 수 있다.

전혀 맞지 않는다. 그리고 여성에게는 강한 수여서 남편과 생사이별을 하는 경우가 많다는 21획이 두 번^{원격·이격}이나 이루어지지만 부부해로하면서 행복한 일생을 보냈다.

81수리 이론은 일본인 학자 구마자키 겐오의 주관적인 작품이다.

그리고 시간이 흐르면서 여기에다 여러 사람들이 나름대로 이러저러한 것들을 덧붙였으리라고 추리할 수 있다.

지금까지 많은 세월을 이 81수리 이론과 애환을 함께 해왔다. 여성의 경우에는 이 81수리 이론 때문에 얼마나 많은 사람들이 가슴앓이를 했겠는가.

오늘날 수리를 가지고 인간의 운명을 논하려면 획수 계산에 대해 견해가 일치하지 않는 성명 글자를 문제삼을 것이 아니라 확실한 숫자를 바탕으로 한 주민등록번호나 전화번호 또는 자동차번호 등을 다루는 게 더 설득력이 있으리라고 본다.

굳이 수리를 가지고 인간의 운명을 논하려면 현재 통용되는 십진법^[十進法, decimal system]을 따른 10×10=100이 가장 합리적인 수리체계이다. 왜냐하면 셈을 하는 사람의 손가락 수가 10개이기 때문이다.

81수리 이론은 동양 전래의 낙서^{洛書}에 담긴 0^{또는 10}이란 수를 미처 헤아리지 못하고 겉으로 드러난 1~9의 수로 이론을 전개하는 오류를 범하였다.

— 10 —

출생일과 운명

총설

1) 남반구 사람의 사주

옛 선조들의 천문관은 하늘의 중심에 있다고 생각되는 북극성을 황제별이라고 보았다. 그리고 북극성의 사방으로 서두사성, 동두오성, 남두육성, 북두칠성이 위치하면서 천체의 질서와 법칙을 주관하는데, 이 사방의 주체는 북두칠성이라고 보았다. 그래서 모든 생명체는 지구상에 태어날 때 북두칠성 7개의 별 중 어느 한 별을 통해서 나오고, 그 결과 모든 생명체는 자신이 나온 별의 영향을 받는다고 보았다.

예를 들어 원숭이 띠인 신申년생은 옥형玉衡별을 통해 지구상으로 나오게 되고 죽을 때까지 이 별의 영향을 받는다고 보았다. 그래서 옛 선조들은 하늘에 소원을 빌 때 정화수를 떠 놓고 자신에게 영향을 미치는 칠성님께 정성을 다하여 빌었다. 우리나라의 경우는 1년에 6번 정도 북두칠성과 가까워지는 날이 있는데 이 날을 본명일本命日이라고 하며, 칠성님이 세상을 살피러 내려오시는 이 날에 정성을 다하여 빌면 쉽게 소원이 이루어진다고 보았다.

그러나 위의 천문관은 남반구 사람과는 관계가 없다. 왜냐하면 남반구 하늘에는 북극성이 나타나지 않기 때문이다.

필자가 가을에 칠레의 수도인 산티아고(Santiago)에 들렀더니 유채꽃이 한창인 봄이었다. 그리고 한낮에 아르헨티나의 수도인 부에노스아이레스(Buenos Aires)에서 서울로 전화를 했더니 서울은 한밤이었다. 그러니 인간이 우주의 시각으로는 같은 때에 태어났더라도 그 출생지가 지구의 북반구이냐 남반구이냐에 따라 월月과 시時가 달라져 다른 사주가 된다.

시時가 달라지는 것은 당연하다. 그러나 월月이 달라지는 것은 문제이다. 왜냐하면 사주의 주인공이 어느 달에 태어났는지가 사주의 기후 구성에 크게 영향을 미치기 때문이다.

오늘날은 국제화 시대이고 한국인이 호주나 뉴질랜드 등 남반구에 있는 국가에서 태어나는 경우가 많다. 이런 경우 북반구 중심의 만세력을 기준으로 사주를 작성해서 앞날의 운명을 추리하는 것이 과연 타당할까?

일반적으로 여름철에 태어난 사람한테는 수水가 필요하고, 겨울철에 태어난 사람한테는 화火가 필요하다. 그런데 남반구에서 겨울철에 태어난 사람한테 북반구 중심의 만세력을 기준으로 여름철에 태어난 사람이니 수水가 필요하다고 하면 이는 마치 추위에 떨고 있는 사람을 차가운 물 속으로 밀어 넣는 것과 마찬가지이다.

북반구에 사는 사람은 북두칠성을 보고 북극성을 찾아서 하늘의 북극을 알아낸다. 그러나 남반구에 사는 사람은 북극성을 볼 수 없고 남십자성을 보고 그쪽에 하늘의 남극이 있다는 것을 알아낸다.

우리 은하의 중심은 남쪽 하늘에 위치한다. 그래서 남반구로 내려가면 별들이 훨씬 많이 보이고, 또 은하 중심부를 잘 볼 수 있다.

2) 일주론日柱論

사주는 사람이 태어난 연월일시를 각각 천간과 지지로 나타낸 연주年柱·월주月柱·일주日柱·시주時柱로 이루어진다. 태어난 해를 연주, 태어난 달을 월주, 태어난 날을 일주, 태어난 시각을 시주라고 한다. 그러므로 사주란 연주·월주·일주·시주를 가지고 사람의 운명을 판단하는 이론이다.

그러나 일주론이란 일주만 가지고 사람의 운명을 판단하는 이론이다.

따라서 갑신甲申년 계유癸酉월 병신丙申일 기해己亥시 출생이면 일주日柱인 병신丙申만 가지고 이 사람의 운명을 판단한다.

따라서 위에서 본 일주 즉 병신에서는 천간인 병은 일간이고 지지인 신은 일지이다.

오늘날의 사주학은 일간을 사주의 주인공 즉 본인으로 본다. 아울러 일간과 일심동체를 이루는 일지를 비중있게 다룬다.

우선 이러한 차원에서 일주론이 등장하였다고 보면 된다.

사주학의 초창기에는 연주를 가지고 사람의 운명을 판단했는데 그 적중률이 많이 떨어졌다고 한다. 그러나 서기 907년 당나라가 멸망하고 960년 송나라가 들어서기까지 53년간의 이른바 오대五代 시대에 이르러 서자평徐子平이 일간日干 위주의 사주간명四柱看命법을 확립했고 이것이 지금까지 이어지고 있다. 오대시대는 한반도에서 신라가 멸망하기 전후의 시기에 해당한다.

사실 사주의 주인공이 어느 달 어느 날에 태어났는 지는 사주의 기후 구성과 관련하여 매우 중요한 문제이므로 이것이 사주의 축을 이루는 것은 당연하다. 그래서 월지를 특히 중시하고 일간을 핵이라 하여 이것을 본인으로 보는 것은 매우 탁월한 발상이라고 여겨진다. 오늘날의 사주학은 이러한 바탕 위에서 일간을 본인으로 삼는 것을 당연하게 받아들인다.

일주론은 북반구 사람이나 남반구 사람에게 모두 적용된다. 왜냐하면 일주론은 계절을 다루지 않기 때문이다.

북반구와 남반구는 계절이 정반대이다.

예를 들어 북반구 중심의 만세력을 기준으로 자子월이면 남반구는 실제로 이와는 정반대인 오午월이다. 그런데 남반구 중심의 만세력이 없다. 따라서 지금의 사주간명四柱看命법을 남반구에 그대로 적용하면 어긋난다.

일주론은 이러한 문제가 없다. 왜냐하면 일주론이란 일주만 가지고 사람의 운명을 판단하는 이론이기 때문이다.

사주를 보려는 사람이 자신의 출생시를 분명히 알지 못하는 경우가 제법 있다. 이 경우에도 일주론이 적용될 수 있다.

사주학이 일간을 핵으로 다루는 이상 일간과 일심동체를 이루는 일지를 비중 있게 다루어야 하며 따라서 이러한 바탕 위에서 일주론이 등장하는 것은 자연스럽다. 일주론은 사주학 공부의 기초이다.

일주론과 직간접적으로 연관이 되는 궁합법까지 있다.

예를 들어, 남성의 일주가 병신丙申이면 외방득자外房得子 즉 부인 이외의 여성한테서 자식을 얻으니 신랑감으로서는 문제가 있고, 여성의 일주日柱가 을사乙巳・신사辛巳・계사癸巳・정해丁亥・기해己亥이면서 사주에 정관正官[내용 생략]이나 편관偏官[내용 생략]이 나타나 있으면 아이를 낳고 살다가도 가출하는 사주이니 부인감으로서 마땅하지 않다는 것이다.

위의 궁합법은 상당히 이론적인 바탕 위에 서 있다.

그리고 그 내용이 사실로 입증되는 경우가 흔하다.

하지만 일주론은 어디까지나 단편적인 이론에 불과하다. 따라서 일주론을 지나치게 강조해서는 안된다.

그러면 일주론을 어느 정도의 비중으로 다루는 게 좋을까?

일주론日柱論의 정확도가 큰 문제는 아니라고 본다. 왜냐하면 현실적으로 그 적용 결과가 맞지 않더라도 그 잠재적인 가능성을 무시할 수 없기 때문이다. 오늘날의 사주학이 일주를 주체로 보는 이상 그 잠재적인 가능성을 어찌 무시할 수 있겠는가.

3) 일주日柱 세우기

일주는 만세력에서 태어난 당일의 일진을 찾아 그대로 기록하면 된다.

예를 들어 2006년 2월 4일^{양력}은 일진이 갑자甲子이니 일주가 그대로 갑자이다.

그런데 일진이 바뀌는 시각은 언제일까? 여기에 대해서는 견해가 통일되어 있지 않다. 어제가 갑자甲子일이었다면 오늘은 을축乙丑일, 내일은 병인丙寅일이지만 어제, 오늘, 내일을 가르는 기준 시각이 문제이다.

일진이 바뀌는 시각 즉 갑자甲子에서 을축乙丑으로 바뀌고, 다시 을축에서 병인丙寅으로 바뀌는 시점에 대해서는 두 가지 견해가 있다.

하나는 자子시^{우리나라의 자연시로 23시부터 1시까지다} 초에 다음 날 일진으로 넘어간다는 이론이고, 또 하나는 자子시의 중간 시점인 자정子正에 다음 날 일진으로 넘어간다는 이론이다.

그러나 사주학은 실제적인 기후 변화를 중요시하여 연주를 세울 때는 입춘을 기준으로 하고 월주를 세울 때는 절기를 기준으로 하므로, 일주를 세울 때도 동일한 바탕 위에서 이론을 정립해야 한다. 따라서 형식 논리적으로 자子시 초를 고집할 것이 아니라 태양이 지구로부터 가장 먼 거리에 있는 때인 자정이 기후

변화를 가장 잘 반영한다고 보아 자정설을 따라야 할 것이다. 그렇다면 자정부터 다음 날이 된다.

　지구가 한 바퀴 자전하는데 24시간이 걸린다. 원이 360도이고 하루가 24시간이므로, 지구가 1시간에 15도씩, 즉 4분에 1도씩 돈다는 계산이 나온다. 현재 세계 모든 나라는 영국 그리니치 천문대를 지나는 경도 0도의 본초자오선을 기준으로 하여 편의상 동서로 각각 15도씩 나누어서 표준시를 정하고 있다.

　우리나라의 표준시 기준은 국토 중앙에 해당하는 동경 127.5도이다. 그런데 표준시를 정하는 국제협약 때문에 우리나라의 표준시 대신 일본의 중간 지점인 아카시 천문대를 기점으로 하는 동경 135도를 표준시로 사용하고 있다. 7.5도는 시간으로 계산하면 30분에 해당하므로, 우리나라의 표준시와 일본의 표준시 사이에는 30분의 오차가 생긴다. 예를 들어 우리나라에서 시계가 낮 12시를 가리킬 때 자연시는 그보다 30분 느린 11시 30분이다.

　하지만 이 30분의 오차가 절대적인 것은 아니다. 왜냐하면 우리나라 안에서도 경도상의 차이 때문에 각 지역마다 차이가 생기기 때문이다. 예를 들어 대전은 30분19초, 서울은 32분05초, 독도는 12분21초, 백령도는 40분26초로 위치마다 차이가 있다.

❖ 각 지역의 자연시와 동경 135도 표준시의 시간 차이

지역	경도	시간 차이	지역	경도	시간 차이
백령도	124도53분	+40분26초	청주	127도29분	+30분03초
홍도	125도12분	+39분10초	춘천	127도44분	+29분04초
흑산도	125도26분	+38분14초	여수	127도45분	+29분00초
연평도	125도42분	+35분34초	충주	127도55분	+28분20초
덕적도	126도06분	+35분34초	원주	127도57분	+28분12초
신안군	126도11분	+34분14초	사천	128도05분	+27분20초
목포	126도23분	+34분26초	김천	128도07분	+27분12초
서산	126도27분	+34분10초	상주	128도10분	+26분56초
제주	126도32분	+33분52초	통영	128도26분	+25분52초
보령	126도33분	+33분48초	마산	128도34분	+25분44초
서귀포	126도34분	+33분44초	속초	128도36분	+25분36초
인천	126도42분	+33분32초	대구	128도37분	+25분32초
완도	126도42분	+33분32초	안동	128도44분	+25분04초
군산	126도43분	+33분28초	강릉	128도54분	+24분23초
정읍	126도52분	+32분52초	태백	128도59분	+24분07초
광주	126도55분	+32분17초	부산	129도02분	+23분48초
서울	126도59분	+32분05초	동해	129도07분	+23분28초
수원	127도02분	+31분53초	경주	129도13분	+23분07초
평택	127도07분	+31분33초	울산	129도19분	+22분43초
전주	127도09분	+31분24초	포항	129도22분	+22분33초
천안	127도09분	+31분24초	울진	129도24분	+22분25초
남원	127도23분	+30분28초	울릉도	130도54분	+16분25초
대전	127도25분	+30분19초	독도	131도55분	+12분21초

❖ 우리나라의 표준시 변경

기준경선	기간
동경127.5도 (한국시)	1908년4월 29일 18시 30분을 18시로 조정~ 1912년1월 1일까지 사용
동경135도 (일본시)	1912년1월 1일 11시 30분을 12시로 조정~ 1954년3월 21일까지 사용
동경 127.5도 (한국시)	1954년3월 21일 0시 30분을 0시로 조정~ 1961년8월 9일 24시까지 사용
동경 135도 (일본시)	1961년8월 10일 0시를 0시 30분으로 조정~ 현재까지 사용

하루 24시간은 2시간 단위로 지지 즉 자子·축丑·인寅·묘卯·진辰·사巳·오午·미未·신申·유酉·술戌·해亥의 순서대로 구분된다. 하루의 첫 시간인 자子시는 우리나라의 자연시로 23시부터 1시까지다. 하지만 현재 사용 중인 동경 135도일본시를 기준으로 하면 우리나라의 자연시에 30분을 더해서 다루어야 한다. 따라서 자子시의 중간 시점인 자정子正도 0시가 아니라 0시 30분이다.

그러나 각 지역에 따라 자정子正이 달라진다.

예를 들어 대전은 0시 30분19초, 서울은 0시 32분05초, 독도는 0시 12분21초, 백령도는 0시 40분26초로 위치마다 차이가 있다.

일주 세우기에서 '서머타임summer time'이 문제가 될 수 있다. 서머타임은 영국에서 처음 실시한 제도로, 하절기의 긴 낮시간을 효과적으로 활용하기 위하여 시간을 1시간 앞 당긴 것을 말한다. 따라서 서머타임이 적용된 기간에 태어난 사람의 출생시가 12시10분이라면 1시간 늦춘 11시10분으로 정해야 한다. 또한 표준시 기준이 동경 127.5도한국시이고 서머타임을 실시한 경우 출생시가 11시40분이면 표준시 기준이 동경 135도^{일본시}인 현재의 시각으로는 11시10분이다. 왜냐하면 표준시 기준 때문에 30분을 더해야 하고, 서머타임 때문에 1시간을 빼야하기 때문이다.

컴퓨터의 활용

컴퓨터의 활용으로 일주日柱 세우기를 해결할 수 있다.

① 01시~23시 출생

인터넷 사주포럼^{www.sajuforum.com}으로 들어가 거기서 '사주포럼 만세력' 을 이용하면 사주명식四柱命式^{연월일시를 간지로 바꾸어 놓은 것}을 뽑아낼 수 있다. 사주명식에 일주가 나타나 있다.

예 —— 1944년 8월 27일^{양력} 16시 출생

시	일	월	연
庚	癸	壬	甲
申	亥	申	申

일주日柱가 계해癸亥이다.

② 23시를 지나서 01시가 되기 전 출생

인터넷 사주포럼으로 들어가 거기서 '인생방정식' 을 이용하면 사주명식四柱命式^{연월일시를 간지로 바꾸어 놓은 것}을 뽑아낼 수 있다. 사주명식에 일주가 나타나 있다.

❖ 주의 ── '인생방정식' → 진행에는 반드시 출생지^{지도보기} 클릭이 필요하다.

❖ 주의 ── '인생방정식' → 진행에는 반드시 출생지^{지도보기} 클릭이 필요하다.

예1 ──1944년 8월 27일^{양력} 0시 30분 서울 출생

시	일	월	연
壬	壬	壬	甲
子	戌	申	申

일주가 임술壬戌이다.

예2 ──1944년 8월 27일^{양력} 0시 30분 부산 출생

시	일	월	연
壬	癸	壬	甲
子	亥	申	申

일주가 계해癸亥이다.

위의 예1과 예2에서 본 것처럼 똑같이 1944년 8월 27일^{양력} 0시 30분 출생이어도 출생지에 따라 일주日柱가 달라진다.

266

다가올 운명 미리 보고 뛰어넘기

③ 외국 출생

외국 출생은 각국의 자연시·각 지역의 시간 차이·서머타임 등 때문에 일주日柱 세우기가 힘이 든다. 그래도 '사주포럼 만세력'을 이용하면 사주명식四柱命式^{연월일시를 간지로 바꾸어 놓은 것}을 뽑아낼 수 있다. 사주명식에 일주日柱가 나타나 있다.

예 ── 1944년 8월 27일^{양력} 16시 출생

시	일	월	연
庚	癸	壬	甲
申	亥	申	申

일주日柱가 계해癸亥이다.

✛ **주의! ── 하나** ── 00시~01시 30분 출생은 태어난 시각을 구분하지 말고 획일적으로 01시 30분으로 입력해야 한다. 왜냐하면 한국의 사주포럼을 활용하는 특수성 때문이다. 따라서 예를 들어 00시 45분 출생은 01시 30분으로 입력해야 한다.

예 ── 1944년 8월 27일^{양력} 00시 45분 출생 → 1944년 8월 27일^{양력} 01시 30분 출생

시	일	월	연
癸	癸	壬	甲
丑	亥	申	申

일주가 계해癸亥이다.

❖ **주의!** ── **둘** ── 일주 세우기에서 서머타임이 문제가 될 수 있다. 서머타임은 영국에서 처음 실시한 제도로, 하절기의 긴 낮 시간을 효과적으로 활용하기 위하여 시간을 1시간 앞당긴 것을 말한다. 따라서 서머타임이 적용된 기간 중 출생한 경우에는 자연시가 시곗바늘보다 1시간 늦다. 그 결과 시곗바늘의 00시~01시는 자연시로 전일前日의 23시~24시이다. 그러나 시곗바늘의 01시~01시 30분은 자연시로 전일前日이 아닌 금일今日의 00시~00시 30분이다. 그러므로 서머타임이 적용된 기간 중 00시~01시 30분 출생은 태어난 시각을 구분해서 달리 입력해야 한다.

● 00시~01시 출생은 태어난 시각을 구분하지 말고 획일적으로 전일前日의 23시 30분으로 입력해야 한다. 따라서 예를 들어 00시 30분 출생은 전일의 23시 30분으로 입력해야 한다.

예 ──1944년 8월 27일^{양력} **00시 30분 출생**^{시곗바늘} **→1944년 8월 26일**^{양력} **23시 30분 출생**^{입력시}

시	일	월	연
壬	壬	壬	甲
子	戌	申	申

일주가 임술壬戌**이다.**

● 01시~01시 30분 출생은 태어난 시각을 구분하지 말고 획일적으로 금일今日의 01시 30분으로 입력해야 한다. 따라서 예를 들어 01시 15분 출생은 금일今日의 01시 30분으로 입력해야 한다.

예 ── 1944년 8월 27일^{양력} 01시 15분 출생^{시곗바늘} → 1944년 8월 27일^{양력} 01시 30분 출생^{입력시}

시	일	월	연
癸	癸	壬	甲
丑	亥	申	申

일주가 계해癸亥이다.

✣ **주의!** ── **셋** ── 어느 나라에서나 각 지역에 따라 자정子正이 달라진다. 한국의 경우 자정이 예를 들어 대전은 0시 30분19초, 서울은 0시 32분05초, 독도는 0시 12분21초, 백령도는 0시 40분26초로 위치마다 차이가 있다. 특히 중국처럼 국토가 넓은 경우에는 차이가 클 것이다. 그러나 이 문제를 가지고 너무 왈가왈부할 바는 아니다. 왜냐하면 한계적인 경우에는 2개의 일주를 모두 놓고 자기에게 가깝다고 생각이 드는 것을 그대로 선택할 수 있기 때문이다.

01 — 갑자甲子일과 운명

【일간日干】 갑甲 → 큰 수목, 재목

음양 → 양+

오행 → 목木

【일지日支】 사子, 한랭지수寒冷之水^{사가운 물}

음양 → 음-

오행 → 수水

동물 → 쥐

성격 판단

● 어질고 착하며 인정이 많고 효심이 깊다.

● 총명하고 단정하며 마음이 너그럽다.

● 지혜롭고 인자하다.

● 학문을 좋아한다.

● 재물에 대해서 큰 관심이 없다.

● 리더십이 있어 윗사람의 총애를 받을 수 있다.

● 여성의 경우에는 현모양처이다.

● 이상주의자로 안 되는 일도 무리해서 한다.

● 자존심이 강하다.

● 이기적인 면이 강하다.

직업 판단

● 학문을 바탕으로 한 지적인 분야와 인연이 있다.

　지적인 학술 · 교육 · 문화 · 예술 · 종교 · 차원 높은 기술 계통.

● 학자 · 교육자 · 연구가 · 예술인 등이 많다.

기타 판단

● 남녀 모두 부부궁이 부실하므로 이해와 양보가 필요하다.

● 부모 중 한 분과의 인연이 박하다.

● 여성은 자녀문제, 냉습병, 부인병에 유의하라.

처세 비결

● 경오庚午년과 무오戊午년을 조심하라. 하늘은 뇌성벽력이고 땅은 대전大戰이다.

● 토끼 해에는 다스림통치 · 파괴 · 형액刑厄 · 소송 · 수술 · 사고 · 구설口舌 등이 발생할 수 있다. 극과 극의 현상을 피하라.

● 개 · 돼지 해에는 객지 또는 외국과 인연이 될 수 있으며 좋은 일이든 나쁜 일이든 예상이 빗나갈 수 있다.

* * *

전문가를 위한 코너

① 인수도화印綬桃花／인수양인印綬羊刃／장성將星

② 천극지충天剋地沖 : 경오庚午 · 무오戊午／형刑 : 묘卯

③ 공망空亡 : 술해戌亥

02 — 을축乙丑 일과 운명

【일간日干】 을乙 → 화초, 덩굴식물
음양 → 음-
오행 → 목木

【일지日支】 축丑, 동습토冬濕土거울의 습한 흙
음양 → 음-
오행 → 토土
동물 → 소

성격 판단

● 활동적이고 잘 돌아다닌다.

● 빈틈이 없고 요령과 기교가 있다.

● 돈벌이에 억척같으면서도 필요한 일에는 돈을 잘 쓸 줄 안다.

● 어질고 착하며 부드럽고 인정이 많으나 고집이 세다.

● 남의 일을 내 일같이 잘 돌봐준다.

● 신앙심이 강하고 끈기가 있으며 심사숙고하고 치밀하다.

● 때때로 잘잘못을 따지기 좋아한다.

● 투기, 요행 등을 바라는 한탕주의 성격이 강하다.

● 사치와는 거리가 멀지만 고가품을 선호한다.

직업 판단

● 활동적이고 규모가 큰 조직의 일원이나 경영자와 인연이 있다.
큰 조직의 일원·대기업 경영자·공직자·무역·외교·통신·교통·증권·
사채·부동산.
● 경제, 기획, 재무, 세무, 회계직 등과 금융인·재경인 등이 많다.

기타 판단

● 남녀 모두 외도할 기질이 있으므로 가정에 충실하도록 노력하고 고집을 버려
야 하며 잘잘못을 따지고 싶어도 삼가는 버릇을 길러야 한다.
● 투기를 경계해야 한다.

처세 비결

● 신미辛未년과 기미己未년을 조심하라. 하늘은 뇌성벽력이고 땅은 대전大戰이다.
● 개·양 해에는 다스림統治·파괴·형액刑厄·소송·수술·사고·구설口舌 등
이 발생할 수 있다. 극과 극의 현상을 피하라.
● 개·돼지 해에는 객지 또는 외국과 인연이 될 수 있으며 좋은 일이든 나쁜 일
이든 예상이 빗나갈 수 있다.

＊ ＊ ＊

전문가를 위한 코너

① 관고官庫／편재화개偏財華蓋
② 천극지충天剋地沖 : 신미辛未·기미己未／형형刑 : 술미戌未
③ 공망空亡 : 술해戌亥

03 — 병인丙寅 일과 운명

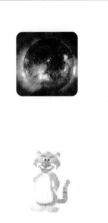

【일간日干】 병丙 → 빛, 태양

음양 → 양+

오행 → 화火

【일지日支】 인寅, 조목燥木바짝 마른 나무

음양 → 양+

오행 → 목木

동물 → 호랑이

성격 판단

● 밝고 사교적이며 활동적이고 효심이 깊다.

● 눈치가 빠르고 요령이 있어서 임기응변의 기회를 잘 잡는다.

● 명랑하고 다방면에 재능을 발휘한다.

● 자존심이 강하여 남의 간섭을 싫어한다.

● 진실한 사랑을 그리워한다. 만인 속의 고독이다.

● 처음에는 민첩하지만 끝에는 태만한 경향이 있다. 따라서 계략과 모의가 교묘하지만 일관성이 부족하다.

● 예측불허의 기질이 있어서 종잡기 어려울 때가 있다.

직업 판단

● 특수 전문직과 인연이 있다.

활인업^{의사·약사·간호사·상담사}· 예술 분야^{배우·탤런트·가수·연주자·무용가·화가·디자이너·모델}

교육자 · 작가 · 언론인 · 방송인 · 체육인 · 기술인 · 외국 관련 직종.

● 의약인 · 예술인 · 무역인 등이 많다. 영업에 소질이 있다.

기타 판단

● 사치와 허영심을 경계해야 한다^{이성교제 포함}.
● 가정 소홀 경향이 있어서 여성도 직업을 갖는 것이 좋겠다.
● 여성은 고부간의 불화와 자식으로 인한 근심이 있기 쉽다.

처세 비결

● 임신壬申년과 경신庚申년을 조심하라. 하늘은 뇌성벽력이고 땅은 대전大戰이다.
● 뱀 · 원숭이 해에는 다스림^{통치} · 파괴 · 형액刑厄 · 소송 · 수술 · 사고 · 구설口舌 등이 발생할 수 있다. 극과 극의 현상을 피하라.
● 개 · 돼지 해에는 객지 또는 외국과 인연이 될 수 있으며 좋은 일이든 나쁜 일이든 예상이 빗나갈 수 있다.

＊＊＊

전문가를 위한 코너

① 편인역마偏印驛馬
② 천극지충天剋地沖 : 임신壬申 · 경신庚申)／형형刑 : 사신巳申
③ 공망空亡 : 술해戌亥

【일간日干】 정丁 → 열, 등댓불

음양 → 음-

오행 → 화火

【일지日支】 묘卯, 습목濕木^{물오른 나무}

음양 → 음-

오행 → 목木

동물 → 토끼

성격 판단

- 밝고 쾌활하며 효심이 깊다.
- 눈치가 빠르고 요령이 있어서 임기응변의 기회를 잘 잡는다.
- 명랑하고 다방면에 재능을 발휘한다.
- 내성적이고 부드러우나 은근히 독한 면이 있다.
- 자존심이 강하다.
- 진실한 사랑을 그리워한다. 만인 속의 고독이다.
- 처음에는 민첩하지만 끝에는 태만한 경향이 있다. 따라서 계략과 모의가 교묘하지만 일관성이 부족하다.
- 예측불허의 기질이 있어서 종잡기 어려울 때가 있다.

직업 판단

- 특수 전문직과 인연이 있다.

  활인업^{의사 · 약사 · 간호사 · 상담사} · 예술 분야^{배우 · 탤런트 · 가수 · 연주자 · 무용가 · 화가 · 디자이너 · 모델}

  교육자 · 작가 · 언론인 · 방송인 · 체육인 · 기술인 · 외국 관련 직종.
- 의약인 · 예술인 · 작가 등이 많다.

기타 판단

- 남녀 모두 부부궁이 부실하므로 이해와 양보가 필요하다.
- 부모 중 한 분과의 인연이 박하다.
- 여성은 자식으로 인한 근심이 있기 쉽다.

처세 비결

- 계유癸酉년과 신유辛酉년을 조심하라. 하늘은 뇌성벽력이고 땅은 대전大戰이다.
- 쥐 해에는 다스림^{통치} · 파괴 · 형액刑厄 · 소송 · 수술 · 사고 · 구설口舌 등이 발생할 수 있다. 극과 극의 현상을 피하라.
- 개 · 돼지 해에는 객지 또는 외국과 인연이 될 수 있으며 좋은 일이든 나쁜 일이든 예상이 빗나갈 수 있다.

＊＊＊

전문가를 위한 코너

① 편인도화偏印桃花／편인양인偏印羊刃／장성將星
② 천극지충天剋地沖 : 계유癸酉 · 신유辛酉／형刑 : 자子
③ 공망空亡 : 술해戌亥

【일간日干】　무戊 → 큰 산, 제방

　　　　　　음양 → 양+

　　　　　　오행 → 토土

【일지日支】　진辰, 습토濕土습한 흙

　　　　　　음양 → 양+

　　　　　　오행 → 토土

　　　　　　동물 → 용

성격 판단

● 신용과 신의를 중시하며 신앙심이 있다.

● 의지가 강하다.

● 자존심이 강하다.

● 독립심이 강하다.

● 고집이 세다.

● 남에게 지기 싫어한다.

● 새로운 것을 잘 시작한다.

● 파당派黨을 잘 만들고 반항심이 강하다.

직업 판단

● 자신의 주체성을 살릴 수 있는 직업과 인연이 있다.
  독자 경영·공동사업·지점·출장소·영업소·공무원·국영기업체·대기업 직원·경영자·지도자.
● 법관·경찰·군인·금융인·재경인·정치가·종교인 등이 많다.

기타 판단

● 재복이 있으나 지출이 많다.
● 배우자를 무시하는 경향이 있다.
● 배우자가 병약하기 쉽다.
● 부모덕·형제덕이 박하다.

처세 비결

● 갑술甲戌년과 임술壬戌년을 조심하라. 하늘은 뇌성벽력이고 땅은 대전大戰이다.
● 용 해에는 다스림통치·파괴·형액刑厄·소송·수술·사고·구설口舌 등이 발생할 수 있다. 극과 극의 현상을 피하라.
● 개·돼지 해에는 객지 또는 외국과 인연이 될 수 있으며 좋은 일이든 나쁜 일이든 예상이 빗나갈 수 있다.

＊＊＊
전문가를 위한 코너

① 비견화개比肩華蓋／재고財庫／백호白虎
② 천극지충天剋地沖 : 갑술甲戌·임술壬戌／형刑 : 진辰
③ 공망空亡 : 술해戌亥

【일간日干】	기ㄹ → 평원옥토, 화단
	음양 → 음-
	오행 → 토土
【일지日支】	사巳, 광선, 햇빛
	음양 → 양+
	오행 → 화火
	동물 → 뱀

성격 판단

● 학문을 숭상하고 효심이 깊다.

● 총명하고 단정하며 마음이 너그럽다.

● 지혜롭고 인자하다.

● 부지런하고 활동적이다.

● 재물에 대해서 큰 관심이 없다.

● 여성의 경우에는 현모양처이다.

● 이상주의자로 안 되는 일도 무리해서 한다.

● 이기적인 면이 강하다.

직업 판단

- 학문을 바탕으로 한 지적인 분야와 인연이 있다.

  지적인 학술 · 교육 · 문화 · 예술 · 종교 · 차원 높은 기술 계통.

- 학자 · 교육자 · 체신인 · 운송인 · 보험인 · 증권인 등이 많다.

기타 판단

- 부드럽고 포용력이 있어 인기가 좋다.

- 부부궁이 부실하다.

- 남성은 아내보다 어머니를, 여성은 시댁보다 친정을 더 생각하는 경향이 있다.

- 생활이 변화가 많다^{주거이동 포함}.

처세 비결

- 을해乙亥년과 계해癸亥년을 조심하라. 하늘은 뇌성벽력이고 땅은 대전大戰이다.

- 호랑이 · 원숭이 해에는 다스림^{통치} · 파괴 · 형액刑厄 · 소송 · 수술 · 사고 · 구
  설口舌 등이 발생할 수 있다. 극과 극의 현상을 피하라.

- 개 · 돼지 해에는 객지 또는 외국과 인연이 될 수 있으며 좋은 일이든 나쁜 일
  이든 예상이 빗나갈 수 있다.

* * *

전문가를 위한 코너

① 인수역마印綬驛馬

② 천극지충天剋地沖 : 을해乙亥 · 계해癸亥／형형刑刑 : 인신寅申

③ 공망空亡 : 술해戌亥

【일간日干】 경庚 → 무쇠, 바위

음양 → 양+

오행 → 금金

【일지日支】 오午, 불꽃

음양 → 음-

오행 → 화火

동물 → 말

성격 판단

● 의리와 의협심이 강하다.

● 시비를 분명히 한다.

● 자존심과 명예욕이 강하다.

● 정직 · 총명 · 준수 · 온후 · 독실하다.

● 지성적이고 인자하며 관대한 군자형이다.

● 평화를 좋아한다.

● 경우에 따라서는 무계획적이고 산만하여 끝을 맺기가 어렵거나 고집이 세고 공격적이다.

직업 판단

- 세상의 모범이 되어 명예를 누릴 수 있는 직업과 인연이 있다.
  사회 각 방면의 고위직^{공직 · 사직 모두 해당}.
- 공직자 · 검찰 · 경찰 · 군인 · 의약인 등이 많다.

기타 판단

- 남녀 모두 인물이 수려한 사람이 많다.
- 남녀 모두 명예를 누리는 사람이 많다.
- 남녀 불문하고 때로는 사회에 물의를 일으킨다.
- 남성은 자식복이 있다.
- 여성은 남편복이 있다.

처세 비결

- 병자丙子년과 갑자甲子년을 조심하라. 하늘은 뇌성벽력이고 땅은 대전大戰이다.
- 말 해에는 다스림^{통치} · 파괴 · 형액刑厄 · 소송 · 수술 · 사고 · 구설口舌 등이 발생할 수 있다. 극과 극의 현상을 피하라.
- 개 · 돼지 해에는 객지 또는 외국과 인연이 될 수 있으며 좋은 일이든 나쁜 일이든 예상이 빗나갈 수 있다.

* * *

전문가를 위한 코너

① 정관도화正官桃花／정관양인正官羊刃／장성將星
② 천극지충天剋地沖 : 병자丙子 · 갑자甲子／형刑 : 오午
③ 공망空亡 : 술해戌亥

【일간日干】 　신辛 → 보석, 열매

　　　　　　　음양 → 음-

　　　　　　　오행 → 금金

【일지日支】 　미未, 건조토乾燥土

　　　　　　　음양 → 음-

　　　　　　　오행 → 토土

　　　　　　　동물 → 양

성격 판단

● 의리와 의협심이 있고 고집이 세며 신앙심이 깊다.

● 시비를 분명히 하고 까다롭다.

● 눈치가 빠르고 요령이 있어서 임기응변의 기회를 잘 잡는다.

● 명랑하고 다방면에 재능을 발휘한다.

● 진실한 사랑을 그리워한다. 만인 속의 고독이다.

● 처음에는 민첩하지만 끝에는 태만한 경향이 있다. 따라서 계략과 모의가 교묘
하지만 일관성이 부족하다.

● 예측불허의 기질이 있어서 종잡기 어려울 때가 있다.

직업 판단

● 특수 전문직과 인연이 있다.

활인업^{의사 · 약사 · 간호사 · 상담사} · 예술 분야^{배우 · 탤런트 · 가수 · 연주자 · 무용가 · 화가 · 디자이너 · 모델}

교육자 · 작가 · 언론인 · 방송인 · 체육인 · 기술인 · 외국 관련 직종.

● 의약인 · 예술인 · 체육인 · 기술인 · 종교인 등이 많다.

기타 판단

● 남녀 모두 세련미가 있어서 이성에게 인기가 있다.

● 남녀 모두 부부궁이 부실하므로 이해와 양보가 필요하다.

● 부모 중 한 분과의 인연이 박하다.

● 신장^{콩팥} · 방광 · 폐 · 대장^{큰 창자} · 기관지에 유의하라.

처세 비결

● 정축丁丑년과 을축乙丑년을 조심하라. 하늘은 뇌성벽력이고 땅은 대전大戰이다.

● 소 · 개 해에는 다스림^{통치} · 파괴 · 형액刑厄 · 소송 · 수술 · 사고 · 구설口舌 등이 발생할 수 있다. 극과 극의 현상을 피하라.

● 개 · 돼지 해에는 객지 또는 외국과 인연이 될 수 있으며 좋은 일이든 나쁜 일이든 예상이 빗나갈 수 있다.

* * *

전문가를 위한 코너

① 편인화개偏印華蓋／재고財庫

② 천극지충天剋地沖：정축丁丑 · 을축乙丑／형刑：축술丑戌

③ 공망空亡：술해戌亥

【일간日干】 임壬→ 바다, 호수

음양 → 양+

오행 → 수水

【일지日支】 신申, 강금剛金

음양 → 양+

오행 → 금金

동물 → 원숭이

성격 판단

- 지혜롭고 총명하며 속이 깊고 기가 충만하다.
- 눈치가 빠르고 요령이 있어서 임기응변의 기회를 잘 잡는다.
- 명랑하고 다방면에 재능을 발휘한다.
- 진실한 사랑을 그리워한다. 만인 속의 고독이다.
- 처음에는 민첩하지만 끝에는 태만한 경향이 있다. 따라서 계략과 모의가 교묘하지만 일관성이 부족하다.
- 예측불허의 기질이 있어서 종잡기 어려울 때가 있다.

직업 판단

● 특수 전문직과 인연이 있다.

활인업_{의사 · 약사 · 간호사 · 상담사} · 예술 분야_{배우 · 탤런트 · 가수 · 연주자 · 무용가 · 화가 · 디자이너 · 모델}

교육자 · 작가 · 언론인 · 방송인 · 체육인 · 기술인 · 외국 관련 직종.

● 의약인 · 작가 · 기자 등이 많다.

기타 판단

● 남녀 모두 자기 주장이 강하여 문제를 일으킬 수 있다.

● 남성은 아내보다 어머니를, 여성은 시댁보다 친정을 더 생각하는 경향이 있다.

● 여성은 자식으로 인한 근심이 있기 쉽다.

처세 비결

● 무인戊寅년과 병인丙寅년을 조심하라. 하늘은 뇌성벽력이고 땅은 대전大戰이다.

● 호랑이 · 뱀 해에는 다스림^{통치} · 파괴 · 형액刑厄 · 소송 · 수술 · 사고 · 구설口舌 등이 발생할 수 있다. 극과 극의 현상을 피하라.

● 개 · 돼지 해에는 객지 또는 외국과 인연이 될 수 있으며 좋은 일이든 나쁜 일이든 예상이 빗나갈 수 있다.

＊ ＊ ＊

전문가를 위한 코너

① 편인역마偏印驛馬

② 천극지충天剋地沖 : 무인戊寅 · 병인丙寅／형형刑 : 인사寅巳

③ 공망空亡 : 술해戌亥

【일간日干】　계癸 → 개울물, 비

　　　　　　음양 → 음-

　　　　　　오행 → 수水

【일지日支】　유酉, 금은보석

　　　　　　음양 → 음-

　　　　　　오행 → 금金

　　　　　　동물 → 닭

성격 판단

● 지혜롭고 총명하며 자존심이 강하고 효심이 깊다.

● 눈치가 빠르고 요령이 있어서 임기응변의 기회를 잘 잡는다.

● 명랑하고 다방면에 재능을 발휘한다.

● 진실한 사랑을 그리워한다. 만인 속의 고독이다.

● 처음에는 민첩하지만 끝에는 태만한 경향이 있다. 따라서 계략과 모의가 교묘하지만 일관성이 부족하다.

● 예측불허의 기질이 있어서 종잡기 어려울 때가 있다.

직업 판단

● 특수 전문직과 인연이 있다.

활인업^{의사 · 약사 · 간호사 · 상담사} · 예술 분야^{배우 · 탤런트 · 가수 · 연주자 · 무용가 · 화가 · 디자이너 · 모델}

교육자 · 작가 · 언론인 · 방송인 · 체육인 · 기술인 · 외국 관련 직종.

● 의약인 · 작가 · 기획직 등이 많다.

기타 판단

● 수려하고 깔끔하여 윗사람의 귀여움을 받으나 스스로 고독하다.
● 잡기에 능하고 노는 것을 좋아하는 경향이 있다.
● 남성은 아내보다 어머니를, 여성은 시댁보다 친정을 더 생각하는 경향이 있다.
● 여성은 자식으로 인한 근심이 있기 쉽다.

처세 비결

● 기묘己卯년과 정묘丁卯년을 조심하라. 하늘은 뇌성벽력이고 땅은 대전大戰이다.
● 닭 해에는 다스림^{통치} · 파괴 · 형액刑厄 · 소송 · 수술 · 사고 · 구설口舌 등이 발생할 수 있다. 극과 극의 현상을 피하라.
● 개 · 돼지 해에는 객지 또는 외국과 인연이 될 수 있으며 좋은 일이든 나쁜 일이든 예상이 빗나갈 수 있다.

＊＊＊

전문가를 위한 코너

① 편인도화偏印桃花／편인양인偏印羊刃／장성將星
② 천극지충天剋地沖 : 기묘己卯 · 정묘丁卯／형刑 : 유酉
③ 공망空亡 : 술해戌亥

11 — 갑술甲戌 일과 운명

【일간日干】	갑甲 → 큰 수목, 재목
	음양 → 양+
	오행 → 목木
【일지日支】	술戌, 조열토燥熱土
	음양 → 양+
	오행 → 토土
	동물 → 개

성격 판단

- 활동적이고 잘 돌아다닌다.
- 빈틈이 없고 요령과 기교가 있다.
- 돈벌이에 억척같으면서도 필요한 일에는 돈을 잘 쓸 줄 안다.
- 어질고 착하다.
- 남의 일을 내 일같이 잘 돌봐준다.
- 고집이 세다.
- 때때로 잘잘못을 따지기 좋아한다.
- 투기, 요행 등을 바라는 한탕주의 성격이 강하다.
- 풍류를 즐기는 면이 있다.

직업 판단

- 활동적이고 규모가 큰 조직의 일원이나 경영자와 인연이 있다.
  큰 조직의 일원 · 대기업 경영자 · 공직자 · 무역 · 외교 · 통신 · 교통 · 증권 · 사채 · 부동산.
- 부동산 · 건축 · 토목직 등이 많고 종교인 · 대상인이 있다.

기타 판단

- 의욕은 강하나 용두사미가 될 염려가 있으니 유종의 미를 거둘 수 있도록 노력이 필요하다.
- 고집으로 인하여 부부간의 애정이 변할 수 있으니 이해와 양보를 잊지 말아야 한다.

처세 비결

- 경진庚辰년과 무진戊辰년을 조심하라. 하늘은 뇌성벽력이고 땅은 대전大戰이다.
- 소 · 양 해에는 다스림統治 · 파괴 · 형액刑厄 · 소송 · 수술 · 사고 · 구설口舌 등이 발생할 수 있다. 극과 극의 현상을 피하라.
- 원숭이 · 닭 해에는 객지 또는 외국과 인연이 될 수 있으며 좋은 일이든 나쁜 일이든 예상이 빗나갈 수 있다.

* * *

전문가를 위한 코너

① 편재화개偏財華蓋／식상고食傷庫

② 천극지충天剋地沖 : 경진庚辰 · 무진戊辰／형刑 : 축미丑未

③ 공망空亡 : 신유申酉

【일간日干】 을乙 → 화초, 덩굴식물

음양 → 음-

오행 → 목木

【일지日支】 해亥, 생목지수生木之水 나무를 살려주는 물

음양 → 양+

오행 → 수水

동물 → 돼지

성격 판단

● 어질고 착하며 약간 내성적이다.

● 총명하고 단정하며 마음이 너그럽다.

● 지혜롭고 인자하다.

● 부지런하고 활동적이며 체면과 신용을 중시한다.

● 재물에 대해서 큰 관심이 없다.

● 여성의 경우에는 현모양처이다.

● 이상주의자로 안 되는 일도 무리해서 한다.

● 이기적인 면이 강하다.

직업 판단

● 학문을 바탕으로 한 지적인 분야와 인연이 있다.

　지적인 학술·교육·문화·예술·종교·차원 높은 기술 계통.

● 학자·교육자·무역인·해운업인·유통업자·전기업·전자업 등이 많다.

기타 판단

● 가정 소홀 경향이 있어서 여성도 직업을 갖는 것이 좋겠다.

● 남성은 아내보다 어머니를, 여성은 시댁보다 친정을 더 생각하는 경향이 있다.

● 여성은 자식으로 인한 근심이 있기 쉽다.

● 주거·직장이동이 잦은 편이다.

처세 비결

● 신사辛巳년과 기사己巳년을 조심하라. 하늘은 뇌성벽력이고 땅은 대전大戰이다.

● 돼지 해에는 다스림統治·파괴·형액刑厄·소송·수술·사고·구설口舌 등이 발생할 수 있다. 극과 극의 현상을 피하라.

● 원숭이·닭 해에는 객지 또는 외국과 인연이 될 수 있으며 좋은 일이든 나쁜 일이든 예상이 빗나갈 수 있다.

＊＊＊

전문가를 위한 코너

① 인수역마印綬驛馬

② 천극지충天剋地沖 : 신사辛巳·기사己巳／형刑刑 : 해亥

③ 공망空亡 : 신유申酉

13 — 병자丙子 일과 운명

【일간日干】 병丙 → 빛, 태양

음양 → 양+

오행 → 화火

【일지日支】 자子, 한랭지수寒冷之水차가운 물

음양 → 음-

오행 → 수水

동물 → 쥐

성격 판단

● 밝고 명랑하다.

● 예의가 바르다.

● 자존심이 강하다.

● 정직 · 총명 · 준수 · 온후 · 독실하다.

● 지성적이고 인자하며 관대한 군자형이다.

● 평화를 좋아한다.

● 약간 인내심이 부족하다.

● 경우에 따라서는 무계획적이고 산만하여 끝을 맺기가 어렵거나 고집이 세고 공격적이다.

직업 판단

● 세상의 모범이 되어 명예를 누릴 수 있는 직업과 인연이 있다.
사회 각 방면의 고위직^{공직 · 사직 모두 해당}.

● 관직 · 명예직 등이 많다.

기타 판단

● 미남 · 미녀가 많다.
● 남성은 사회생활에서 인기가 좋고 이름을 날린다.
● 여성은 좋은 남편을 만날 수 있다. 그러나 여러 남성에게 두루 인기가 많아 남편을 소홀히 대할 수 있다.
● 남녀 모두 배우자에게 믿음을 심어줄 필요가 있다.
● 심장 · 시력에 유의하라.

처세 비결

● 임오壬午년과 경오庚午년을 조심하라. 하늘은 뇌성벽력이고 땅은 대전大戰이다.
● 토끼 해에는 다스림^{통치} · 파괴 · 형액刑厄 · 소송 · 수술 · 사고 · 구설口舌 등이 발생할 수 있다. 극과 극의 현상을 피하라.
● 원숭이 · 닭 해에는 객지 또는 외국과 인연이 될 수 있으며 좋은 일이든 나쁜 일이든 예상이 빗나갈 수 있다.

* * *

전문가를 위한 코너

① 정관도화正官桃花／정관양인正官羊刃
② 천극지충天剋地沖 : 임오壬午 · 경오庚午／형형刑刑 : 묘묘卯卯
③ 공망空亡 : 신유申酉

【일간日干】 정丁 → 열, 등댓불

음양 → 음-

오행 → 화火

【일지日支】 축丑, 동습토冬濕土^{겨울의 습한 흙}

음양 → 음-

오행 → 토土

동물 → 소

성격 판단

● 싹싹하고 예의가 바르다.

● 온후하고 공경심이 있다.

● 명랑하고 쾌활하다.

● 신앙심이 깊다.

● 성급한 면이 있다.

● 음식을 잘 만들고 식음食飮·가무歌舞와 인연이 있다.

● 경우에 따라서는 고집이 세고 매사에 이론적이다.

● 고독을 즐기며 공상에 빠질 때가 많다.

● 때로는 심신이 안정되지 못하고 침착성이 없다.

직업 판단

● 학문 · 예술 · 기술을 발휘하여 의식주를 풍족하게 하는 직업과 인연이 있다. 교육자 · 연구가 · 정치가 · 연기자 · 가수 · 무용가 · 작가 · 작곡가 · 기술인 · 의식주 관련 업종 · 금융회사 · 의약 계통.

● 재경인 등이 많다.

기타 판단

● 금전관리능력이 좋으며 주머니에 돈이 떨어질 날이 없다.

● 정신력은 뛰어나지만 몸은 허약하다.

● 부부간의 화목에 유의하라.

처세 비결

● 계미癸未년과 신미辛未년을 조심하라. 하늘은 뇌성벽력이고 땅은 대전大戰이다.

● 개 · 양 해에는 다스림통치 · 파괴 · 형액刑厄 · 소송 · 수술 · 사고 · 구설口舌 등이 발생할 수 있다. 극과 극의 현상을 피하라.

● 원숭이 · 닭 해에는 객지 또는 외국과 인연이 될 수 있으며 좋은 일이든 나쁜 일이든 예상이 빗나갈 수 있다.

* * *

전문가를 위한 코너

① 식신화개食神華蓋／재고財庫／백호白虎

② 천극지충天剋地沖 : 계미癸未 · 신미辛未／형형刑 : 술미戌未

③ 공망空亡 : 신유申酉

【일간日干】 무戊 → 큰 산, 제방

음양 → 양+

오행 → 토土

【일지日支】 인寅, 조목燥木^{바짝 마른 나무}

음양 → 양+

오행 → 목木

동물 → 호랑이

성격 판단

- 신용과 신의가 있고 활동적이며 결단력이 있다.
- 의협심이 강하다.
- 남을 먼저 생각하고 그릇이 크다.
- 모험심이 강하고 특이한 사상을 따른다.
- 총명하며 과단성이 있고 기회를 잘 포착한다.
- 비교적 단순하여 복잡하게 생각하지 않는다.
- 남에게 지기 싫어하고 반드시 이기려고 한다.
- 경우에 따라서는 허풍이 세거나 남에게 의지하려고 한다.

직업 판단

● 남보다 다소 힘이 드는 직업이나 모험심·개척심·의협심이 필요한 직업과 인연이 있다.

공직자·검찰·경찰·군인·기술인·예술인·국회의원·노동자.

● 공직자·경찰·군인 등이 많다.

기타 판단

● 남녀 모두 너무 활동적이라 가정에 충실하도록 노력해야 한다.

● 남에게 잘 해주고도 배신을 당할 수 있다.

● 여성은 결혼 후라도 친정 어머니를 모시는 것이 좋다.

처세 비결

● 갑신甲申년과 임신壬申년을 조심하라. 하늘은 뇌성벽력이고 땅은 대전大戰이다.

● 뱀·원숭이 해에는 다스림통치·파괴·형액刑厄·소송·수술·사고·구설口 舌 등이 발생할 수 있다. 극과 극의 현상을 피하라.

● 원숭이·닭 해에는 객지 또는 외국과 인연이 될 수 있으며 좋은 일이든 나쁜 일이든 예상이 빗나갈 수 있다.

＊＊＊

전문가를 위한 코너

① 편관역마偏官驛馬

② 천극지충天剋地沖 : 갑신甲申·임신壬申／형刑 : 사신巳申

③ 공망空亡 : 신유申酉

【일간日干】 기己 → 평원옥토, 화단

음양 → 음-

오행 → 토土

【일지日支】 묘卯, 습목濕木물오른 나무

음양 → 음-

오행 → 목木

동물 → 토끼

성격 판단

● 신용과 신의가 있고 부드러우며 포용력이 있다.

● 의협심이 강하다.

● 남을 먼저 생각하고 그릇이 크다.

● 모험심이 강하고 특이한 사상을 따른다.

● 총명하며 과단성이 있고 기회를 잘 포착한다.

● 비교적 단순하여 복잡하게 생각하지 않는다.

● 남에게 지기 싫어하고 반드시 이기려고 한다.

● 때로는 내성적이고 소극적이다.

● 경우에 따라서는 허풍이 세거나 남에게 의지하려고 한다.

직업 판단

● 남보다 다소 힘이 드는 직업이나 모험심 · 개척심 · 의협심이 필요한 직업과 인연이 있다.

　공직자 · 검찰 · 경찰 · 군인 · 기술인 · 예술인 · 국회의원 · 노동자.

● 의약인 · 작가 등이 많다.

기타 판단

● 학문을 가까이 하며 효도하는 것이 좋다.

● 육체와 정신이 모두 허약하므로 건강관리를 해야 한다.

● 여성은 이성문제로 고심할 수 있다.

처세 비결

● 을유乙酉년과 계유癸酉년을 조심하라. 하늘은 뇌성벽력이고 땅은 대전大戰이다.

● 쥐 해에는 다스림통치 · 파괴 · 형액刑厄 · 소송 · 수술 · 사고 · 구설口舌 등이 발생할 수 있다. 극과 극의 현상을 피하라.

● 원숭이 · 닭 해에는 객지 또는 외국과 인연이 될 수 있으며 좋은 일이든 나쁜 일이든 예상이 빗나갈 수 있다.

✳ ✳ ✳

전문가를 위한 코너

① 편관도화偏官桃花／편관양인偏官羊刃

② 천극지충天剋地沖 : 을유乙酉 · 계유癸酉／형刑 : 자子

③ 공망空亡 : 신유申酉

【일간日干】　경庚 → 무쇠, 바위

음양 → 양+

오행 → 금金

【일지日支】　진辰, 습토濕土^{습한 흙}

음양 → 양+

오행 → 토土

동물 → 용

성격 판단

● 의리와 의협심이 강하고 시비를 분명히 하며 개성이 뚜렷하다.

● 영웅 호걸의 기질이 있으며 통솔력이 뛰어나 두령격이다.

● 끈기 · 고집 · 신앙심이 있다.

● 눈치가 빠르고 요령이 있어서 임기응변의 기회를 잘 잡는다.

● 명랑하고 다방면에 재능을 발휘한다.

● 진실한 사랑을 그리워한다. 만인 속의 고독이다.

● 처음에는 민첩하지만 끝에는 태만한 경향이 있다. 따라서 계략과 모의가 교묘하지만 일관성이 부족하다.

● 예측불허의 기질이 있어서 종잡기 어려울 때가 있다.

직업 판단

● 특수 전문직과 인연이 있다.

활인업^{의사 · 약사 · 간호사 · 상담사} · 예술 분야^{배우 · 탤런트 · 가수 · 연주자 · 무용가 · 화가 · 디자이너 · 모델}

교육자 · 작가 · 언론인 · 방송인 · 체육인 · 기술인 · 외국 관련 직종.

● 의약인 · 지도자 등이 많다.

기타 판단

● 건강은 타고 났으나 풍습風濕에 약하므로 몸을 따뜻하게 해야한다.

● 사회나 가정에서 독선으로 흐르지 않도록 유의하라^{여성 포함}.

처세 비결

● 병술丙戌년과 갑술甲戌년을 조심하라. 하늘은 뇌성벽력이고 땅은 대전大戰이다.

● 용 해에는 다스림^{통치} · 파괴 · 형액刑厄 · 소송 · 수술 · 사고 · 구설口舌 등이 발생할 수 있다. 극과 극의 현상을 피하라.

● 원숭이 · 닭 해에는 객지 또는 외국과 인연이 될 수 있으며 좋은 일이든 나쁜 일이든 예상이 빗나갈 수 있다.

＊＊＊

전문가를 위한 코너

① 편인화개偏印華蓋／식상고食傷庫／괴강魁罡

② 천극지충天剋地沖 : 병술丙戌 · 갑술甲戌／형刑 : 진辰

③ 공망空亡 : 신유申酉

【일간日干**】** 신辛 → 보석, 열매

음양 → 음-

오행 → 금金

【일지日支**】** 사巳, 광선, 햇빛

음양 → 양+

오행 → 화火

동물 → 뱀

성격 판단

- 깔끔하고 정확하며 활동적이다.
- 금전보다 명예를 중시한다.
- 정직 · 총명 · 준수 · 온후 · 독실하다.
- 지성적이고 인자하며 관대한 군자형이다.
- 평화를 좋아한다.
- 서두르는 면이 있다.
- 경우에 따라서는 무계획적이고 산만하여 끝을 맺기가 어렵거나 고집이 세고 공격적이다.

직업 판단

● 세상의 모범이 되어 명예를 누릴 수 있는 직업과 인연이 있다.
사회 각 방면의 고위직^{공직 · 사직 모두 해당}.

● 직장인이 많다. 정보, 통신, 항공 종사자가 있다.

기타 판단

● 미남 · 미녀가 많다.

● 남성은 자식복이 있다.

● 여성은 남편복이 있다.

● 직장 · 주거의 이동이 많다.

● 폐 · 대장^{큰 창자} · 기관지에 유의하라.

처세 비결

● 정해丁亥년과 을해乙亥년을 조심하라. 하늘은 뇌성벽력이고 땅은 대전大戰이다.

● 호랑이 · 원숭이 해에는 다스림^{통치} · 파괴 · 형액刑厄 · 소송 · 수술 · 사고 · 구설口舌 등이 발생할 수 있다. 극과 극의 현상을 피하라.

● 원숭이 · 닭 해에는 객지 또는 외국과 인연이 될 수 있으며 좋은 일이든 나쁜 일이든 예상이 빗나갈 수 있다.

＊ ＊ ＊

전문가를 위한 코너

① 정관역마正官驛馬

② 천극지충天剋地沖 : 정해丁亥 · 을해乙亥／형刑 : 인신寅申

③ 공망空亡 : 신유申酉

19 ― 임오壬午 일과 운명

【일간日干】 임壬→ 바다, 호수

음양 → 양+

오행 → 수水

【일지日支】 오午, 불꽃

음양 → 음-

오행 → 화火

동물 → 말

성격 판단

● 지혜롭고 총명하며 속이 깊다.

● 명랑하고 예의가 바르다.

● 자존심이 강하다.

● 정직하고 성실하다.

● 세밀하고 근검 · 절약 정신이 강하다.

● 가끔 인색하고 구두쇠 같다는 소리를 듣는다.

● 경우에 따라서는 지적으로 좀 모자란다.

직업 판단

● 성실과 신용이 필수적인 직업과 인연이 있다.

직장생활^{금융 계통 · 재무 계통 등} · 기업 경영.

● 재경인 등이 많다. 재산관리능력이 뛰어나다.

기타 판단

● 재복이 있다.

● 남성은 처복이 좋아 결혼 후 가세가 일어나지만 여난女難을 주의해야 한다.

● 여성은 결혼 후 내조를 잘하여 집안이 흥하도록 만든다.

● 화상火傷 · 화재火災를 조심해야 하며 대책으로 미리 화재보험에 드는 것이 좋
겠다.

● 신장^{콩팥} · 방광 · 당뇨에 유의하라.

처세 비결

● 무자戊子년과 병자丙子년을 조심하라. 하늘은 뇌성벽력이고 땅은 대전大戰이다.

● 말 해에는 다스림^{통치} · 파괴 · 형액刑厄 · 소송 · 수술 · 사고 · 구설口舌 등이 발
생할 수 있다. 극과 극의 현상을 피하라.

● 원숭이 · 닭 해에는 객지 또는 외국과 인연이 될 수 있으며 좋은 일이든 나쁜
일이든 예상이 빗나갈 수 있다.

＊＊＊

전문가를 위한 코너

① 정재도화正財桃花／정재양인正財羊刃

② 천극지충天剋地沖 : 무자戊子 · 병자丙子／형刑 : 오午

③ 공망空亡 : 신유申酉

【일간日干】　계癸 → 개울물, 비

　　　　　음양 → 음-

　　　　　오행 → 수水

【일지日支】　미未, 건조토乾燥土

　　　　　음양 → 음-

　　　　　오행 → 토土

　　　　　동물 → 양

성격 판단

● 조용하고 내성적이며 속마음을 잘 드러내지 않는다.

● 지혜롭고 총명하며 사색을 즐기고 신앙심이 깊다.

● 끈기와 고집이 있다.

● 의협심이 강하다.

● 남을 먼저 생각하고 그릇이 크다.

● 모험심이 강하고 특이한 사상을 따른다.

● 총명하며 과단성이 있고 기회를 잘 포착한다.

● 비교적 단순하여 복잡하게 생각하지 않는다.

● 남에게 지기 싫어하고 반드시 이기려고 한다.

● 경우에 따라서는 허풍이 세거나 남에게 의지하려고 한다.

직업 판단

● 남보다 다소 힘이 드는 직업이나 모험심·개척심·의협심이 필요한 직업과 인연이 있다.

공직자·검찰·경찰·군인·기술인·예술인·국회의원·노동자.

● 예술인·기술인·종교인 등이 많다.

기타 판단

● 여성은 남편과 나이 차이가 많으면 좋고 고집을 삼가야 한다.

● 신장腎臟·방광에 유의하라특히 여름생은 수영이 좋다.

처세 비결

● 기축己丑년과 정축丁丑년을 조심하라. 하늘은 뇌성벽력이고 땅은 대전大戰이다.

● 소·개 해에는 다스림統治·파괴·형액刑厄·소송·수술·사고·구설口舌 등이 발생할 수 있다. 극과 극의 현상을 피하라.

● 원숭이·닭 해에는 객지 또는 외국과 인연이 될 수 있으며 좋은 일이든 나쁜 일이든 예상이 빗나갈 수 있다.

* * *

전문가를 위한 코너

① 편관화개偏官華蓋／식상고食傷庫

② 천극지충天剋地沖 : 기축己丑·정축丁丑／형刑 : 축술丑戌

③ 공망空亡 : 신유申酉

【일간日干】 갑甲 → 큰 수목, 재목

음양 → 양+

오행 → 목木

【일지日支】 신申, 강금剛金

음양 → 양+

오행 → 금金

동물 → 원숭이

성격 판단

● 어질고 착하나 독선적이고 직선적이다.

● 의협심이 강하다.

● 남을 먼저 생각하고 그릇이 크다.

● 모험심이 강하고 특이한 사상을 따른다.

● 총명하며 과단성이 있고 기회를 잘 포착한다.

● 비교적 단순하여 복잡하게 생각하지 않는다.

● 남에게 지기 싫어하고 반드시 이기려고 한다.

● 경우에 따라서는 허풍이 세거나 남에게 의지하려고 한다.

직업 판단

● 남보다 다소 힘이 드는 직업이나 모험심·개척심·의협심이 필요한 직업과 인연이 있다.
공직자·검찰·경찰·군인·기술인·예술인·국회의원·노동자.
● 공직자·무관·의약인·운수업·철강업 등이 많다.

기타 판단

● 활동적이며 주거·직장이동이 잦은 편이다.
● 기차·자동차여행 중 이성교제가 이루어지기 쉽다.
● 외모에 자신감이 있어 교만하면 낭패를 당할 수 있다.

처세 비결

● 경인庚寅년과 무인戊寅년을 조심하라. 하늘은 뇌성벽력이고 땅은 대전大戰이다.
● 호랑이·뱀 해에는 다스림統治·파괴·형액刑厄·소송·수술·사고·구설口舌 등이 발생할 수 있다. 극과 극의 현상을 피하라.
● 말·양 해에는 객지 또는 외국과 인연이 될 수 있으며 좋은 일이든 나쁜 일이든 예상이 빗나갈 수 있다.

* * *

전문가를 위한 코너

① 편관역마偏官驛馬
② 천극지충天剋地沖 : 경인庚寅·무인戊寅／형형刑刑 : 인사寅巳
③ 공망空亡 : 오미午未

【일간日干】 을乙 → 화초, 덩굴식물

음양 → 음-

오행 → 목木

【일지日支】 유酉, 금은보석

음양 → 음-

오행 → 금金

동물 → 닭

성격 판단

- 어질고 착하며 내성적이다.
- 의협심이 강하다.
- 남을 먼저 생각하고 그릇이 크다.
- 모험심이 강하고 특이한 사상을 따른다.
- 총명하며 과단성이 있고 기회를 잘 포착한다.
- 비교적 단순하여 복잡하게 생각하지 않는다.
- 남에게 지기 싫어하고 반드시 이기려고 한다.
- 때로는 자학적인 기질이 있다.
- 경우에 따라서는 허풍이 세거나 남에게 의지하려고 한다.

직업 판단

- 남보다 다소 힘이 드는 직업이나 모험심 · 개척심 · 의협심이 필요한 직업과 인연이 있다.
  공직자 · 검찰 · 경찰 · 군인 · 기술인 · 예술인 · 국회의원 · 노동자.
- 공직자 · 무관 · 의약인 · 비철금속업 등이 많다.

기타 판단

- 사업보다 직장생활이 적합하다.
- 몸이 허약하다. 겨울생은 몸을 따뜻하게 해야 한다.
- 간 · 담^{쓸개}에 유의하라.

처세 비결

- 신묘辛卯년과 기묘己卯년을 조심하라. 하늘은 뇌성벽력이고 땅은 대전大戰이다.
- 닭 해에는 다스림^{통치} · 파괴 · 형액刑厄 · 소송 · 수술 · 사고 · 구설口舌 등이 발생할 수 있다. 극과 극의 현상을 피하라.
- 말 · 양 해에는 객지 또는 외국과 인연이 될 수 있으며 좋은 일이든 나쁜 일이든 예상이 빗나갈 수 있다.

* * *

전문가를 위한 코너

① 편관도화偏官桃花／편관양인偏官羊刃

② 천극지충天剋地沖 : 신묘辛卯 · 기묘己卯／형刑 : 유酉

③ 공망空亡 : 오미午未

【일간日干】 병丙 → 빛, 태양

음양 → 양+

오행 → 화火

【일지日支】 술戌, 조열토燥熱土

음양 → 양+

오행 → 토土

동물 → 개

성격 판단

● 온후하고 공경심이 있다.

● 신앙심이 깊다.

● 명랑하고 쾌활하다.

● 밝고 사교적이다.

● 봉사 정신이 뛰어나다.

● 명예욕이 강하다.

● 음식을 잘 만들고 식음食飮 · 가무歌舞와 인연이 있다.

● 경우에 따라서는 고집이 세고 매사에 이론적이다.

● 때로는 심신이 안정되지 못하고 침착성이 없다.

직업 판단

● 학문 · 예술 · 기술을 발휘하여 의식주를 풍족하게 하는 직업과 인연이 있다. 교육자 · 연구가 · 정치가 · 연기자 · 가수 · 무용가 · 작가 · 작곡가 · 기술인 · 의식주 관련 업종 · 금융회사 · 의약 계통.

● 의식주 관련 업종 등이 많다.

기타 판단

● 화술이 뛰어나다.

● 운동에 소질이 있다.

● 속전속결주의라 성공을 위해서 여유와 끈기가 필요하다.

● 부부궁이 부실하니 이를 염두에 두고 스스로 노력하라.

처세 비결

● 임진壬辰년과 경진庚辰년을 조심하라. 하늘은 뇌성벽력이고 땅은 대전大戰이다.

● 소 · 양 해에는 다스림통치 · 파괴 · 형액刑厄 · 소송 · 수술 · 사고 · 구설口舌 등이 발생할 수 있다. 극과 극의 현상을 피하라.

● 말 · 양 해에는 객지 또는 외국과 인연이 될 수 있으며 좋은 일이든 나쁜 일이든 예상이 빗나갈 수 있다.

* * *

전문가를 위한 코너

① 식신화개食神華蓋／신고身庫／백호白虎

② 천극지충天剋地沖 : 임진壬辰 · 경진庚辰／형刑 : 축미丑未

③ 공망空亡 : 오미午未

【일간日干】 정丁 → 열, 등댓불

음양 → 음-

오행 → 화火

【일지日支】 해亥, 생목지수生木之水 ^{나무를 실려주는 물}

음양 → 양+

오행 → 수水

동물 → 돼지

성격 판단

● 밝고 명랑하며 솔직하다.

● 활동적이다.

● 정직 · 총명 · 준수 · 온후 · 독실하다.

● 지성적이고 인자하며 관대한 군자형이다.

● 평화를 좋아한다.

● 경우에 따라서는 무계획적이고 산만하여 끝을 맺기가 어렵거나 고집이 세고 공격적이다.

직업 판단

- 세상의 모범이 되어 명예를 누릴 수 있는 직업과 인연이 있다.
  사회 각 방면의 고위직^{공직·사직 모두 해당}.
- 사업보다 직장 생활이 적합하다.

기타 판단

- 언제 어디서나 귀여움을 독차지한다.
- 화술이 뛰어나 외교에 소질이 있다.
- 남성은 훌륭한 자식을 둘 수 있다.
- 여성은 훌륭한 남편을 만날 수 있다.
- 주거 · 직장이동이 잦은 편이다.
- 심장 · 시력 · 혈압에 유의하라.

처세 비결

- 계사癸巳년과 신사辛巳년을 조심하라. 하늘은 뇌성벽력이고 땅은 대전大戰이다.
- 돼지 해에는 다스림^{통치} · 파괴 · 형액刑厄 · 소송 · 수술 · 사고 · 구설口舌 등이 발생할 수 있다. 극과 극의 현상을 피하라.
- 말 · 양 해에는 객지 또는 외국과 인연이 될 수 있으며 좋은 일이든 나쁜 일이든 예상이 빗나갈 수 있다.

* * *

전문가를 위한 코너

① 정관역마正官驛馬

② 천극지충天剋地沖 : 계사癸巳 · 신사辛巳／형형刑 : 해亥

③ 공망空亡 : 오미午未

317

【일간日干】 무戊 → 큰 산, 제방

음양 → 양+

오행 → 토土

【일지日支】 자子, 한랭지수寒冷之水^{차가운 물}

음양 → 음-

오행 → 수水

동물 → 쥐

성격 판단

● 신용과 신의를 중시한다.

● 정직하고 성실하다.

● 외유내강하다.

● 자존심이 강하다.

● 세밀하고 근검 · 절약 정신이 강하다.

● 가끔 인색하고 구두쇠 같다는 소리를 듣는다.

● 경우에 따라서는 지적으로 좀 모자란다.

직업 판단

● 성실과 신용이 필수적인 직업과 인연이 있다.

직장생활^{금융 계통 · 재무 계통 등} · 기업 경영.

● 재경인 · 교육자 · 증권인 등이 많다.

기타 판단

● 지극히 현실적이다.

● 재물에 관심이 많고 항상 용돈이 떨어지지 않는다.

● 남성은 애처가이다.

● 남성은 여자들에게 인기가 좋다.

● 여성은 남편을 출세시키려고 노력하는 형이다.

● 여성은 자기보다 나이가 아주 많은 배우자 즉 노랑老郎을 만나기 쉽다.

처세 비결

● 갑오甲午년과 임오壬午년을 조심하라. 하늘은 뇌성벽력이고 땅은 대전大戰이다.

● 토끼 해에는 다스림^{통치} · 파괴 · 형액刑厄 · 소송 · 수술 · 사고 · 구설口舌 등이 발생할 수 있다. 극과 극의 현상을 피하라.

● 말 · 양 해에는 객지 또는 외국과 인연이 될 수 있으며 좋은 일이든 나쁜 일이든 예상이 빗나갈 수 있다.

✳ ✳ ✳

전문가를 위한 코너

① 정재도화正財桃花／정재양인正財羊刃

② 천극지충天剋地沖 : 갑오甲午 · 임오壬午／형刑 : 묘卯

③ 공망空亡 : 오미午未

【일간日干**】** 기己 → 평원옥토, 화단

음양 → 음-

오행 → 토土

【일지日支**】** 축丑, 동습도冬濕土겨울의 습한 흙

음양 → 음-

오행 → 토土

동물 → 소

성격 판단

● 신용과 신의를 중시한다.

● 치밀하고 냉정하며 내성적이다.

● 신앙심이 깊다.

● 의지가 강하다.

● 자존심이 강하다.

● 독립심이 강하다.

● 남에게 지기 싫어한다.

● 새로운 것을 잘 시작한다.

● 파당派黨을 잘 만들고 반항심이 강하다.

직업 판단

- 자신의 주체성을 살릴 수 있는 직업과 인연이 있다.

  독자 경영·공동사업·지점·출장소·영업소·공무원·국영 기업체·대기업 직원·경영자·지도자.

- 자유업·대리점업·종교인 등이 많다.

기타 판단

- 근면하고 성실해서 재물을 모은다.
- 풍습風濕에 약하므로 몸을 따뜻하게 해야하며 과음過飮을 삼가야 한다.
- 부부궁이 부실하니 이를 염두에 두고 스스로 노력하라.

처세 비결

- 을미乙未년과 계미癸未년을 조심하라. 하늘은 뇌성벽력이고 땅은 대전大戰이다.
- 개·양 해에는 다스림通治·파괴·형액刑厄·소송·수술·사고·구설口舌 등이 발생할 수 있다. 극과 극의 현상을 피하라.
- 말·양 해에는 객지 또는 외국과 인연이 될 수 있으며 좋은 일이든 나쁜 일이든 예상이 빗나갈 수 있다.

＊ ＊ ＊

전문가를 위한 코너

① 비견화개比肩華蓋／식상고食傷庫

② 천극지충天剋地沖：을미乙未·계미癸未／형刑：술미戌未

③ 공망空亡：오미午未

27 — 경인庚寅 일과 운명

【일간日干】 경庚 → 무쇠, 바위

음양 → 양+

오행 → 금金

【일지日支】 인寅, 조목燥木 비짝 마른 나무

음양 → 양+

오행 → 목木

동물 → 호랑이

성격 판단

● 의리와 의협심이 강하고 시비를 분명히 하며 활동적이다.

● 냉정해 보이나 온화하다.

● 활동적이고 잘 돌아다닌다.

● 빈틈이 없고 요령과 기교가 있다.

● 돈벌이에 억척같으면서도 필요한 일에는 돈을 잘 쓸 줄 안다.

● 남의 일을 내 일같이 잘 돌봐준다.

● 때때로 잘잘못을 따지기 좋아한다.

● 투기, 요행 등을 바라는 한탕주의 성격이 강하다.

직업 판단

- 활동적이고 규모가 큰 조직의 일원이나 경영자와 인연이 있다.

  큰 조직의 일원 · 대기업 경영자 · 공직자 · 무역 · 외교 · 통신 · 교통 · 증권 · 사채 · 부동산.
- 공무원 · 무역인 등이 많다.

기타 판단

- 주거 이동이 잦은 편이고 해외 생활과도 인연이 있다.
- 남성은 횡재 · 투기에 관심이 많고 호색의 기질이 있다.
- 여성은 남편을 도와 가세를 일으키려고 노력하는 형이다.
- 소화기 계통에 유의하라.

처세 비결

- 병신丙申년과 갑신甲申년을 조심하라. 하늘은 뇌성벽력이고 땅은 대전大戰이다.
- 뱀 · 원숭이 해에는 다스림^{통치} · 파괴 · 형액刑厄 · 소송 · 수술 · 사고 · 구설口舌 등이 발생할 수 있다. 극과 극의 현상을 피하라.
- 말 · 양 해에는 객지 또는 외국과 인연이 될 수 있으며 좋은 일이든 나쁜 일이든 예상이 빗나갈 수 있다.

* * *

전문가를 위한 코너

① 편재역마偏財驛馬

② 천극지충天剋地沖 : 병신丙申 · 갑신甲申／형刑 : 사신巳申

③ 공망空亡 : 오미午未

【일간日干】 신辛 → 보석, 열매

음양 → 음-

오행 → 금金

【일지日支】 묘卯, 습목濕木물오른 나무

음양 → 음-

오행 → 목木

동물 → 토끼

성격 판단

● 의리와 의협심이 강하고 시비를 분명히 한다.

● 활동적이고 잘 돌아다닌다.

● 빈틈이 없고 요령과 기교가 있다.

● 자존심이 강하다.

● 돈벌이에 억척같으면서도 필요한 일에는 돈을 잘 쓸 줄 안다.

● 남의 일을 내 일같이 잘 돌봐준다.

● 때때로 잘잘못을 따지기 좋아한다.

● 투기, 요행 등을 바라는 한탕주의 성격이 강하다.

직업 판단

- 활동적이고 규모가 큰 조직의 일원이나 경영자와 인연이 있다.
  큰 조직의 일원 · 대기업 경영자 · 공직자 · 무역 · 외교 · 통신 · 교통 · 증권 · 사채 · 부동산.
- 의약인 · 작가 등이 많다.

기타 판단

- 미남 · 미녀가 많다.
- 재물에 대한 관심이 많고 재복이 따르니 남에게 베풀고 살아가는 것이 좋다.
- 날카롭고 완벽을 추구하는 경향이 있으므로 이를 스스로 고쳐나가야 한다.

처세 비결

- 정유丁酉년과 을유乙酉년을 조심하라. 하늘은 뇌성벽력이고 땅은 대전大戰이다.
- 쥐 해에는 다스림통치 · 파괴 · 형액刑厄 · 소송 · 수술 · 사고 · 구설口舌 등이 발생할 수 있다. 극과 극의 현상을 피하라.
- 말 · 양 해에는 객지 또는 외국과 인연이 될 수 있으며 좋은 일이든 나쁜 일이든 예상이 빗나갈 수 있다.

* * *

전문가를 위한 코너

① 편재도화偏財桃花／편재양인偏財羊刃
② 천극지충天尅地沖 : 정유丁酉 · 을유乙酉／형형刑 : 자子
③ 공망空亡 : 오미午未

【일간日干】 임壬 → 바다, 호수

음양 → 양+

오행 → 수水

【일지日支】 진辰, 습토濕土습한 흙

음양 → 양+

오행 → 토土

동물 → 용

성격 판단

● 지혜롭고 총명하다.

● 고집과 끈기가 있다.

● 의협심이 강하다.

● 남을 먼저 생각하고 그릇이 크다.

● 모험심이 강하고 특이한 사상을 따른다.

● 총명하며 과단성이 있고 기회를 잘 포착한다.

● 비교적 단순하여 복잡하게 생각하지 않는다.

● 남에게 지기 싫어하고 반드시 이기려고 한다.

● 경우에 따라서는 허풍이 세거나 남에게 의지하려고 한다.

직업 판단

- 남보다 다소 힘이 드는 직업이나 모험심·개척심·의협심이 필요한 직업과 인연이 있다.

  공직자·검찰·경찰·군인·기술인·예술인·국회의원·노동자.
- 공직자·무관 등이 많다.

기타 판단

- 자립정신이 강하고 결단력이 빨라 성공할 수 있다.
- 임전무퇴臨戰無退의 기질로 대인관계를 일관해서는 안 된다.
- 배우자와 원만한 관계를 이루도록 스스로를 다듬어야 한다.

처세 비결

- 무술戊戌년과 병술丙戌년을 조심하라. 하늘은 뇌성벽력이고 땅은 대전大戰이다.
- 용 해에는 다스림통치·파괴·형액刑厄·소송·수술·사고·구설口舌 등이 발생할 수 있다. 극과 극의 현상을 피하라.
- 말·양 해에는 객지 또는 외국과 인연이 될 수 있으며 좋은 일이든 나쁜 일이든 예상이 빗나갈 수 있다.

＊＊＊

전문가를 위한 코너

① 편관화개偏官華蓋／신고身庫／괴강魁罡

② 천극지충天剋地沖 : 무술戊戌·병술丙戌／형형刑刑 : 진辰

③ 공망空亡 : 오미午未

【일간日干】 계癸 → 개울물, 비

음양 → 음-

오행 → 수水

【일지日支】 사巳, 광선, 햇빛

음양 → 양+

오행 → 화火

동물 → 뱀

성격 판단

- 지혜롭고 총명하다.
- 매사에 활동적이다.
- 정직하고 성실하다.
- 세밀하고 근검 · 절약 정신이 강하다.
- 가끔 인색하고 구두쇠 같다는 소리를 듣는다.
- 경우에 따라서는 지적으로 좀 모자란다.

직업 판단

● 성실과 신용이 필수적인 직업과 인연이 있다.

　직장생활_{금융 계통 · 재무 계통 등} · 기업 경영.

● 공무원 · 금융인 · 무역인 등이 많다.

기타 판단

● 누구에게나 귀여움을 받을 수 있는 귀인이다.

● 남녀 모두 바쁜 직업과 인연이 있다.

● 남성은 자기와 아내 모두 사람들의 호감을 받을 수 있다.

● 여성은 자기보다 나이가 아주 많은 배우자 즉 노랑老郎을 만나기 쉽다.

● 비뇨기 계통에 유의하라.

처세 비결

● 기해己亥년과 정해丁亥년을 조심하라. 하늘은 뇌성벽력이고 땅은 대전大戰이다.

● 호랑이 · 원숭이 해에는 다스림^{통치} · 파괴 · 형액刑厄 · 소송 · 수술 · 사고 · 구설口舌 등이 발생할 수 있다. 극과 극의 현상을 피하라.

● 말 · 양 해에는 객지 또는 외국과 인연이 될 수 있으며 좋은 일이든 나쁜 일이든 예상이 빗나갈 수 있다.

* * *

전문가를 위한 코너

① 정재역마正財驛馬

② 천극지충天剋地沖 : 기해己亥 · 정해丁亥／형형刑 : 인신寅申

③ 공망空亡 : 오미午未

31 — 갑오甲午 일과 운명

【일간日干】 갑甲 → 큰 수목, 재목

음양 → 양+

오행 → 목木

【일지日支】 오午, 불꽃

음양 → 음-

오행 → 화火

동물 → 말

성격 판단

● 어질고 착하며 정리정돈을 잘한다.

● 총명하고 영리하다. 그러나 게으른 면이 있다

● 아는 것이 많고 다재다능하며 선견지명이 있다.

● 비밀을 간직하지 못하고 잘 털어놓는다.

● 강한 자에게는 반항하고 약한 자를 잘 보살핀다.

● 세상에서 자기가 가장 잘났다고 생각한다.

● 말을 잘하며 자신의 주장을 관철시키는 강한 면이 있다.

● 차원 높은 모의와 간사한 계략을 꾸미는 수가 있다.

직업 판단

● 학문 · 예술 · 기술에 대한 전문성을 발휘하는 직업과 인연이 있다.

  교육자 · 학자 · 정치가 · 종교인 · 변호사 · 회계사 · 설계사 · 언론인 · 방송인 · 연예인 · 체육인 · 기술인 · 생산발명가 · 중개인 · 말을 많이 하는 직업[영업].

● 자유전문직 · 예술인 · 작가 · 언론인 · 기술인 등이 많다.

기타 판단

● 남녀 모두 멋쟁이이며 풍류를 좋아한다.

● 남성은 자식에게 소홀한 경향이 있다.

● 여성은 남편과 불화하면서 자식을 사랑하는 경향이 있다.

처세 비결

● 경자庚子년과 무자戊子년을 조심하라. 하늘은 뇌성벽력이고 땅은 대전大戰이다.

● 말 해에는 다스림[통치] · 파괴 · 형액刑厄 · 소송 · 수술 · 사고 · 구설口舌 등이 발생할 수 있다. 극과 극의 현상을 피하라.

● 용 · 뱀 해에는 객지 또는 외국과 인연이 될 수 있으며 좋은 일이든 나쁜 일이든 예상이 빗나갈 수 있다.

＊ ＊ ＊

전문가를 위한 코너

① 상관도화傷官桃花／상관양인傷官羊刃

② 천극지충天剋地沖 : 경자庚子 · 무자戊子／형형刑 : 오午

③ 공망空亡 : 진사辰巳

【일간日干】 을乙 → 화초, 덩굴식물

음양 → 음-

오행 → 목木

【일지日支】 미未, 건조토乾燥土

음양 → 음-

오행 → 토±

동물 → 양

성격 판단

● 어질고 착하며 부드럽고 유연성이 있다.

● 성실하고 책임감이 있다.

● 심사숙고하며 신앙심이 깊다.

● 끈기와 고집이 있다.

● 활동적이고 잘 돌아다닌다.

● 빈틈이 없고 요령과 기교가 있다.

● 돈벌이에 억척같으면서도 필요한 일에는 돈을 잘 쓸 줄 안다.

● 남의 일을 내 일같이 잘 돌봐준다.

● 때때로 잘잘못을 따지기 좋아한다.

● 투기, 요행 등을 바라는 한탕주의 성격이 강하다.

직업 판단

● 활동적이고 규모가 큰 조직의 일원이나 경영자와 인연이 있다.

큰 조직의 일원 · 대기업 경영자 · 공직자 · 무역 · 외교 · 통신 · 교통 · 증권 · 사채 · 부동산.

● 경찰 · 군인 · 의약인 · 종교인 등이 있다.

기타 판단

● 부부궁이 좋다.

● 소화기 계통과 신장腎臟 · 방광에 유의하라특히 여름생은 수영이 좋다.

처세 비결

● 신축辛丑년과 기축己丑년을 조심하라. 하늘은 뇌성벽력이고 땅은 대전大戰이다.

● 소 · 개 해에는 다스림統治 · 파괴 · 형액刑厄 · 소송 · 수술 · 사고 · 구설口舌 등이 발생할 수 있다. 극과 극의 현상을 피하라.

● 용 · 뱀 해에는 객지 또는 외국과 인연이 될 수 있으며 좋은 일이든 나쁜 일이든 예상이 빗나갈 수 있다.

* * *

전문가를 위한 코너

① 편재화개偏財華蓋／신고身庫／백호白虎

② 천극지충天剋地沖 : 신축辛丑 · 기축己丑／형刑 : 축술丑戌

③ 공망空亡 : 진사辰巳

【일간日干】	병丙 → 빛, 태양
	음양 → 양+
	오행 → 화火
【일지日支】	신申, 강금剛金
	음양 → 양+
	오행 → 금金
	동물 → 원숭이

성격 판단

- 밝고 명랑하며 리더십leadership이 있다.
- 활동적이고 잘 돌아다닌다. 가정보다 밖의 일에 더 열심이다.
- 빈틈이 없고 요령과 기교가 있으며 이재理財에 밝다.
- 돈벌이에 억척같으면서도 필요한 일에는 돈을 잘 쓸 줄 안다.
- 남의 일을 내 일같이 잘 돌봐준다.
- 화려한 것을 좋아하며 다소 허영심과 낭비벽이 있다.
- 궁해도 내색을 하지 않는다.
- 때때로 잘잘못을 따지기 좋아한다.
- 투기, 요행 등을 바라는 한탕주의 성격이 강하다.

직업 판단

● 활동적이고 규모가 큰 조직의 일원이나 경영자와 인연이 있다.

　큰 조직의 일원·대기업 경영자·공직자·무역·외교·통신·교통·증권·

　사채·부동산.

● 정치가·사업가·검찰·경찰·군인·무역인 등이 있다.

기타 판단

● 남성은 외방득자外房得子^{부인 이외의 여성한테서 자식을 얻음}의 가능성이 있다.

● 여성은 남편을 잘 내조하는 타입^{type}이다.

처세 비결

● 임인壬寅년과 경인庚寅년을 조심하라. 하늘은 뇌성벽력이고 땅은 대전大戰이다.

● 호랑이·뱀 해에는 다스림^{통치}·파괴·형액刑厄·소송·수술·사고·구설口

　舌 등이 발생할 수 있다. 극과 극의 현상을 피하라.

● 용·뱀 해에는 객지 또는 외국과 인연이 될 수 있으며 좋은 일이든 나쁜 일이

　든 예상이 빗나갈 수 있다.

＊ ＊ ＊

전문가를 위한 코너

① 편재역마偏財驛馬

② 천극지충天剋地沖 : 임인壬寅·경인庚寅／형형刑刑 : 인사인사寅巳

③ 공망空亡 : 진사辰巳

【일간日干】 정丁 → 열, 등댓불

음양 → 음-

오행 → 화火

【일지日支】 유酉, 금은보석

음양 → 음-

오행 → 금金

동물 → 닭

성격 판단

● 밝고 명랑하며 사교적이다.

● 활동적이고 잘 돌아다닌다.

● 빈틈이 없고 요령과 기교가 있다.

● 돈벌이에 억척같으면서도 필요한 일에는 돈을 잘 쓸 줄 안다.

● 남의 일을 내 일같이 잘 돌봐준다.

● 자존심이 강하다.

● 때때로 잘잘못을 따지기 좋아한다.

● 투기, 요행 등을 바라는 한탕주의 성격이 강하다.

직업 판단

● 활동적이고 규모가 큰 조직의 일원이나 경영자와 인연이 있다.

   큰 조직의 일원 · 대기업 경영자 · 공직자 · 무역 · 외교 · 통신 · 교통 · 증권 ·

   사채 · 부동산.

● 재경인 · 금전을 다루는 사람 등이 많다.

기타 판단

● 날씬한 미남 · 미녀가 많고 귀여움을 받을 수 있는 형이다.

● 재물을 다루는 재주가 빼어나다.

● 남성은 여성에게 인기가 좋다.

● 여성은 내조를 잘하는 형이다.

● 학문을 가까이 하며 어머니를 모시는 것이 좋다.

처세 비결

● 계묘癸卯년과 신묘辛卯년을 조심하라. 하늘은 뇌성벽력이고 땅은 대전大戰이다.

● 닭 해에는 다스림統治 · 파괴 · 형액刑厄 · 소송 · 수술 · 사고 · 구설口舌 등이 발

   생할 수 있다. 극과 극의 현상을 피하라.

● 용 · 뱀 해에는 객지 또는 외국과 인연이 될 수 있으며 좋은 일이든 나쁜 일이

   든 예상이 빗나갈 수 있다.

* * *

전문가를 위한 코너

① 편재도화偏財桃花／편재양인偏財羊刃

② 천극지충天剋地沖 : 계묘癸卯 · 신묘辛卯／형형刑 : 유酉

③ 공망空亡 : 진사辰巳

【일간日干】	무戊 → 큰 산, 제방
	음양 → 양+
	오행 → 토土
【일지日支】	술戌, 조열토燥熱土
	음양 → 양+
	오행 → 토土
	동물 → 개

성격 판단

● 신용과 신의를 중시한다.

● 끈기가 있어 끝장을 본다.

● 신앙심이 깊다.

● 의지가 강하다.

● 자존심이 강하다.

● 독립심이 강하다.

● 남에게 지기 싫어한다.

● 새로운 것을 잘 시작한다.

● 파당派黨을 잘 만들고 반항심이 강하다.

직업 판단

● 자신의 주체성을 살릴 수 있는 직업과 인연이 있다.

  독자 경영·공동사업·지점·출장소·영업소·공무원·국영기업체·대기업 직원·경영자·지도자.

● 의약인·예술인·체육인·법관·종교인 등이 많다.

기타 판단

● 장남, 장녀, 맏사위, 맏며느리이거나 그 역할을 하기 쉽다.

● 배우자를 무시하는 경향이 있다.

● 여성은 고부 간의 불화를 조심해야 한다.

● 비만·신장腎臟·방광·피부에 유의하라.

처세 비결

● 갑진甲辰년과 임진壬辰년을 조심하라. 하늘은 뇌성벽력이고 땅은 대전大戰이다.

● 소·양 해에는 다스림統治·파괴·형액刑厄·소송·수술·사고·구설口舌 등이 발생할 수 있다. 극과 극의 현상을 피하라.

● 용·뱀 해에는 객지 또는 외국과 인연이 될 수 있으며 좋은 일이든 나쁜 일이든 예상이 빗나갈 수 있다.

＊ ＊ ＊

전문가를 위한 코너

① 비견화개比肩華蓋／인수고인수고印綬庫／괴강魁罡

② 천극지충天剋地沖 : 갑진甲辰·임진壬辰／형형刑 : 축미丑未

③ 공망空亡 : 진사辰巳

【일간日干】 기己 → 평원옥토, 화단

음양 → 음-

오행 → 토土

【일지日支】 해亥, 생목지수生木之水 나무를 살려주는 물

음양 → 양+

오행 → 수水

동물 → 돼지

성격 판단

● 신용과 신의를 중시한다.

● 내성적이고 포용력이 있다.

● 원만하고 활동적이다.

● 정직하고 성실하다.

● 세밀하고 근검 · 절약 정신이 강하다.

● 가끔 인색하고 구두쇠 같다는 소리를 듣는다.

● 경우에 따라서는 지적으로 좀 모자란다.

직업 판단

● 성실과 신용이 필수적인 직업과 인연이 있다.

직장생활^{금융 계통 · 재무 계통 등} · 기업 경영.

● 외교관 · 무역인 · 수산업인 · 해운업인 · 보험인 등이 많다.

기타 판단

● 고향을 떠나 산다.

● 주거와 직장의 이동이 잦은 편이다.

● 국내외 출장이 잦다.

● 재복이 있으며 돈을 잘 쓴다.

● 남녀 모두 가정에 충실해야 한다.

● 남성은 총각으로 아이를 낳을 수 있으며 국제결혼이 가능하다.

● 심장 · 시력에 유의하라.

처세 비결

● 을사乙巳년과 계사癸巳년을 조심하라. 하늘은 뇌성벽력이고 땅은 대전大戰이다.

● 돼지 해에는 다스림^{통치} · 파괴 · 형액刑厄 · 소송 · 수술 · 사고 · 구설口舌 등이 발생할 수 있다. 극과 극의 현상을 피하라.

● 용 · 뱀 해에는 객지 또는 외국과 인연이 될 수 있으며 좋은 일이든 나쁜 일이든 예상이 빗나갈 수 있다.

＊＊＊

전문가를 위한 코너

① 정재역마正財驛馬

② 천극지충天剋地沖 : 을사乙巳 · 계사癸巳／형형刑 : 해亥

③ 공망空亡 : 진사辰巳

【일간日干】 경庚 → 무쇠, 바위

음양 → 양+

오행 → 금金

【일지日支】 자子, 한랭지수寒冷之水 자사분 불

음양 → 음-

오행 → 수水

동물 → 쥐

성격 판단

● 의리와 의협심이 강하고 결단력이 있으며 경우가 바르다.

● 총명하고 영리하며 깔끔하고 베풀 줄 안다.

● 아는 것이 많고 다재다능하며 선견지명이 있다.

● 비밀을 간직하지 못하고 잘 털어 놓는다.

● 강한 자에게는 반항하고 약한 자를 잘 보살핀다.

● 세상에서 자기가 가장 잘났다고 생각한다.

● 말을 잘하며 자신의 주장을 관철시키는 강한 면이 있다.

● 차원 높은 모의와 간사한 계략을 꾸미는 수가 있다.

직업 판단

● 학문 · 예술 · 기술에 대한 전문성을 발휘하는 직업과 인연이 있다.

교육자 · 학자 · 정치가 · 종교인 · 변호사 · 회계사 · 설계사 · 언론인 · 방송인 · 연예인 · 체육인 · 기술인 · 생산발명가 · 중개인 · 말을 많이 하는 직업^{영업}.

● 예술인 · 체육인 · 기술인 · 서비스업 · 요식업 등이 많다.

기타 판단

● 인생 후반에 건강과 재물에서 속패速敗할 수 있다.

● 여성은 남편과 불화하면서 자식을 사랑하는 경향이 있다.

● 중풍 · 혈압 · 신경 계통에 유의하라.

처세 비결

● 병오丙午년과 갑오甲午년을 조심하라. 하늘은 뇌성벽력이고 땅은 대전大戰이다.

● 토끼 해에는 다스림^{통치} · 파괴 · 형액刑厄 · 소송 · 수술 · 사고 · 구설口舌 등이 발생할 수 있다. 극과 극의 현상을 피하라.

● 용 · 뱀 해에는 객지 또는 외국과 인연이 될 수 있으며 좋은 일이든 나쁜 일이든 예상이 빗나갈 수 있다.

* * *

전문가를 위한 코너

① 상관도화傷官桃花／상관양인傷官羊刃

② 천극지충天剋地沖 : 병오丙午 · 갑오甲午／형刑 : 묘卯

③ 공망空亡 : 진사辰巳

【일간日干】 신辛 → 보석, 열매

음양 → 음-

오행 → 금金

【일지日支】 축丑, 동습토冬濕土 겨울이 습한 흙

음양 → 음-

오행 → 토土

동물 → 소

성격 판단

● 의리와 의협심이 강하고 시비를 분명히 한다.

● 고집과 끈기가 있고 신앙심이 깊다.

● 독립심과 자아의식이 강하고 매사에 심사숙고 한다.

● 눈치가 빠르고 요령이 있어서 임기응변의 기회를 잘 잡는다.

● 명랑하고 다방면에 재능을 발휘한다.

● 진실한 사랑을 그리워한다. 만인 속의 고독이다.

● 처음에는 민첩하지만 끝에는 태만한 경향이 있다. 따라서 계략과 모의가 교묘
   하지만 일관성이 부족하다.

● 예측불허의 기질이 있어서 종잡기 어려울 때가 있다.

직업 판단

● 특수 전문직과 인연이 있다.

활인업^{의사·약사·간호사·상담사} · 예술 분야배우^{탤런트·가수·연주자·무용가·화가·디자이너·모델·}

교육자 · 작가 · 언론인 · 방송인 · 체육인 · 기술인 · 외국 관련 직종.

● 교육자 · 연구가 · 예술인 · 종교인 등이 많다.

기타 판단

● 미남 · 미녀가 많고 언변이 정확하며 임기응변에 능하다.

● 부부궁이 부실하며 여성은 고부 간의 불화를 조심해야 한다.

● 풍風 · 습濕 · 간肝 · 담膽^{쓸개}에 유의하라.

처세 비결

● 정미丁未년과 을미乙未년을 조심하라. 하늘은 뇌성벽력이고 땅은 대전大戰이다.

● 양 · 개 해에는 다스림^{통치} · 파괴 · 형액刑厄 · 소송 · 수술 · 사고 · 구설口舌 등
이 발생할 수 있다. 극과 극의 현상을 피하라.

● 용 · 뱀 해에는 객지 또는 외국과 인연이 될 수 있으며 좋은 일이든 나쁜 일이
든 예상이 빗나갈 수 있다.

＊＊＊

전문가를 위한 코너

① 편인화개偏印華蓋／신고身庫

② 천극지충天剋地沖 : 정미丁未 · 을미乙未／형刑 : 미술未戌

③ 공망空亡 : 진사辰巳

【일간日干】 임壬 → 바다, 호수

음양 → 양+

오행 → 수水

【일지日支】 인寅, 조목燥木^{바짝 마른 나무}

음양 → 양+

오행 → 목木

동물 → 호랑이

성격 판단

- 지혜롭고 총명하다.

- 온후하고 공경심이 있다.

- 명랑하고 쾌활하며 싹싹하고 애교스럽다.

- 희생과 봉사의 정신이 투철하다.

- 음식을 잘 만들고 식음食飮 · 가무歌舞와 인연이 있다.

- 경우에 따라서는 고집이 세고 매사에 이론적이다.

- 음흉한 면이 있다.

- 때로는 심신이 안정되지 못하고 침착성이 없다.

직업 판단

● 학문 · 예술 · 기술을 발휘하여 의식주를 풍족하게 하는 직업과 인연이 있다. 교육자 · 연구가 · 정치가 · 연기자 · 가수 · 무용가 · 작가 · 작곡가 · 기술인 · 의식주 관련 업종 · 금융회사 · 의약 계통.

● 교육자 · 문학가 · 예술인 · 기술인 · 변호사 등이 많다.

기타 판단

● 평생 분주하고 일이 많으며 타향살이와 인연이 있다.

● 남성은 처복이 많으나 아들을 두기가 어려울 수 있다.

● 여성은 남편보다 자식을 더 사랑하는 경향이 있다.

처세 비결

● 무신戊申년과 병신丙申년을 조심하라. 하늘은 뇌성벽력이고 땅은 대전大戰이다.

● 뱀 · 원숭이 해에는 다스림統治 · 파괴 · 형액刑厄 · 소송 · 수술 · 사고 · 구설口舌 등이 발생할 수 있다. 극과 극의 현상을 피하라. 원숭이해에는 특히 교통사고를 조심해야 한다.

● 용 · 뱀 해에는 객지 또는 외국과 인연이 될 수 있으며 좋은 일이든 나쁜 일이든 예상이 빗나갈 수 있다.

＊＊＊

전문가를 위한 코너

① 식신역마食神驛馬

② 천극지충天剋地沖 : 무신戊申 · 병신丙申／형형刑 : 사신巳申

③ 공망空亡 : 진사辰巳

【일간日干】 계癸 → 개울물, 비

음양 → 음-

오행 → 수水

【일지日支】 묘卯, 습목濕木 ^{물오른 나무}

음양 → 음-

오행 → 목木

동물 → 토끼

성격 판단

● 지혜롭고 총명하다.

● 내성적이고 속마음을 잘 드러내지 않는다.

● 온후하고 공경심이 있다.

● 명랑하고 쾌활하다.

● 음식을 잘 만들고 식음食飲·가무歌舞와 인연이 있다.

● 자존심이 강하다.

● 경우에 따라서는 고집이 세고 매사에 이론적이다.

● 때로는 심신이 안정되지 못하고 침착성이 없다.

직업 판단

- 학문 · 예술 · 기술을 발휘하여 의식주를 풍족하게 하는 직업과 인연이 있다.
  교육자 · 연구가 · 정치가 · 연기자 · 가수 · 무용가 · 작가 · 작곡가 · 기술인 ·
  의식주 관련 업종 · 금융회사 · 의약 계통.
- 교육자 · 예술인 · 작가 · 기술인 · 요식업 등이 많다.

기타 판단

- 귀인형貴人形이 많고 솜씨가 있으며 표현력이 좋다.
- 남성은 처덕이 있으나 아들을 두기가 쉽지 않다.
- 여성은 자기보다 나이가 아주 많은 배우자 즉 노랑老郞을 만나기 쉬우며 남편
  은 뒷전이고 자식 사랑으로 살아간다.

처세 비결

- 기유己酉년과 정유丁酉년을 조심하라. 하늘은 뇌성벽력이고 땅은 대전大戰이다.
- 쥐 해에는 다스림통치 · 파괴 · 형액刑厄 · 소송 · 수술 · 사고 · 구설口舌 등이 발
  생할 수 있다. 극과 극의 현상을 피하라.
- 용 · 뱀 해에는 객지 또는 외국과 인연이 될 수 있으며 좋은 일이든 나쁜 일이
  든 예상이 빗나갈 수 있다.

* * *

전문가를 위한 코너

① 식신도화食神桃花／식신양인食神羊刃

② 천극지충天剋地沖 : 기유己酉 · 정유丁酉／형刑 : 자子

③ 공망空亡 : 진사辰巳

【일간日干】 갑甲 → 큰 수목, 재목

음양 → 양+

오행 → 목木

【일지日支】 진辰, 습토濕土^{습한 흙}

음양 → 양+

오행 → 토土

동물 → 용

성격 판단

● 어질고 착하며 학문을 가까이 한다.

● 고집이 있고 신앙심이 깊으며 끈기와 추진력이 강하다.

● 활동적이고 잘 돌아다닌다.

● 빈틈이 없고 요령과 기교가 있다.

● 돈벌이에 억척같으면서도 필요한 일에는 돈을 잘 쓸 줄 안다.

● 남의 일을 내 일같이 잘 돌봐준다.

● 때때로 잘잘못을 따지기 좋아한다.

● 투기, 요행 등을 바라는 한탕주의 성격이 강하다.

직업 판단

● 활동적이고 규모가 큰 조직의 일원이나 경영자와 인연이 있다.

　큰 조직의 일원 · 대기업 경영자 · 공직자 · 무역 · 외교 · 통신 · 교통 · 증권 ·

　사채 · 부동산.

● 교육자 · 경찰 · 군인 · 의약인 · 종교인 등이 많다.

기타 판단

● 이재理財에 밝고 부동산에 관심이 많다.

● 남성은 풍류를 즐긴다.

● 여성은 고집이 세다.

● 남녀 모두 부부궁이 부실한 편이다.

● 신경과민 · 의처증 · 의부증에 유의하라.

처세 비결

● 경술庚戌년과 무술戊戌년을 조심하라. 하늘은 뇌성벽력이고 땅은 대전大戰이다.

● 용 해에는 다스림統治 · 파괴 · 형액刑厄 · 소송 · 수술 · 사고 · 구설口舌 등이 발

　생할 수 있다. 극과 극의 현상을 피하라.

● 호랑이 · 토끼 해에는 객지 또는 외국과 인연이 될 수 있으며 좋은 일이든 나

　쁜 일이든 예상이 빗나갈 수 있다.

* * *

전문가를 위한 코너

① 편재화개偏財華蓋／인수고印綬庫／백호白虎

② 천극지충天剋地沖 : 경술庚戌 · 무술戊戌／형형刑 : 진辰

③ 공망空亡 : 인묘寅卯

【일간日干】 을乙 → 화초, 덩굴식물

음양 → 음-

오행 → 목木

【일지日支】 사巳, 광선, 햇빛

음양 → 양+

오행 → 화火

동물 → 뱀

성격 판단

● 어질고 착하며 표현력이 좋고 활동적이며 베풀 줄 안다.

● 총명하고 영리하다.

● 아는 것이 많고 다재다능하며 선견지명이 있다.

● 비밀을 간직하지 못하고 잘 털어놓는다.

● 강한 자에게는 반항하고 약한 자를 잘 보살핀다.

● 세상에서 자기가 가장 잘났다고 생각한다.

● 말을 잘하며 자신의 주장을 관철시키는 강한 면이 있다.

● 차원 높은 모의와 간사한 계략을 꾸미는 수가 있다.

직업 판단

- 학문·예술·기술에 대한 전문성을 발휘하는 직업과 인연이 있다.
  교육자·학자·정치가·종교인·변호사·회계사·설계사·언론인·방송인·연예인·체육인·기술인·생산발명가·중개인·말을 많이 하는 직업^{영업}.
- 외교관·예술인·무역인·요식업 등이 많다.

기타 판단

- 미남·미녀가 많고 멋을 안다. 허영을 삼가야 한다.
- 남성은 처덕이 있지만 자식과는 인연이 박할 수 있다.
- 여성은 남편을 제쳐두고 자식 사랑으로 살아간다.

처세 비결

- 신해辛亥년과 기해己亥년을 조심하라. 하늘은 뇌성벽력이고 땅은 대전大戰이다.
- 호랑이·원숭이 해에는 다스림^{통치}·파괴·형액刑厄·소송·수술·사고·구설口舌 등이 발생할 수 있다. 극과 극의 현상을 피하라.
- 호랑이·토끼 해에는 객지 또는 외국과 인연이 될 수 있으며 좋은 일이든 나쁜 일이든 예상이 빗나갈 수 있다.

＊ ＊ ＊

전문가를 위한 코너

① 상관역마傷官驛馬／고란살孤鸞殺

② 천극지충天剋地沖 : 신해辛亥·기해己亥／형형刑 : 인신寅申

③ 공망空亡 : 인묘寅卯

【일간日干】　병丙 → 빛, 태양

　　　　　　음양 → 양+

　　　　　　오행 → 화火

【일지日支】　오午, 불꽃

　　　　　　음양 → 음-

　　　　　　오행 → 화火

　　　　　　동물 → 말

성격 판단

● 예의가 바르고 개성이 뚜렷하며 명랑하고 쾌활하다.

● 속전속결하는 경향이 있다.

● 자만심이 강하다. 그러나 인정이 있다.

● 솔직하고 허식이 없는 편이지만 지나치게 자기중심적으로 생각한다.

● 겉과 달리 마음 속으로는 딴 생각을 하는 경우가 많다.

● 손재가 많아서 작은 이익을 얻고 큰 손해를 본다.

● 남녀 모두 배우자를 극尅함이 강하다.

직업 판단

- 자신의 주체성을 살릴 수 있는 직업과 인연이 있다.
  독자 경영 · 공동사업 · 지점 · 출장소 · 영업소 · 공무원 · 국영기업체 · 대기업 직원 · 경영자 · 지도자.
- 법관 · 경찰 · 군인 · 의약인 등이 많다.

기타 판단

- 장남, 장녀, 맏사위, 맏며느리이거나 그 역할을 하기 쉽다.
- 모임이나 단체에서 사회자나 리더leader가 된다.
- 귀인貴人이 될 수 있으나 신약身弱하여 뜻을 펴지 못할 수 있다.
- 독선적인 언행으로 배우자를 난처하게 만드는 경향이 있다.

처세 비결

- 임자壬子년과 경자庚子년을 조심하라. 하늘은 뇌성벽력이고 땅은 대전大戰이다.
- 말 해에는 다스림통치 · 파괴 · 형액刑厄 · 소송 · 수술 · 사고 · 구설口舌 등이 발생할 수 있다. 극과 극의 현상을 피하라.
- 호랑이 · 토끼 해에는 객지 또는 외국과 인연이 될 수 있으며 좋은 일이든 나쁜 일이든 예상이 빗나갈 수 있다.

* * *

전문가를 위한 코너

① 겁재도화劫財桃花 / 겁재양인劫財羊刃 / 고란살孤鸞殺

② 천극지충天剋地沖 : 임자壬子 · 경자庚子 / 형刑 : 오午

③ 공망空亡 : 인묘寅卯

【일간日干】 정丁 → 열, 등댓불

음양 → 음-

오행 → 화火

【일지日支】 미未, 건조토乾燥土

음양 → 음-

오행 → 토土

동물 → 양

성격 판단

● 싹싹하고 예의가 바르다.

● 약간 성급하다.

● 온후하고 공경심이 있다.

● 명랑하고 쾌활하다.

● 음식을 잘 만들고 식음食飮 · 가무歌舞와 인연이 있다.

● 신앙심이 깊으며 베풀 줄 안다.

● 경우에 따라서는 고집이 세고 매사에 이론적이다.

● 때로는 심신이 안정되지 못하고 침착성이 없다.

직업 판단

● 학문 · 예술 · 기술을 발휘하여 의식주를 풍족하게 하는 직업과 인연이 있다. 교육자 · 연구가 · 정치가 · 연기자 · 가수 · 무용가 · 작가 · 작곡가 · 기술인 · 의식주 관련 업종 · 금융회사 · 의약 계통.

● 교육자 · 예술인 · 언론인 · 요식업 · 종교인 등이 많다.

기타 판단

● 언변이 뛰어나다.

● 두뇌 회전이 빠르다.

● 사교적이다.

● 부부궁이 부실하다.

처세 비결

● 계축癸丑년과 신축辛丑년을 조심하라. 하늘은 뇌성벽력이고 땅은 대전大戰이다.

● 소 · 개 해에는 다스림統治 · 파괴 · 형액刑厄 · 소송 · 수술 · 사고 · 구설口舌 등이 발생할 수 있다. 극과 극의 현상을 피하라.

● 호랑이 · 토끼 해에는 객지 또는 외국과 인연이 될 수 있으며 좋은 일이든 나쁜 일이든 예상이 빗나갈 수 있다.

* * *

전문가를 위한 코너

① 식신화개食神華蓋／인수고印綬庫

② 천극지충天剋地沖 : 계축癸丑 · 신축辛丑／형형刑 : 축술丑戌

③ 공망空亡 : 인묘寅卯

【일간日干】 무戊 → 큰 산, 제방

음양 → 양+

오행 → 토土

【일지日支】 신申, 강금剛金

음양 → 양+

오행 → 금金

동물 → 원숭이

성격 판단

● 신용과 신의를 중시한다.

● 온후하고 공경심이 있다.

● 명랑하고 쾌활하다.

● 활동적이다.

● 음식을 잘 만들고 식음食飮 · 가무歌舞와 인연이 있다.

● 경우에 따라서는 고집이 세고 매사에 이론적이다.

● 때로는 심신이 안정되지 못하고 침착성이 없다.

직업 판단

● 학문 · 예술 · 기술을 발휘하여 의식주를 풍족하게 하는 직업과 인연이 있다.
교육자 · 연구가 · 정치가 · 연기자 · 가수 · 무용가 · 작가 · 작곡가 · 기술인 ·
의식주 관련 업종 · 금융회사 · 의약 계통.

● 예술인 · 작가 · 기자 · 의약인^{외과, 정형외과} 등이 많다.

기타 판단

● 부지런하고 표현력이 좋다.

● 멋쟁이이고 식도락가이다.

● 남성은 아들과의 인연이 박할 수 있다.

● 여성은 다산형이고 남편 보다 자식 위주로 살아간다.

처세 비결

● 갑인甲寅년과 임인壬寅년을 조심하라. 하늘은 뇌성벽력이고 땅은 대전大戰이다.

● 호랑이 · 뱀 해에는 다스림^{통치} · 파괴 · 형액刑厄 · 소송 · 수술 · 사고 · 구설口
舌 등이 발생할 수 있다. 극과 극의 현상을 피하라.

● 호랑이 · 토끼 해에는 객지 또는 외국과 인연이 될 수 있으며 좋은 일이든 나
쁜 일이든 예상이 빗나갈 수 있다.

* * *

전문가를 위한 코너

① 식신역마食神驛馬／고란살孤鸞殺

② 천극지충天剋地沖 : 갑인甲寅 · 임인壬寅／형형刑刑 : 인사寅巳

③ 공망空亡 : 인묘寅卯

【일간日干】 기己 → 평원옥토, 화단

음양 → 음-

오행 → 토土

【일지日支】 유酉, 금은보석

음양 → 음-

오행 → 금金

동물 → 닭

성격 판단

● 신용과 신의를 중시하고 포용력이 있으며 베풀 줄 안다.

● 온후하고 공경심이 있다.

● 명랑하고 쾌활하다. 그러나 내성적인 면이 있다.

● 음식을 잘 만들고 식음食飮 · 가무歌舞와 인연이 있다.

● 자존심이 강하다.

● 경우에 따라서는 고집이 세고 매사에 이론적이다.

● 때로는 심신이 안정되지 못하고 침착성이 없다.

직업 판단

● 학문 · 예술 · 기술을 발휘하여 의식주를 풍족하게 하는 직업과 인연이 있다.
교육자 · 연구가 · 정치가 · 연기자 · 가수 · 무용가 · 작가 · 작곡가 · 기술인 ·
의식주 관련 업종 · 금융회사 · 의약 계통.

● 예술인 · 기술인 · 요식업 · 의약인 등이 많다.

기타 판단

● 멋쟁이이고 화술話術이 뛰어나서 사람을 끌 수 있다.

● 직장의 변동이 많다.

● 남성은 아들보다 딸을 두기가 쉽다.

● 여성은 애교스러워 호감형이나 남편보다 자식을 더 사랑한다.

● 여성은 생식기 질환에 유의하라.

처세 비결

● 을묘乙卯년과 계묘癸卯년을 조심하라. 하늘은 뇌성벽력이고 땅은 대전大戰이다.

● 닭 해에는 다스림통치 · 파괴 · 형액刑厄 · 소송 · 수술 · 사고 · 구설口舌 등이 발
생할 수 있다. 극과 극의 현상을 피하라.

● 호랑이 · 토끼 해에는 객지 또는 외국과 인연이 될 수 있으며 좋은 일이든 나
쁜 일이든 예상이 빗나갈 수 있다.

* * *

전문가를 위한 코너

① 식신도화食神桃花／식신양인食神羊刃

② 천극지충天尅地沖 : 을묘乙卯 · 계묘癸卯／형형刑 : 유酉

③ 공망空亡 : 인묘寅卯

【일간日干】 경庚 → 무쇠, 바위

음양 → 양+

오행 → 금金

【일지日支】 술戌, 조열토燥熱土

음양 → 양+

오행 → 토土

동물 → 개

성격 판단

- 의리와 의협심이 강하고 시비를 분명히 한다.
- 매사를 심사숙고해서 끈기와 고집으로 끝장을 본다.
- 눈치가 빠르고 요령이 있어서 임기응변의 기회를 잘 잡는다.
- 명랑하고 다방면에 재능을 발휘한다.
- 진실한 사랑을 그리워한다. 만인 속의 고독이다.
- 처음에는 민첩하지만 끝에는 태만한 경향이 있다. 따라서 계략과 모의가 교묘하지만 일관성이 부족하다.
- 예측불허의 기질이 있어서 종잡기 어려울 때가 있다.

직업 판단

● 특수 전문직과 인연이 있다.

　　활인업^{의사·약사·간호사·상담사} · 예술 분야배우^{탤런트·가수·연주자·무용가·화가·디자이너·모델}

　　교육자 · 작가 · 언론인 · 방송인 · 체육인 · 기술인 · 외국 관련 직종.

● 인명人命을 다루는 직업^{예 : 의약인, 법조계} 등이 많다.

기타 판단

● 완벽을 추구해서 배우자에 대한 불만이 있으나 참을성이 있어 인내로 이를 극복한다.

● 여성은 시댁식구들과 사이좋게 지내야 한다.

● 남녀 모두 인격을 수양해서 아름다운 인간관계를 갖도록 하라.

처세 비결

● 병진丙辰년과 갑진甲辰년을 조심하라. 하늘은 뇌성벽력이고 땅은 대전大戰이다.

● 소 · 양 해에는 다스림^{통치} · 파괴 · 형액刑厄 · 소송 · 수술 · 사고 · 구설口舌 등이 발생할 수 있다. 극과 극의 현상을 피하라.

● 호랑이 · 토끼 해에는 객지 또는 외국과 인연이 될 수 있으며 좋은 일이든 나쁜 일이든 예상이 빗나갈 수 있다.

✳ ✳ ✳

전문가를 위한 코너

① 편인화개偏印華蓋／관고官庫／괴강魁罡

② 천극지충天剋地沖 : 병진丙辰 · 갑진甲辰／형형刑 : 축미丑未

③ 공망空亡 : 인묘寅卯

【일간日干】 　신辛 → 보석, 열매

　　　　　　음양 → 음-

　　　　　　오행 → 금金

【일지日支】 　해亥, 생목지수生木之水 나무를 살려주는 물

　　　　　　음양 → 양+

　　　　　　오행 → 수水

　　　　　　동물 → 돼지

성격 판단

● 의리와 의협심이 강하고 시비를 분명히 하며 베풀 줄 안다.

● 총명하고 영리하다.

● 아는 것이 많고 다재다능하며 선견지명이 있다.

● 비밀을 간직하지 못하고 잘 털어놓는다.

● 강한 자에게는 반항하고 약한 자를 잘 보살핀다.

● 세상에서 자기가 가장 잘났다고 생각한다.

● 말을 잘하며 자신의 주장을 관철시키는 강한 면이 있다.

● 차원 높은 모의와 간사한 계략을 꾸미는 수가 있다.

직업 판단

● 학문 · 예술 · 기술에 대한 전문성을 발휘하는 직업과 인연이 있다.

교육자 · 학자 · 정치가 · 종교인 · 변호사 · 회계사 · 설계사 · 언론인 · 방송인 · 연예인 · 체육인 · 기술인 · 생산발명가 · 중개인 · 말을 많이 하는 직업영업.

● 공사직公私職 중 자유로운 직종 종사자가 많다.

기타 판단

● 부지런하고 활동적이며 언변과 인물이 좋아 출세할 수 있다.

● 남성은 아들보다 딸과 인연이 많다.

● 여성은 남편보다 자식 위주이고 사회활동과 인연이 있다.

처세 비결

● 정사丁巳년과 을사乙巳년을 조심하라. 하늘은 뇌성벽력이고 땅은 대전大戰이다.

● 돼지 해에는 다스림통치 · 파괴 · 형액刑厄 · 소송 · 수술 · 사고 · 구설口舌 등이 발생할 수 있다. 극과 극의 현상을 피하라.

● 호랑이 · 토끼 해에는 객지 또는 외국과 인연이 될 수 있으며 좋은 일이든 나쁜 일이든 예상이 빗나갈 수 있다.

＊＊＊

전문가를 위한 코너

① 상관역마傷官驛馬／고란살孤鸞殺

② 천극지충天剋地沖 : 정사丁巳 · 을사乙巳／형형刑刑 : 해亥

③ 공망空亡 : 인묘寅卯

【일간日干】 임壬 → 바다, 호수

음양 → 양+

오행 → 수水

【일지日支】 자子, 한랭지수寒冷之水차가운 물

음양 → 음-

오행 → 수水

동물 → 쥐

성격 판단

● 지혜롭고 총명하다.

● 차분하고 치밀하다.

● 자만심이 강하다.

● 솔직하고 허식이 없는 편이지만 지나치게 자기 중심적으로 생각한다.

● 겉과 달리 마음 속으로는 딴 생각을 하는 경우가 많다.

● 손재가 많아서 작은 이익을 얻고 큰 손해를 본다.

● 남녀 모두 배우자를 극剋함이 강하다.

직업 판단

● 자신의 주체성을 살릴 수 있는 직업과 인연이 있다.

독자 경영 · 공동사업 · 지점 · 출장소 · 영업소 · 공무원 · 국영기업체 · 대기업 직원 · 경영자 · 지도자.

● 의약인 · 요식업 · 경찰 · 수사관 · 군인 · 종교인 등이 많다.

기타 판단

● 장남, 장녀, 맏사위, 맏며느리이거나 그 역할을 하기 쉽다.

● 귀인貴人으로 군림할 수 있다.

● 건강이 양호하다.

● 여성도 직업을 갖는 것이 좋다.

● 대인관계를 원만히 해야 한다.

처세 비결

● 무오戊午년과 병오丙午년을 조심하라. 하늘은 뇌성벽력이고 땅은 대전大戰이다.

● 토끼 해에는 다스림統治 · 파괴 · 형액刑厄 · 소송 · 수술 · 사고 · 구설口舌 등이 발생할 수 있다. 극과 극의 현상을 피하라.

● 호랑이 · 토끼 해에는 객지 또는 외국과 인연이 될 수 있으며 좋은 일이든 나쁜 일이든 예상이 빗나갈 수 있다.

* * *

전문가를 위한 코너

① 겁재도화劫財桃花／겁재양인劫財羊刃／고란살孤鸞殺

② 천극지충天剋地沖：무오戊午 · 병오丙午／형형刑刑：묘卯

③ 공망호亡：인묘寅卯

【일간日干**】**　계癸 → 개울물, 비

　　　　　음양 → 음-

　　　　　오행 → 수水

【일지日支**】**　축丑, 동습토冬濕土 ^{겨울의 습한 흙}

　　　　　음양 → 음-

　　　　　오행 → 토土

　　　　　동물 → 소

성격 판단

- 냉정하고 차분하며 고집과 끈기가 있고 신앙심이 깊다.
- 의협심이 강하다.
- 남을 먼저 생각하고 그릇이 크다.
- 모험심이 강하고 특이한 사상을 따른다.
- 지혜롭고 총명하며 과단성이 있고 기회를 잘 포착한다.
- 비교적 단순하여 복잡하게 생각하지 않는다.
- 남에게 지기 싫어하고 반드시 이기려고 한다.
- 경우에 따라서는 허풍이 세거나 남에게 의지하려고 한다.

직업 판단

● 남보다 다소 힘이 드는 직업이나 모험심·개척심·의협심이 필요한 직업과 인연이 있다.

공직자·검찰·경찰·군인·기술인·예술인·국회의원·노동자.

● 검찰·경찰·수사관·군인·의약인 등이 많다.

기타 판단

● 근면하고 성실하며 준법정신이 강하다.

● 대인관계에서 이해심과 양보심을 기르고 밝고 따뜻한 분위기를 만들어야 한다. 배우자를 대할 때도 마찬가지이다.

● 풍風·습濕에 유의하라.

처세 비결

● 기미己未년과 정미丁未년을 조심하라. 하늘은 뇌성벽력이고 땅은 대전大戰이다.

● 개·양 해에는 다스림統治·파괴·형액刑厄·소송·수술·사고·구설口舌 등이 발생할 수 있다. 극과 극의 현상을 피하라.

● 호랑이·토끼 해에는 객지 또는 외국과 인연이 될 수 있으며 좋은 일이든 나쁜 일이든 예상이 빗나갈 수 있다.

* * *

전문가를 위한 코너

① 편관화개偏官華蓋／인수고印綬庫／백호白虎

② 천극지충天剋地沖 : 기미己未·정미丁未／형刑 : 술미戌未

③ 공망空亡 : 인묘寅卯

【일간日干】 갑甲 → 큰 수목, 재목

음양 → 양+

오행 → 목木

【일지日支】 인寅, 조목燥木바짝 마른 나무

음양 → 양+

오행 → 목木

동물 → 호랑이

성격 판단

● 어질고 착하다.

● 부지런하고 활동적이다.

● 의지·자존심·독립심이 강하다.

● 남에게 지기 싫어한다.

● 새로운 것을 잘 시작한다.

● 파당派黨을 잘 만들고 반항심이 강하다.

직업 판단

● 자신의 주체성을 살릴 수 있는 직업과 인연이 있다.

독자 경영 · 공동사업 · 지점 · 출장소 · 영업소 · 공무원 · 국영 기업체 · 대기업 직원 · 경영자 · 지도자.

● 공사직公私職 중 자유로운 직종 종사자가 많으나 인명人命을 다루는 직업에 : 의약인, 법조계 등이 있다.

기타 판단

● 장남, 장녀, 맏사위, 맏며느리이거나 그 역할을 하기 쉽다.

● 어느 분야에서나 우두머리가 될 수 있다.

● 주거와 직장의 이동이 잦은 편이고 타향살이와 인연이 있다.

● 남녀 모두 배우자를 무시하는 경향이 있다.

● 여성은 부드러운 자세로 시어머니를 모셔야 한다.

처세 비결

● 경신庚申년과 무신戊申년을 조심하라. 하늘은 뇌성벽력이고 땅은 대전大戰이다.

● 뱀 · 원숭이 해에는 다스림통치 · 파괴 · 형액刑厄 · 소송 · 수술 · 사고 · 구설口舌 등이 발생할 수 있다. 극과 극의 현상을 피하라.

● 쥐 · 소 해에는 객지 또는 외국과 인연이 될 수 있으며 좋은 일이든 나쁜 일이든 예상이 빗나갈 수 있다.

* * *

전문가를 위한 코너

① 비견역마比肩驛馬／고란살孤鸞殺

② 천극지충天剋地沖 : 경신庚申 · 무신戊申／형형刑 : 사신巳申

③ 공망空亡 : 자축子丑

【일간日干】 을乙 → 화초, 덩굴식물

음양 → 음-

오행 → 목木

【일지日支】 묘卯, 습목濕木 물오른 나무

음양 → 음-

오행 → 목木

동물 → 토끼

성격 판단

- 어질고 착하다.
- 부드럽고 내성적이다.
- 의지가 강하다.
- 끈기가 있다.
- 자존심이 강하다.
- 독립심이 강하다.
- 남에게 지기 싫어한다.
- 새로운 것을 잘 시작한다.
- 파당派黨을 잘 만들고 반항심이 강하다.

직업 판단

● 자신의 주체성을 살릴 수 있는 직업과 인연이 있다.

독자 경영 · 공동사업 · 지점 · 출장소 · 영업소 · 공무원 · 국영 기업체 · 대기업 직원 · 경영자 · 지도자.

● 다정다감한 자세로 사람을 보살펴주는 직업과 인연이 있다.

기타 판단

● 대인 관계가 원만해서 상대방이 호감을 가지고 대한다.

● 장남, 장녀, 맏사위, 맏며느리이거나 그 역할을 하기 쉽다.

● 남녀 모두 배우자를 무시하는 경향이 있다.

● 여성은 고부 간의 불화에 유의하라.

처세 비결

● 신유辛酉년과 기유己酉년을 조심하라. 하늘은 뇌성벽력이고 땅은 대전大戰이다.

● 쥐 해에는 다스림統治 · 파괴 · 형액刑厄 · 소송 · 수술 · 사고 · 구설口舌 등이 발생할 수 있다. 극과 극의 현상을 피하라.

● 쥐 · 소 해에는 객지 또는 외국과 인연이 될 수 있으며 좋은 일이든 나쁜 일이든 예상이 빗나갈 수 있다.

✳ ✳ ✳

전문가를 위한 코너

① 비견도화比肩桃花／비견양인比肩羊刃

② 천극지충天剋地沖 : 신유辛酉 · 기유己酉／형刑刑 : 자자子子

③ 공망空亡 : 자축子丑

【일간日干】   병丙 → 빛, 태양

음양 → 양+

오행 → 화火

【일지日支】   진辰, 습토濕土

음양 → 양+

오행 → 토土

동물 → 용

성격 판단

● 밝고 사교적이다.

● 온후하고 공경심이 있다.

● 명랑하고 쾌활하다.

● 음식을 잘 만들고 식음食飮 · 가무歌舞와 인연이 있다.

● 희생과 봉사의 정신이 강하다.

● 신앙심이 깊다.

● 경우에 따라서는 고집이 세고 매사에 이론적이다.

● 때로는 심신이 안정되지 못하고 침착성이 없다.

직업 판단

● 학문 · 예술 · 기술을 발휘하여 의식주를 풍족하게 하는 직업과 인연이 있다. 교육자 · 연구가 · 정치가 · 연기자 · 가수 · 무용가 · 작가 · 작곡가 · 기술인 · 의식주 관련 업종 · 금융회사 · 의약 계통.

● 예술인 · 체육인 · 기술인 · 의약인 등이 많다.

기타 판단

● 언변과 리더십^{leadership}이 뛰어나 장長이 될 수 있다.

● 금전 거래에서 손해를 볼 가능성이 다분하다.

● 풍류를 즐기며 쉽게 이성 교제를 하는 경향이 있다.

● 남녀 모두 가정에 충실하라.

처세 비결

● 임술壬戌년과 경술庚戌년을 조심하라. 하늘은 뇌성벽력이고 땅은 대전大戰이다.

● 용 해에는 다스림^{통치} · 파괴 · 형액刑厄 · 소송 · 수술 · 사고 · 구설口舌 등이 발생할 수 있다. 극과 극의 현상을 피하라.

● 쥐 · 소 해에는 객지 또는 외국과 인연이 될 수 있으며 좋은 일이든 나쁜 일이든 예상이 빗나갈 수 있다.

***

전문가를 위한 코너

① 식신화개食神華蓋／관고官庫

② 천극지충天剋地沖 : 임술壬戌 · 경술庚戌／형형刑 : 진辰

③ 공망空亡 : 자축子丑

【일간日干】 정丁 → 열, 등댓불

음양 → 음-

오행 → 화火

【일지日支】 사巳, 광선, 햇빛

음양 → 양+

오행 → 화火

동물 → 뱀

성격 판단

● 밝고 명랑하며 예의가 바르고 사교적이다.

● 활동적이고 자신감이 넘치며 끈기가 있다.

● 자만심이 강하다.

● 솔직하고 허식이 없는 편이지만 지나치게 자기 중심적으로 생각한다.

● 겉과 달리 마음 속으로는 딴 생각을 하는 경우가 많다.

● 손재가 많아서 작은 이익을 얻고 큰 손해를 본다.

● 남녀 모두 배우자를 극剋함이 강하다.

직업 판단

● 자신의 주체성을 살릴 수 있는 직업과 인연이 있다.

독자 경영 · 공동사업 · 지점 · 출장소 · 영업소 · 공무원 · 국영 기업체 · 대기업 직원 · 경영자 · 지도자.

● 분주다사奔走多事한 직업과 인연이 있다.

기타 판단

● 부지런하고 성실해서 성공할 수 있다.

● 친구가 많다.

● 바른 말을 잘하기 때문에 구설에 오를 수 있다.

● 부부궁이 부실하니 화목한 가정을 이루려는 노력을 해야 한다.

● 폐 · 대장큰 창자 · 간 · 담쓸개에 유의하라.

처세 비결

● 계해癸亥년과 신해辛亥년을 조심하라. 하늘은 뇌성벽력이고 땅은 대전大戰이다.

● 호랑이 · 원숭이 해에는 다스림통치 · 파괴 · 형액刑厄 · 소송 · 수술 · 사고 · 구설口舌 등이 발생할 수 있다. 극과 극의 현상을 피하라.

● 쥐 · 소 해에는 객지 또는 외국과 인연이 될 수 있으며 좋은 일이든 나쁜 일이든 예상이 빗나갈 수 있다.

＊＊＊

전문가를 위한 코너

① 겁재역마劫財驛馬

② 천극지충天剋地沖 : 계해癸亥 · 신해辛亥／형형刑 : 인신寅申

③ 공망空亡 : 자축子丑

【일간日干**】** 무戊 → 큰 산, 제방

음양 → 양+

오행 → 토土

【일지日支**】** 오午, 불꽃

음양 → 음-

오행 → 화火

동물 → 말

성격 판단

● 신용과 신의를 중시한다.

● 자존심이 강하다.

● 총명하고 단정하며 마음이 너그럽다.

● 지혜롭고 인자하다.

● 효심이 지극하다.

● 재물에 대해서 큰 관심이 없다.

● 여성의 경우에는 현모양처이다.

● 이상주의자로 안 되는 일도 무리해서 한다.

● 이기적인 면이 강하다.

직업 판단

● 학문을 바탕으로 한 지적인 분야와 인연이 있다.

　지적인 학술 · 교육 · 문화 · 예술 · 종교 · 차원 높은 기술 계통.

● 공직자 · 법관 · 경찰 · 군인 · 의약인 등이 많다.

기타 판단

● 어머니를 닮은 사람이 많다.

● 남에게 지기 싫어해서 대인관계를 그르치지 않도록 해야 한다.

● 부부궁이 부실하니 화목한 가정을 이루려는 노력을 해야 한다.

● 여성은 자식과의 인연이 박할 수 있다.

● 소화기 계통과 피부에 유의하라.

처세 비결

● 갑자甲子년과 임자壬子년을 조심하라. 하늘은 뇌성벽력이고 땅은 대전大戰이다.

● 말 해에는 다스림統治 · 파괴 · 형액刑厄 · 소송 · 수술 · 사고 · 구설口舌 등이 발생할 수 있다. 극과 극의 현상을 피하라.

● 쥐 · 소 해에는 객지 또는 외국과 인연이 될 수 있으며 좋은 일이든 나쁜 일이든 예상이 빗나갈 수 있다.

＊＊＊

전문가를 위한 코너

① 인수도화印綬桃花／인수양인印綬羊刃

② 천극지충天剋地沖 : 갑자甲子 · 임자壬子／형刑 : 오午

③ 공망空亡 : 자축子丑

【일간日干】   기己 → 평원옥토, 화단

음양 → 음-

오행 → 토土

【일지日支】   미未, 건조토乾燥土

음양 → 음-

오행 → 토土

동물 → 양

성격 판단

- 신용과 신의를 중시한다.
- 고집과 끈기가 있다.
- 신앙심이 깊다.
- 의지가 강하다.
- 자존심이 강하다.
- 독립심이 강하다.
- 남에게 지기 싫어한다.
- 새로운 것을 잘 시작한다.
- 파당派黨을 잘 만들고 반항심이 강하다.

직업 판단

● 자신의 주체성을 살릴 수 있는 직업과 인연이 있다.

독자 경영 · 공동 사업 · 지점 · 출장소 · 영업소 · 공무원 · 국영 기업체 · 대기

업 직원 · 경영자 · 지도자.

● 자유업 · 경찰 · 군인 · 정치가 · 종교인 등이 많다.

기타 판단

● 돈을 잘 쓰는 편이다.

● 남녀 모두 독단적이어서 가정 불화가 일어날 수 있다.

● 여성은 고부 간의 갈등으로 문제가 생길 수 있다.

● 소화기 계통과 당뇨에 유의하라.

처세 비결

● 을축乙丑년과 계축癸丑년을 조심하라. 하늘은 뇌성벽력이고 땅은 대전大戰이다.

● 소 · 개 해에는 다스림統治 · 파괴 · 형액刑厄 · 소송 · 수술 · 사고 · 구설口舌 등

이 발생할 수 있다. 극과 극의 현상을 피하라.

● 쥐 · 소 해에는 객지 또는 외국과 인연이 될 수 있으며 좋은 일이든 나쁜 일이

든 예상이 빗나갈 수 있다.

✳ ✳ ✳

전문가를 위한 코너

① 비견화개比肩華蓋／관고官庫

② 천극지충天剋地沖 : 을축乙丑 · 계축癸丑／형刑 : 축술丑戌

③ 공망空亡 : 자축子丑

【일간日干】 경庚 → 무쇠, 바위

음양 → 양+

오행 → 금金

【일지日支】 신申, 강금剛金

음양 → 양+

오행 → 금金

동물 → 원숭이

성격 판단

● 의리와 의협심이 강하고 시비를 분명히 하며 매우 활동적이다.

● 의지가 강하다.

● 자존심이 강하다.

● 독립심이 강하다.

● 남에게 지기 싫어한다.

● 새로운 것을 잘 시작한다.

● 파당派黨을 잘 만들고 반항심이 강하다.

직업 판단

● 자신의 주체성을 살릴 수 있는 직업과 인연이 있다.

독자 경영 · 공동사업 · 지점 · 출장소 · 영업소 · 공무원 · 국영 기업체 · 대기업 직원 · 경영자 · 지도자.

● 자유업 · 무역인 · 검찰 · 경찰 · 군인 · 작가 · 언론인 · 정치가 등이 많다.

기타 판단

● 어느 분야에서나 우두머리가 될 수 있다.

● 장남, 장녀, 맏사위, 맏며느리이거나 그 역할을 하기 쉽다.

● 타향살이와 인연이 있다.

● 독선적인 기질로 인간관계와 배우자의 건강까지 해할 수 있다.

처세 비결

● 병인丙寅년과 갑인甲寅년을 조심하라. 하늘은 뇌성벽력이고 땅은 대전大戰이다.

● 호랑이 · 뱀 해에는 다스림通治 · 파괴 · 형액刑厄 · 소송 · 수술 · 사고 · 구설口舌 등이 발생할 수 있다. 극과 극의 현상을 피하라.

● 쥐 · 소 해에는 객지 또는 외국과 인연이 될 수 있으며 좋은 일이든 나쁜 일이든 예상이 빗나갈 수 있다.

* * *

전문가를 위한 코너

① 비견역마比肩驛馬

② 천극지충天剋地沖 : 병인丙寅 · 갑인甲寅／형형刑刑 : 인사寅巳

③ 공망空亡 : 자축子丑

【일간日干】 신辛 → 보석, 열매

음양 → 음-

오행 → 금金

【일지日支】 유酉, 금은보석

음양 → 음-

오행 → 금金

동물 → 닭

성격 판단

● 의리와 의협심이 강하고 시비를 분명히 하며 내성적이다.

● 까다로운 면이 있다.

● 의지가 강하다.

● 자존심이 강하다.

● 독립심이 강하다.

● 남에게 지기 싫어한다.

● 새로운 것을 잘 시작한다.

● 파당派黨을 잘 만들고 반항심이 강하다.

직업 판단

● 자신의 주체성을 살릴 수 있는 직업과 인연이 있다.

독자 경영 · 공동 사업 · 지점 · 출장소 · 영업소 · 공무원 · 국영 기업체 · 대기

업 직원 · 경영자 · 지도자.

● 자유업 · 의약인 · 작가 등이 많다.

기타 판단

● 미남 · 미녀이거나 피부가 고우며 인기가 좋다.

● 장남, 장녀, 맏사위, 맏며느리이거나 그 역할을 하기 쉽다.

● 몸에 흉터를 지닐 수 있다.

● 남녀 모두 배우자를 무시하는 경향이 있다.

● 여성은 고부 간의 갈등이 있을 수 있다.

처세 비결

● 정묘丁卯년과 을묘乙卯년을 조심하라. 하늘은 뇌성벽력이고 땅은 대전大戰이다.

● 닭 해에는 다스림通治 · 파괴 · 형액刑厄 · 소송 · 수술 · 사고 · 구설口舌 등이 발

생할 수 있다. 극과 극의 현상을 피하라.

● 쥐 · 소 해에는 객지 또는 외국과 인연이 될 수 있으며 좋은 일이든 나쁜 일이

든 예상이 빗나갈 수 있다.

* * *

전문가를 위한 코너

① 비견도화比肩桃花／비견양인比肩羊刃

② 천극지충天剋地沖 : 정묘丁卯 · 을묘乙卯／형刑 : 유酉

③ 공망空亡 : 자축子丑

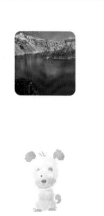

【일간日干】 임壬 → 바다, 호수

음양 → 양+

오행 → 수水

【일지日支】 술戌, 조열토燥熱土

음양 → 양+

오행 → 토土

동물 → 개

성격 판단

● 지혜롭고 총명하며 고집과 끈기가 있고 신앙심이 깊다.

● 의협심이 강하다.

● 남을 먼저 생각하고 그릇이 크다.

● 모험심이 강하고 특이한 사상을 따른다.

● 총명하며 과단성이 있고 기회를 잘 포착한다.

● 비교적 단순하여 복잡하게 생각하지 않는다.

● 남에게 지기 싫어하고 반드시 이기려고 한다.

● 경우에 따라서는 허풍이 세거나 남에게 의지하려고 한다.

직업 판단

● 남보다 다소 힘이 드는 직업이나 모험심 · 개척심 · 의협심이 필요한 직업과 인연이 있다.
  공직자 · 검찰 · 경찰 · 군인 · 기술인 · 예술인 · 국회의원 · 노동자.
● 검찰 · 경찰 · 군인 · 의약인 · 정치가 등이 많고 법관 · 종교인이 있다.

기타 판단

● 부귀를 추구하는 마음이 강하고 재산을 숨겨놓는 편이다.
● 여성은 남편이 나이가 제법 많아야 미덥다고 생각할 수 있다.
● 속마음을 잘 드러내지 않아 음흉하다는 소리를 들을 수 있다.

처세 비결

● 무진戊辰년과 병진丙辰년을 조심하라. 하늘은 뇌성벽력이고 땅은 대전大戰이다.
● 소 · 양 해에는 다스림統治 · 파괴 · 형액刑厄 · 소송 · 수술 · 사고 · 구설口舌 등이 발생할 수 있다. 극과 극의 현상을 피하라.
● 쥐 · 소 해에는 객지 또는 외국과 인연이 될 수 있으며 좋은 일이든 나쁜 일이든 예상이 빗나갈 수 있다.

＊ ＊ ＊

전문가를 위한 코너

① 편관화개偏官華蓋／재고財庫／괴강魁罡／백호白虎
② 천극지충天剋地沖 : 무진戊辰 · 병진丙辰／형형刑刑 : 축미丑未
③ 공망空亡 : 자축子丑

【일간日干】 계癸 → 개울물, 비

음양 → 음-

오행 → 수水

【일지日支】 해亥, 생목지수生木之水 나무를 살려주는 물

음양 → 양+

오행 → 수水

동물 → 돼지

성격 판단

● 지혜롭고 총명하며 부드럽고 내성적이다.

● 자만심이 강하다.

● 솔직하고 허식이 없는 편이지만 지나치게 자기 중심적으로 생각한다.

● 겉과 달리 마음 속으로는 딴 생각을 하는 경우가 많다.

● 손재가 많아서 작은 이익을 얻고 큰 손해를 본다.

● 남녀 모두 배우자를 극剋함이 강하다.

직업 판단

- 자신의 주체성을 살릴 수 있는 직업과 인연이 있다.

  독자 경영 · 공동 사업 · 지점 · 출장소 · 영업소 · 공무원 · 국영 기업체 · 대기업 직원 · 경영자 · 지도자.

- 자유업 · 물[水]을 사용하는 직업 · 무역인 · 외교관 · 학술인 · 정치가 등이 많다.

기타 판단

- 장남, 장녀, 맏사위, 맏며느리이거나 그 역할을 하기 쉽다.
- 매우 활동적이어서 여성도 직업을 갖는 것이 좋겠다.
- 남녀 모두 배우자를 무시하는 경향이 있다.
- 여성은 고부 간의 갈등이 있을 수 있다.
- 냉冷 · 습濕 · 신장腎臟 · 방광에 유의하라.

처세 비결

- 기사己巳년과 정사丁巳년을 조심하라. 하늘은 뇌성벽력이고 땅은 대전大戰이다.
- 돼지 해에는 다스림統治 · 파괴 · 형액刑厄 · 소송 · 수술 · 사고 · 구설口舌 등이 발생할 수 있다. 극과 극의 현상을 피하라.
- 쥐 · 소 해에는 객지 또는 외국과 인연이 될 수 있으며 좋은 일이든 나쁜 일이든 예상이 빗나갈 수 있다.

* * *

전문가를 위한 코너

① 겁재역마劫財驛馬

② 천극지충天剋地沖 : 기사己巳 · 정사丁巳／형刑 : 해亥

③ 공망空亡 : 자축子丑

연도	60갑자	띠
2010년	경인庚寅	호랑이
2011년	신묘辛卯	토끼
2012년	임진壬辰	용
2013년	계사癸巳	뱀
2014년	갑오甲午	말
2015년	을미乙未	양
2016년	병신丙申	원숭이
2017년	정유丁酉	닭
2018년	무술戊戌	개
2019년	기해己亥	돼지
2020년	경자庚子	쥐
2021년	신축辛丑	소
2022년	임인壬寅	호랑이
2023년	계묘癸卯	토끼
2024년	갑진甲辰	용
2025년	을사乙巳	뱀

연도	60갑자	띠
2026년	병오丙午	말
2027년	정미丁未	양
2028년	무신戊申	원숭이
2029년	기유己酉	닭
2030년	경술庚戌	개
2031년	신해辛亥	돼지
2032년	임자壬子	쥐
2033년	계축癸丑	소
2034년	갑인甲寅	호랑이
2035년	을묘乙卯	토끼
2036년	병진丙辰	용
2037년	정사丁巳	뱀
2038년	무오戊午	말
2039년	기미己未	양
2040년	경신庚申	원숭이
2041년	신유辛酉	닭

출생일과 운명

연도	60갑자	띠
2042년	임술壬戌	개
2043년	계해癸亥	돼지
2044년	갑자甲子	쥐
2045년	을축乙丑	소
2046년	병인丙寅	호랑이
2047년	정묘丁卯	토끼
2048년	무진戊辰	용
2049년	기사己巳	뱀
2050년	경오庚午	말
2051년	신미辛未	양
2052년	임신壬申	원숭이
2053년	계유癸酉	닭
2054년	갑술甲戌	개
2055년	을해乙亥	돼지
2056년	병자丙子	쥐
2057년	정축丁丑	소
2058년	무인戊寅	호랑이
2059년	기묘己卯	토끼
2060년	경진庚辰	용

연도	60갑자	띠
2061년	신사辛巳	뱀
2062년	임오壬午	말
2063년	계미癸未	양
2064년	갑신甲申	원숭이
2065년	을유乙酉	닭
2066년	병술丙戌	개
2067년	정해丁亥	돼지
2068년	무자戊子	쥐
2069년	기축己丑	소
2070년	경인庚寅	호랑이

— 11 —

점占과 시詩

1. 총설

점占이란 팔괘·오행·육효 기타의 방법으로 길흉·화복을 미리 판단하는 일이다. 그러나 사람은 귀신처럼 미래를 정확하게 예언할 수 없다.

하지만 점을 음률적인 시詩로 바꾸어 그 내용을 나타내면 음산한 분위기가 사라지고 다양한 해석이 가능하여 새로운 느낌이 든다.

한자는 표의문자表意文字 즉 그림에 의해서 또는 사물의 형상을 그대로 베껴서 시각에 의해 사상이나 뜻을 전달하는 문자이다. 그러므로 한시는 점과 좋은 짝을 이룰 수 있다.

『토정비결土亭秘訣』은 '점占과 시詩'의 대표작이라 할 수 있다. 처음에 나오는 1·1·1의 괘사卦辭와 정월正月, 유월六月, 십이월十二月을 예로 들어 보자.

괘사卦辭

| 동풍에 얼음이 풀리니 | 東風解凍 |
| 마른 나무가 봄을 만나도다 | 枯木逢春 |

| 작게 가고 크게 오니 | 小往大來 |

작은 것으로 큰 것을 이룬다 　　　　　積小成大

재앙이 사라지고 복이 오니 　　　　　災消福來
마음이 편안하다 　　　　　　　　　　心神自安

달이 중천에 밝으니 　　　　　　　　　月明中天
천지가 명랑하다 　　　　　　　　　　天地明朗

봄이 고국에 돌아오니 　　　　　　　　春回故國
백초가 회생한다 　　　　　　　　　　百草回生

이월달에는 　　　　　　　　　　　　卯月之中
반드시 귀자를 낳는다 　　　　　　　　必生貴子

큰 일을 꾀하고자 하는데 　　　　　　君謀大事
어찌 의심과 염려를 하랴 　　　　　　何必疑慮

만약 귀인을 만나면 　　　　　　　　若逢貴人
몸은 영화롭고 집은 편안하다 　　　　身榮家安

봄에 재수가 조금 통하나 　　　　　　春雖小通
노력이 항상 크다 　　　　　　　　　勞力恒大

정월正月

봄날이 따뜻한데 　　　　　　　　　春和日暖

봉이 인각에 새끼 치도다　　　　　鳳雛麟閣

재앙이 사라지고 복이 오니　　　　災消福來
생남할 수다　　　　　　　　　　弄璋之慶

만약 그렇지 아니하면　　　　　　若非如此
재물과 밭을 더한다　　　　　　　進財添土

유월六月

만약 여자를 가까이 하면　　　　　莫近女人
구설이 두렵다　　　　　　　　　口舌可畏

만약 안씨를 가까이 하면　　　　　若近安氏
불리하리라　　　　　　　　　　不利之事

출행하지 마라　　　　　　　　　莫動出行
안분함이 제일이다　　　　　　　安分最吉

십이월十二月

경영을 하지 마라　　　　　　　　勿謀經營
헛되이 심력만 허비한다　　　　　虛費心力

몸은 왕성하고 재물은 없으니　　　身旺財消
길흉이 상반하도다　　　　　　　吉凶相半

많이 가고 적게 오니　　　　　　　大往小來

도리어 쓸데없다　　　　　　　　　反爲無用

　　토정 이지함과 그의 스승인 화담 서경덕徐敬德 그리고 중국의 소강절邵康節과 제갈량諸葛亮은 천지인天地人의 정서를 자연스레 펼치던 인물들이다.

　　제갈량은 중국 삼국시대 촉한蜀漢의 정치가 겸 전략가이다. 자는 공명孔明이고 와룡臥龍선생으로 일컬어지기도 한다.

　　207년 위나라의 조조에게 쫓겨 형주荊州에 와 있던 유비로부터 '삼고초려三顧草廬'의 예로써 초빙되어 '천하삼분지계天下三分之計'를 진언進言하고 '군신수어지교君臣水魚之交'를 맺었다. 이듬해, 오나라의 손권과 연합하여 남하하는 조조의 대군을 적벽의 싸움에서 대파하고, 형주荊州와 익주益州를 유비劉備의 영유領有로 하였다. 그 후 수많은 전공을 세웠고, 221년 한漢의 멸망을 계기로 유비가 제위에 오르자 재상이 되었다.

　　유비가 죽은 후에 어린 후주後主 유선劉禪을 보필하여 다시 오吳와 연합, 위魏와 항쟁하였으나 위魏와의 국력의 차이는 어쩔 수 없어, 국세가 기울어 가는 가운데, 위魏의 장군 사마의司馬懿와 오장원五丈原에서 대진 중 병으로 사망하였다.

　　위魏와 싸우기 위하여 출전할 때 올린 전출사표前出師表 후출사표後出師表는 천고千古의 명문으로 이것을 읽고 울지 않는 자는 사람이 아니라고까지 일컬어진다.

　　제갈량의 교련역법巧連易法은 우리가 살아가는 동안 궁금하거나 어려운 문제 등에 부딪쳤을 때 지침을 받을 수 있는 묘결법妙訣法이다. 제갈량이 두문불출하고 천문天文과 지리地理를 두루 통찰하며 음양陰陽의 이치를 따라 처세의 방안을 역법易法으로 만든 시구詩句로 나타낸 것이 이 교련역법이라고 한다.

　　이 교련역법은 하늘과 땅의 도수度數인 55와 시각時刻의 수數인 96과 주역의 괘인 64를 더한 215에서 태극수太極數인 1을 뺀 시구詩句가 214개라고 한다.

2. 교련역법 보기

아래의 수數중에서 자기가 짚고 싶은 것을 그대로 짚는다.

❖ 수數

1) 첫 번째 짚은 수를 100단위로 계산한다.

　　예 —— ⑤이면 5×100=500이고, ⑮이면 15×100=1,500이다.

2) 두 번째 짚은 수를 10단위로 계산한다.

　　예 —— ⑨이면 9×10=90이고, ⑪이면 11×10=110이다.

3) 세 번째 짚은 수를 1단위로 계산한다.

　　예 —— ⑦이면 7×1=7이고, ⑩이면 10×1=10이며, ⑬이면 13×1=130이다.

4) 위에서 100, 10, 1단위로 계산한 결과를 모두 합하여 215로 나눈다.

나눈 결과 나머지 수가 있으면 이것이 바로 시구의 번호이다.

예 —— 첫 번째 짚은 수가 ⑤이면→ 5×100=500

두 번째 짚은 수가 ⑨이면→ 9×10=90

세 번째 짚은 수가 ⑦이면→ 7×1=7

모두 합습하면 500+90+7=597이다.

이 597을 215로 나눈 결과 나머지 수가 167이다. 따라서 이 167이 바로 시구의 번호이다.

그러나 나눈 결과 나머지 수가 없으면 다시 해야 한다.

예 —— 첫 번째 짚은 수가 ⑧이면→ 8×100=800

두 번째 짚은 수가 ⑤이면→ 5×10=50

세 번째 짚은 수가 ⑩이면→ 10×1=10

모두 합습하면 800+50+10=860이다.

이 860을 215로 나눈 결과 나머지 수가 0이다. 따라서 다시 해야 한다.

5) 우리가 살아가는 동안 궁금하거나 어려운 문제 등에 부딪쳤을 때 몸을 단정히 하고 마음을 가다듬어 천지신명天地神明의 감응을 바라는 정성어린 자세로 이 묘결법妙訣法을 활용해야 한다고 한다.

6) 일년의 연운, 한달의 월운등도 있지만 하루의 일운이 가장 관심의 대상이다. 그러므로 아침에 조용히 앉아 스스로를 낮추어 이 묘결법으로 자신을 가다듬어 보는 것이 현대사회를 살아가는 지혜가 될 수 있으리라고 본다.

3. 교련역법 해설

운세해설運勢解說 시구표詩句表

1 ─ 혼돈이 처음 열리고, 하늘과 땅이 고정되고, 해와 달의 위치가 정해지고, 눈과 바람이 만나는 때이다. ➤ 할 일이 많겠구나.

混沌初開, 乾坤及定, 日月合壁, 風雪際會

2 ─ 쉬파리의 날아감은 짧은 거리에 불과하지만. 천리마의 등에 붙는다면 천 리 길도 갈 수 있다. ➤ 혼자의 힘으로는 어려우니 타인의 도움을 받으라.

蒼蠅之飛, 不過數尺步, 於驥而騰千里路

3 ─ 말을 많이 하지 말고, 변두리로 가지 말라. 비록 빼어나게 영리하더라도 한두 번의 추측만 해서는 안 된다. ➤ 자기의 재주만 믿는 것을 삼가라.

莫言多, 莫行邊, 雖是天伶百悧, 不一推二摩

4 ─ 절묘하고 절묘하다. 구름은 무심하게 산굴에서 나오고, 새는 나른하게 날며 돌아올 줄 안다. 꽃이 아름답고 아름다우니, 새가 뛰어 오르고 뛰어 오른다.

絶妙絶妙, 雲無心以出岫, 鳥倦飛而知還; 花艶花艶, 鳥躍鳥躍

5 — 초록 물은 바람 때문에 주름진 얼굴이 되고, 푸른 산은 눈 때문에 흰 머리가 되었다. 여러 도움은 모두 하늘이 세상에 주는 것인데, 누가 억지로 구하겠는가?

綠水因風皺面, 靑山爲雪白頭. 諸般股肱, 盡是天就世, 誰强求

6 — 계산을 잘못하지 말라, 반드시 계산을 바르게 해라. 삼 척의 창자를 한가롭게 하지 말라. 이 척 동자가 속으로 박수 치며 늙은이를 비웃을 것이다.

不敎盤算偏, 要盤算直, 莫歸三尺腸閑, 二尺兒意拍手笑父老

7 — 배가 강 가운데에 이르러서야 새는 곳을 고치고, 말이 구덩이 속에 빠진 후에야 채찍을 거두고, 새가 조롱 속에 들어간 후에야 날아오르고, 물고기가 솥 속에 들어간 후에야 헤엄을 친다.

船到江心補漏, 馬入抗坎收鞭, 鳥入籠中躍, 魚在釜裡洋

8 — 좋은 경치를 감상하려는 마음이 아닌데, 어찌 반드시 눈밭을 밟으며 매화를 찾겠는가? 부지런히 심오한 마음을 타서 유쾌해지면, 고개 숙이고 돌아온다.

➜ 마음을 헛되이 갖지 말라.

不是賞心勝景, 何必踏雪尋梅, 孜孜乘奧而快, 俯首而回

9 — 작은 것을 쌓아서 이미 눈을 머금으니, 이때는 작은 재능을 매매함이 모호하다. 지금부터는 좋은 세월을 자랑하지 말라. ➜ 잔꾀가 통하지 않는다.

積細旣含雪, 此時糊塗少伎買賣, 自今好紀休誇

10 — 지나치게 즐거워해서는 안 된다. 이루어진 후에는 파손되니, 겸양하여 마음을 다하고 힘을 다해야 한다. 작은 아교로 황하를 칠하여 막을 수는 없다.

莫樂莫樂, 成而後破損, 讓備盡心竭力, 寸膠不足塗黃河

11 — 바람이 훈훈하고 그림자가 어지럽지 않으니, 소박하게 연구하고 끝까지 공부해야 하리라. 끝을 신중히 해도 염려가 이어지니, 나중은 처음의 고단함만 못하리라.

風薰影莫亂, 朴究竟費工夫, 愼終仍慮, 後不若初孤單

12 — 풀밭을 쳐서 뱀을 놀라게 하고, 산을 쳐서 호랑이를 움직이게 하여, 뱀이 도망치고 호랑이를 잡기를 기대하는데, 다만 수족을 놀리지 못할까 두렵다.

打草驚蛇, 歐山振虎, 以待蛇竄虎撲, 唯恐不措手足

13 — 물건에는 각각 주인이 있는데, 반드시 장차 정해짐이 있다. 눈 속에 시체를 묻고, 오래되면 저절로 밝혀지게 된다. ➔ 헛된 생각을 갖지 말라.

物各有主, 須且消停, 雪裡埋尸, 久而自明

14 — 여우는 호랑이의 위세를 빌리고, 개는 사람의 위세 속에 엎드린다. 거짓은 알려지게 되니, 모두 무익하다.

狐假虎威, 狗伏人勢, 弄到其間, 盡是無益

15 — 조그만 모충으로써 바다를 측량하려 하고, 우물 속에 앉아서 하늘을 관찰하려 한다면, 비록 견식이 있더라도 헛수고일 뿐이다.

以蠱測海, 坐井觀天, 雖有見識, 是枉然

16 — 꾀꼬리가 장막 위에 집을 짓고, 물고기가 가마솥 안에서 헤엄치니, 눈앞에서 땅을 얻더라도, 가슴 뒤에는 바람이 일어나네.

鶯巢幕上, 魚遊釜中, 眼前得地, 胸後生風

17 — 하나를 얻으면 거기에 만족할 줄 알아야 하고, 목적을 달성하면 지금까지의 수단을 접어 두어야 하며, 영원을 생각하면 일시적인 얕은 꾀를 삼가야 한다.

得隴望蜀, 得魚忘筌, 天長日久, 人憎狗賺.

18 — 두더지와 검은 노새라도 기예가 있고 능력이 있으니, 그 익숙한 자취를 살펴서, 능한 자식들이 기예를 다투네.

鼴鼠黔驢, 有技有能, 考其貫迹, 能子爭技

19 — 기기묘묘한 신기루가 한 물결의 좋은 경치이지만 도리어 풍랑 머리에 있다. 눈에 보이는 좋은 것에는 항상 위험이 도사리고 있는 것이다.

奇奇海市, 妙妙蜃樓, 一波佳景, 却在浪頭

20 — 검은 구름이 해를 가리고, 검은 돼지가 하수를 건너고, 교외가 흐릿하니 까마귀가 까악까악 우네. ➤ 일은 잘 되지 않고 소문만 그럴듯하게 퍼진다.

烏雲摟日, 墨猪渡河, 郊外濛濛, 日鳴閣閣

21 — 눈 녹은 물로 차를 끓이고, 계수나무 꽃을 넣어 술을 데우니, 일반의 맑은 맛들은 입에 대기 어려울까 두렵네. ➤ 과분한 일을 바라니 불안하구나.

雪水烹茶, 桂花煮酒, 一般淸味, 恐難到口

22 — 허 하다가 다시 실 하고, 실 하다가 다시 허 해지니, 벼 머리에서 귀가 나오고, 구멍에서 물고기가 생겨나네. ➤ 일에 마魔가 따른다.

虛而復實, 實而却虛, 禾頭產耳, 竇裡生魚

23 — 통곡하고 동정하지만, 사물에는 각기 정해진 기한이 있으니, 들으려고 해도 들을 수 없고, 보려고 해도 볼 수가 없네.

可哭可憐, 物各有限, 聽之不聞, 視而不見

24 — 바람으로 빗질하고 비로 목욕하여, 황제의 은혜를 이고 달빛 받으니, 언제 노래할 것인가? 곧장 삼경에 이르렀네. ➔ 애를 써 나가면 좋은 일이 있으리라.

櫛風沐雨, 戴皇被月, 何時可歌, 直到三更

25 — 개구리가 북을 치고 꾀꼬리는 꿈꾸고, 무지개 활을 동쪽으로 기울고, 잠자리가 날며 춤추고, 나비는 꽃 사이를 뚫고 가네. ➔ 좋은 일이 다가온다.

蛙鼓鶯夢, 虹弓東斜, 蜻蜓飛舞, 蝴蝶穿花

26 — 붉은 해가 하늘을 가리고, 초록 향부자가 땅을 덮고, 물고기 노는 달밤에 조용히 앉아서 복을 독점하여 스스로 지니네. ➔ 자기의 세력만 믿고 한가하구나.

紅日遮天, 綠莎蓋地, 魚月穩坐, 專祿自持

27 — 나무에 도끼질을 하고 또 하는데, 순조로움은 적고 어긋남이 많네. 펼 수 있는 신기한 기예를 지녔더라도 또한 어찌하지 못하네.

伐柯伐柯, 順少逆多, 擄有神藝, 亦未如何

28 — 등불 기름이 다 타버리고, 물시계는 물방울소리 조용한데, 한 번 닭 울음소리를 듣고 소요하며 스스로 노래하네. ➔ 다행이로구나

燈油耗盡, 漏靜滴徹, 一聽鷄鳴, 逍遙自歌

29 — 떠나가는구나!

離矣哉

30 — 산은 높지 않지만 신선이 있으면 유명해지고, 물을 깊지 않지만 용이 있으면 영험해지네.

山不生高, 有仙則名, 水不在深, 有龍則靈

31 — 만송이 붉은 구름이 옛 관부로 이어지고, 한 둥근 밝은 달은 앞 냇물을 비추네. ➔ 일이 뜻대로 잘 풀리겠구나.

萬朶紅雲連舊府, 一輪明月照前川

32 — 백옥루 안에서 옥적을 부니, 홍매각 위에 매화가 떨어지네.

白玉樓中吹玉笛, 紅梅閣上落梅花

33 — 참죽나무와 원추리가 함께 무성하고, 난과 옥이 나란히 향기롭네.

椿萱幷茂, 蘭玉聯芳

34 — 눈이 오니 버드나무가 조용하고, 달이 지니 누대가 비었네.

雪來柳淨, 月落樓空

35 — 한 나무가 어찌 큰 집을 지탱하겠는가?

一木, 焉能支大廈

36 — 옥 제비비녀를 옆에다 던져 놓았네.

玉燕投側

37 — 경거망동하지 말고, 작은 실마리를 상세히 살펴라. 좋은 새가 나무 머리에 있으니 모두 붕우들이고, 낙화가 수면에 있으니 모두 문장들이네.

莫輕狂, 細端詳, 好鳥枝頭, 皆朋友, 落花水面, 盡文章

38 ─ 포위당하여 뚫기가 어렵네.

賴圍難徹

39 ─ 미리 삼가 말하고 신중히 행동하라, 경박한 자취는 이별의 탄식을 하게 한다.

預謹言愼行, 惹跡掌離鳴

40 ─ 연어를 단지 서강의 물에서 얻었는데, 벽력 한 소리에 구천에 이르렀네.

➜ 꿩 먹고 알 먹고로구나

鉛漁只得西江水, 霹靂一聲致九天

41 ─ 양 손으로 명리의 길을 열었는데, 한 어깨에 복사꽃이 다 진 낙양의 봄이네.

兩手劈開名利路, 一肩桃盡洛陽春

42 ─ 기세로 도박하지 말고, 남과 도박하지 말라. 비록 긴 채찍이 있더라도 말의 배에는 미치지 못한다.

莫氣賭, 莫人賭, 雖有長鞭, 不及馬腹

43 ─ 맹인이 눈 먼 말을 타고, 한밤중에 깊은 못에 임했네.

盲人騎瞎馬, 夜半臨深池

44 ─ 참으로 좋구나!

眞好

45 ─ 하늘이 용납하지 않는다.

老天不容

46 — 하늘이 덮어주고 땅이 실어주니, 만물이 우러러 의지하네. 학이 구고에서 우니 소리가 구름에서 들리네. ➡ 성공해서 이름을 떨치리라.

天覆地載, 萬物仰賴, 鶴鳴九皐, 聲聞雲

47 — 좌우에서 운전하고, 앞뒤에서 옹위하여 임하니, 부인은 말을 하지 않으나, 말이 반드시 심중에 있네.

左右運転, 前後擁葄, 夫人不言, 言必有中

48 — 물속의 달이요, 거울 속의 꽃인데, 이러한 풍경이 누구 집에 떨어지는가?

水中之月, 鏡裡之花, 凡般幻景, 落在誰家

49 — 바다는 파도치지 않고, 바람은 나뭇가지를 울리지 않고, 눈은 여섯 꽃잎을 내어 날리며, 반공에서 휘날리네. ➡ 일이 순조롭지 않겠구나.

海不揚波, 風不鳴條, 雪飛六出, 半空飄飄

50 — 가을바람은 뜻이 있어서 버드나무를 시들게 하고, 차가운 이슬은 소리가 없지만 계수나무 꽃을 길하게 한다. 가을바람이 불면 버드나무는 시들게 마련이지만, 찬 이슬이 내리면 비로소 계수나무의 꽃이 피게 된다. 같은 가을이지만 이처럼 사물의 영고성쇠가 다르기 마련이다.

秋風有意殘楊柳, 冷露無聲吉桂花

51 — 매화는 두루 능히 눈의 차가움을 견디고, 국화는 시들었으나 도리어 서리를 이겨내는 가지가 있네. ➡ 인내하면 마침내 좋은 결과가 오리라.

梅老偏能耐雪冷, 菊殘却有傲霜枝

52 ─ 능하다. ➜ 이긴다. 해낸다. 된다.
能

53 ─ 한 마음의 흰 눈이 따뜻한 봄을 넘어오고, 양 소매에 맑은 바람 부는 달 밝은 가을이네. ➜ 뜻하는 바를 늦게서야 기대할 수 있겠구나.
一心白雪陽春越, 兩袖淸風明月秋

54 ─ 떠나다. ➜ 헤어지다. 떠돌아 다니다.
離

55 ─ 두 마리 꾀꼬리가 푸른 버드나무에서 울고, 한 무리의 백로가 푸른 하늘로 올라가네. ➜ 생각하고 있는 일이 순조롭게 이루어져 나가리라.
兩個黃鸝鳴翠柳, 一行白鷺上靑天

56 ─ 봄 밤에 온 들에 초록이 발생했는데, 바람이 한 천향을 깎아서 가네.
➜ 좋구나!
春夜發生千野綠, 風刮去一天香

57 ─ 어젯밤 비에 꽃이 졌는데 여전히 떨어지지 않고, 오늘 아침 이슬이 축축하니 또 다시 피어났네. ➜ 어려움을 극복하고 마침내 뜻을 이루리라.
昨雨花殘猶未落, 今朝露濕又重開

58 ─ 좋다.
好

59 — 한 무더기 새 떼 같은 구름이 새와 까치를 놀라게 하고, 반 하늘의 잔월은 누구 집에 떨어지는가? ➜ 애써 한 일이 남 좋은 일이 되겠구나.

一朶鳥雲驚鳥鵲, 半天殘月落誰家

60 — 구천의 해와 달은 창성한 구름을 열고, 만리의 바람과 구름은 웅장한 모습을 일으키네. ➜ 번성하고 발전하리라.

九天日月開昌雲, 萬里風雲起壯圖

61 — 바야흐로 복을 내고 재물을 낳는 땅을 떠나가서, 또 금이 쌓인 옥문으로 들어가네.

方離發福生財地, 又入金積玉門

62 — 반드시 밥통을 열어 놓은 후에 음식을 구걸하니, 복사뼈를 절단하여 발뿌리로 정한 사람이네. ➜ 딱하구나.

須放開肚後吃飮, 切趾定脚根爲人

63 — 한 걸음 문전으로 나아가니, 완전한 봄 색을 더하네.

進一步門前, 添十分春色

64 — 봄바람은 약한 버드나무를 일으켜주고, 보슬비는 어린 싹을 적셔주네.

春風拂弱柳, 細雨潤方苗

65 — 마음 속에 험한 일이 없으니, 귀신이 문을 두드려도 두려워하지 않네.

必中無險事, 不怕鬼叫門

66 ― 가능하다.

可也

67 ― 안 된다.

不能

68 ― 닭을 잡을 일에 어찌 소를 잡는 칼을 쓰겠는가?

割鷄之事, 焉用牛刀

69 ― 까치가 둥지를 지어 놓으니, 비둘기가 그 곳에서 사네.

維鵲有巢 維鳩居之

70 ― 옥장^{좋은 술}이 입을 적셔주고, 옥로가 마음을 적셔주네.

瓊漿潤口, 玉露滋心

71 ― 별이 옮겨가고 북두성이 도니, 옛 것을 버리고 새 것을 만드네.

星移斗轉, 去旧幻新

72 ― 호랑이 굴에 들어가지 않는다면 어찌 호랑이 새끼를 얻겠는가?

不入虎穴, 焉得虎子

73 ― 도요새와 조개가 서로 대치하고 있는데, 늙은 어부가 이익을 얻네.

鷸蚌相持, 漁翁得利

74 ― 봉황의 깃털은 아름다움을 이루어주고, 기린의 발은 상서로움을 올리네.

鳳毛濟美, 麟趾呈祥

75 — 향기로운 난은 수려함을 다투고, 옥 같은 버들은 향기를 피우네.

芳蘭競秀, 玉柳生香

76 — 위태롭지도 않고 험하지도 않으니, 떠나간 후에 돌아오네.

不危不險, 去而後還

77 — 보검 태아검을 거꾸로 잡으니, 누구에게 유리하겠는가?

太阿倒持, 於誰有益

78 — 봄이 남쪽에 있으니 물고기가 엎드려 있고, 가을이 깊으니 사슴이 우네.

春南魚伏, 秋高鹿鳴

79 — 호랑이를 거느리고 걸식하니, 손해만 있고 이익은 없다.

幫虎吃食, 有損無益

80 — 버드나무 가지는 고요하고자 하지만 바람이 그치지 않는다.

柳絲靜, 而風不息

81 — 귀뚜라미와 잠자리가 춤추며 날고 있는데 연못이 앞에 있구나.

　➜ 위험하다.

蜻蜓飛舞在池塘

82 — 큰 버드나무를 벌목하여 땔나무로 태우네.

伐倒大柳有柴燒

83 — 밝은 달을 바라보니 인가로 떨어지네. ➜ 다 된 일이 어긋난다.

眼看明月落人家

84 — 바로 견우성과 직녀성이 오작교를 건널 때를 만났네.

正遇雙星渡鵲橋

85 — 생각함이 있네.

有想

86 — 한 줄기 밝은 길이 곧장 푸른 하늘까지 멀리 뻗었는데, 도중에 그만 두니, 한탄스럽고 슬프다.

一條明路, 直遠靑天, 半途而廢, 可嘆可憐

87 — 나뭇가지를 베고 또 베며, 멀리 갔지만 많지 않아서, 본래 손발을 소비했지만 다시 풍파는 없으리라.

伐柯伐柯, 卽遠不多, 本費手脚, 更無風波

88 — 한가할 때는 달을 감상하고, 바쁠 때는 바람 속에 꿇어 앉네. 희롱이 그 사이에 이르니, 안은 고요하고 밖은 비었네.

閑時賞月, 忙裏跪風, 弄到其間, 內靜外空

89 — 우러러 천지에 의지하며, 어찌 반드시 이익을 말하랴? 다만 반드시 근검함이 옳다.

仰賴天地, 何必曰利, 只須儉是可

90 — 부질없는 인생이 꿈과 같으니, 망령되게 탐욕을 부리지 않는다. 배양함이 긴 즐거움이니, 능히 참으면 스스로 평안하다.

浮生若夢, 不用妄貪, 封是長樂, 能忍自安

91 — 강물로 마음을 씻고, 달빛으로 간을 비추니, 어찌 내 마음을 남쪽으로 향하랴? 떠나지 못하고 떠나지 못한다. ➔ 다툴 마음을 버려라.

江水洗心, 月照肝, 爭南我心, 不離不離

92 — 좋구나! 온갖 것이 이루어지고, 천둥을 제왕으로 삼지 않으니, 어찌 반드시 바람이 쓸어 가겠는가?

好好一了百了, 不帝雷驚, 何須風掃

93 — 흩어졌다가 합하고, 다시 이루어지면 반드시 파괴된다. 다시 입술과 혀를 낭비하지만, 또한 어찌하지 못한다.

離而合, 復成而必破, 再費脣舌, 亦未如何

94 — 문 앞은 호랑이에게 이르고, 뒷문은 이리에게 나아가니, 신중하고 신중하여서 절대로 억지로 구하지 말라.

門前抵虎, 後戶進狼, 愼之愼之, 切勿强求

95 — 세상에서 풍파를 일으키지 않으니, 다만 가슴 속에 얼음과 숯불이 없네.

不作風波於世上, 只無氷炭在胸中

96 — 번민하지 말고, 탄식하지 말라. 운명이 팔 척의 몸이건만 큰마음을 구하기 어렵네.

莫憫恨, 莫嘆, 命裡八尺, 難求心大

97 ─ 그 사이에서 거문고^{금琴} 연주를 자랑하며, 다만 좋은 꿈 속에서 해강이 술 취하여 옥산처럼 쓰러지는 것도 깨닫지 못하네. ➜ 일장춘몽이라.

間裡只誇金星, 好夢中不覺玉山頹

98 ─ 사나운 호랑이가 싸우고, 나는 용이 다투고, 물이 빠지자 바위가 드러나고, 초목들은 어둡고 비린내가 나네. ➜ 앞이 혼미하구나.

猛虎鬪, 飛龍爭, 水落石出, 草木昏腥

99 ─ 떨어진 꽃잎은 흐르는 물에서 아득히 흘러가고, 크게 품은 문장은 모두 구름에 있네.

落花流水杳然去, 大懷文章盡居雲

100 ─ 한 동이 좋은 술을 기울이고, 거친 들에 비 내리고, 소매 속의 봄바람은 묵은 먼지를 털어내네.

一樽美醴傾, 荒野雨, 袖春風拂故塵

101 ─ 글이 풍족하여 바야흐로 능히 원만하니, 쾌락을 그 곳에서 구하고, 곧 재원을 일으키네.

書足方能圓, 快樂吃焉, 纔是發財源

102 ─ 사나운 비가 복사꽃의 색을 재촉하여 시들게 하고, 서늘한 바람이 불어서 버드나무 가지를 치네.

苦雨摧殘桃花色, 凄風吹打楊柳枝

103 — 재물을 일으킴이 극에 이르면 마땅히 먼저 물러나고, 뜻을 얻음이 무르익으면 곧 즐겁게 멈춰야 한다.

發財臻極宜先退, 得意至濃便好休

104 — 등불 불똥이 확 타오르고_{등불 불똥이 갑자기 폭발하면 좋은 일이 있다고 함}, 기쁘게 까치가 울고, 꾀꼬리가 쌍으로 옛 둥지로 돌아오네.

燈花振, 喜鵲叫, 鶯了雙返故巢

105 — 바람 속의 등불과 풀잎의 서리가 쌍으로 빛나고 있지만 오래가지 못한다.

風中燭, 草霜, 雙耀耀, 不久長

106 — 복사꽃의 붉은 꽃잎은 다시 저녁 비를 머금고, 버드나무 초록 잎은 다시 아침 연기를 띠었네.

桃紅復含宿雨, 柳錄更帶朝烟

107 — 세발솥의 다리가 부러지고, 수레의 바퀴살이 벗겨지고, 해가 지나감이 없고, 바람이 등불에 분다.

鼎折足, 車脫幅, 日過無, 風吹燭

108 — 작은 마음으로 밖의 일에 힘쓰지 말라. 한 걸음이 어긋나면 백 걸음이 바르지 않게 된다.

小心哉莫務外, 一步錯, 百步不正

109 — 복사꽃과 오얏꽃이 춘색을 다투는데, 봄이 지나가니 복사꽃이 옮겨가네.

桃李爭春色, 春去桃花搬

110 ─ 산을 아홉 길 높이로 쌓는데, 공적은 한 삼태기의 흙이 부족하네.

爲山九仞, 功虧一簣

111 ─ 처음에는 산이 무너지는 것 같았는데, 나중에는 실을 뽑는 듯하네.

先如山倒, 後若線抽

112 ─ 동쪽 모퉁이에서 잃어버리고, 상유^{해가 질 때를 말함}에서 수습하네.

失之東隅, 收之桑楡

113 ─ 고니를 새겼는데 따오기와 같고, 호랑이를 그렸는데 개를 그려냈네.

刻鵠類鶩, 畵虎成狗

114 ─ 붉은 매화가 열매를 맺고, 푸른 대나무에 죽순이 솟아났네.

紅梅結子, 綠竹生孫

115 ─ 앞 수레의 전복은 뒷수레의 귀감이 된다. ➔ 실패는 성공의 어머니이다.

前車之覆, 後車之鑑

116 ─ 하늘에게 죄를 지으니, 기도할 곳이 없네.

獲罪於天, 無所禱也

117 ─ 중도에 그만두면, 사람이 스스로 눈물을 흘리게 한다.

半途而廢, 令人自淚

118 — 옥을 아침에 쪼고 저녁에 갈아내면, 그 분수가 어떠하겠는가?

➜ 성공하리라.

朝琢夕磨, 其如分何

119 — 사람의 명줄은 실과 같으니, 망상을 해서는 안 된다.

命縷如線, 不可妄想

120 — 정위炎帝의 딸인데 동해에 빠져 죽어서 새가 되었는데, 동해를 메우려고 西山의 나무와 돌을 물어다가 메운다고 함

가 돌을 물고, 노력하는 마음을 세워서 견디네.

精衛御石, 柱勞心抗

121 — 마음을 참기 어려우면, 마음이 편안하기 어렵다.

於心難忍, 於心難安

122 — 일이 자기에게서 비롯되지 않았는데, 어찌 반드시 서두르겠는가?

事不于己, 何必石急

123 — 구하면 얻을 수 있고, 주우면 잃게 된다.

求則得之, 拾則失之

124 — 대롱 구멍으로 표범을 보고, 우물 안에서 하늘을 본다.

管中窺豹, 井底觀天

125 — 이미 이와 같음을 알았는데, 어찌 반드시 이와 같이 할 것인가?

既知如此何必如此

126 ― 길을 알았으면 그림자를 드리우지 말라. 누가 와서 물으면 지체말고 가르쳐 주어라.

知道莫影, 却來問誰

127 ― 나비와 벌이 동쪽에 있으니, 감히 막을 수가 없다.

蝶蜂在東, 莫之敢止

128 ― 서린 안개를 열고 푸른 하늘을 본다.

撥開置霧, 見靑天

129 ― 진흙을 둥글게 뭉치면 함곡관函谷關도 막을 수 있다.

丸泥, 可以封函關

130 ― 꽃이 피었는데, 능히 얼마 동안 붉을 수 있을 것인가?

花開, 能有幾時紅

131 ― 한 마음으로 뜻을 합하여 운제높은 사다리를 올라가네.

同心合意步雲梯

132 ― 낚싯대로 밝은 달빛 아래 맑은 바람을 낚네.

一竿明月釣淸風

133 ― 손바닥 위의 명주가 거름 더미에 묻혔네. ➔ 실물과 손재를 조심하라.

掌上明珠埋糞土

134 — 못 가에서 거문고를 껴안으니 봉황의 깃털만 있네.

池上抱琴有鳳毛

135 — 기린의 발밑에 봄이 깊으니 옥당으로 걸어가네.

麟趾春深步玉堂

136 — 월계가 어찌 고니 알을 품을 수가 있겠는가?

越鷄焉能卵抱鵠卵

137 — 꾀꼬리와 비둘기가 어찌 감히 대붕을 비웃을 수 있겠는가?

鶯鳩焉能敢笑大鵬

138 — 봄풀 돋은 못가 곳곳에 개구리소리네. ➔ 때를 만났다.

春草池塘處處蛙

139 — 새와 짐승과는 함께 무리가 될 수 없다.

鳥獸不可與同群

140 — 푸른 꽃받침이 날아간 후 다시 날아오네.

靑跌飛去後飛來

141 — 버드나무가 무성하고 꽃이 밝으니 별도의 천지가 있네.

柳暗花明別有天

142 — 쌍 도끼로 외로운 버드나무를 찍어내네.

雙斧伐孤柳

143 — 천 가지 매운 맛이 창자를 찌르네.

千辛刺腹

144 — 백 가지 신맛이 창자를 움켜잡네.

百酸攬腸

145 — 한 치의 걸음도 가기 어렵네.

寸步難行

146 — 어리석은 마음과 망령된 생각이네.

痴心妄想

147 — 돌며 뒤집히는 도랑을 상세히 보네. ➜ 일어설 수 있겠구나.

般翻詳溝

148 — 도운이 한 걸음을 얻었네. ➜ 이름이 높아진다.

桃雲得步

149 — 떠난다. 이별한다. 헤어진다.

離

150 — 함부로 경거망동하지 말라. 새가 앉은 나뭇가지가 좋기 때문에 모두 친구가 되는 것이다. 떨어지는 물의 마음은 문장만이 알 수가 있으리라.

莫輕狂, 須開量, 好鳥枝頭, 皆朋友, 落水面盡文章

151 — 사람은 만물 중에서 영령을 가진 좋은 후손을 둘 수 있고 만물은 영기靈氣가 쌓이면 정신이 좋아 지느니라.

人萬物靈兒, 好萬物積靈, 而弄積精而

152 — 수심에 싸여 근심을 향하는 것은 불타는 이불로 머리를 덮고서 잠들어서 깨어나지 못하는 것이다. ➔ 몽롱한 상태를 벗어나라.

堪愁向憂, 火被蒙頭, 睡而不醒

153 — 궁하고 통함에는 운명이 있고, 부귀는 하늘에 달려있다. 더욱 얻을수록 전혀 소모하지 않는다면, 궤짝이 가득 차게 된다.

窮通有命, 富貴在天, 顚得絶盡, 櫃旺然

154 — 굼뱅이와 좀 벌레들이 사방들에 생겨나니, 미워해도 없어지지 않고, 제거해도 그치지 않는다.

蟒騰蠹賊, 陟生四野, 惡之不盡, 去之不己

155 — 참성參星은 서쪽에 있고, 상성商星은 동쪽에 있어서, 비록 방위에 있지만, 영원히 상봉하지 못한다.

參居於西, 商居於東, 雖有方位, 永不相逢

156 — 대나무는 본래 무심하지만, 가지와 잎이 생겨남이 많다. 비록 구멍이 있지만, 먼지에 오염되지 않는다.

竹本無心, 多生枝葉矣. 雖有孔, 不染塵埃

157 — 주머니에 돈이 없도다.

囊內錢空

158 — 새는 급히 나무로 달아나고, 개는 급히 담을 넘어간다. ➜ 머뭇거리고 있으면 해를 입는다.

鳥急奔樹, 狗急跳墻

159 — 능하다. 이긴다. 해낸다. 된다.

能

160 — 산이 붕괴되고, 물이 빠지니, 뾰쪽한 물고기들인데, 사람마다 문장을 토하고, 버드나무마다 안개에 싸여있음을 분별하네. ➜ 위험이 닥치고 있으니 잘 헤아려 대처하라.

山崩水落尖魚, 人人吐文, 柳柳冒烟, 分辨

161 — 바람 속에서 타고 있는 촛불이고, 가뭄 든 땅에서 불이 타고 있으니, 향하는 마음은 있더라도, 명리는 도리어 없네.

風裡燒燭, 旱地拿燃, 向心雖有, 名利却無

162 — 하늘이 만물을 내는 것은 까닭이 있기 때문인데, 어리석은 마음과 망령된 생각을 하늘이 돌아보겠는가.

天之生物, 因時而篤, 痴心妄想, 天亦不顧

163 — 너무 기뻐하지 말라. 처음과 끝이 어긋나게 된다. 사람의 터럭만치의 차이가 천리를 벗어나게 할까 두렵다.

莫喜莫喜, 始終左底, 差人毛氂, 恐謬千里

164 — 그 근본을 헤아리지 않고, 그 말단을 가지런하게 하면, 비록 가지런하게 될지라도 나중에 근심이 있지 않을까 두렵다.

不揣其本, 而齊其末, 雖濟然, 恐有後慮

165 — 과보^{신화 속의 걸음이 빠른 사람}가 달을 쫓아가고, 기나라 사람이 하늘이 무너질까 근심한다. 마음은 작은데 큰 것을 생각하니, 이익이 망연히 아득하다.

夸父逐月, 杞人憂天, 心小袍大, 利益茫然

166 — 뱃전에 표시하여 강물에 빠진 칼을 찾으려고 하고, 배를 갈라서 감춘 구술을 찾으려고 한다. 혈기의 마음은 경경하게 빛나지만 명리는 허망하다.

刻舟求劍, 剖腹藏珠, 血心耿耿, 名利虛虛

167 — 사람이 꾀를 내어 일을 도모하지만 근본이 튼튼하지 못하면 실패하고 말리라.

爲人謀, 何所圖, 成了賺坏, 骨敗而落

168 — 얼음은 물에서 나왔지만 물보다 더 차갑고, 푸른색은 쪽풀에서 나왔지만 쪽풀보다 더 푸르다.

氷生於水而寒於水, 靑出於藍而勝於藍

169 — 어찌 할 건가? 어찌 할 건가? 황하의 중류에서 지주^{험한 암초}를 만나고, 평지에서 풍파를 만난다.

可奈何, 可奈何, 中流見砥柱, 平地風波

170 — 유수와 민수의 물 맛은 마땅히 분별되고, 경수와 위수의 맑음과 흐림은 당연히 구분된다.

溜澠之滋味宜辨, 涇渭淸濁當分

171 — 억지로 구하지 말라. 한 향초와 한 누린내풀은 십분 자신의 냄새를 지니고 있다.

莫强求, 一薰一蕕, 十分尙有其臭

172 — 성을 긁는 사당의 쥐를 본받느니, 차라리 개를 치는 바람난 닭을 본받는 것이 낫다.

與效城抓社鼠, 寧爲打犬風鷄

173 — 달리는 한로^{고대의 유명한 개 이름}가 절뚝이는 토끼를 잡네.

走韓盧行搏蹇兎

174 — 하루살이가 인가의 시든 꽃에 떨어지네.

蜉人家落殘花

175 — 계륵^{닭갈비}은 올리기에 부족하다.

鷄肋不足尊拳

176 — 개꼬리에 담비꼬리가 이어서 붙었구나.

狗尾續貂

177 — 부러진 대나무가 죽순을 가로막고 있구나.

破竹遮筍

178 — 물고기의 그물 뿐이다.

罟罟罟

179 — 생각을 가지고 있다.

有想

180 — 누구를 믿을 수 있을까?

莫誰

181 — 이미 경중을 알았는데, 어찌 사용하겠는가? 정녕 멈춰야 할 때는 멈춰야 하고, 가야 할 때는 가야 한다.

旣知重輕, 何用, 叮嚀可止則止, 可行則行

182 — 계란으로 돌을 치는구나.

以卵撞石

183 — 바다 밑에서 달을 건지려하는구나.

海底撈月

184 — 좋은 경치와 별빛이 문에 들어오고 있구나.

景星入戶

185 — 개미 떼가 방석에 붙어있구나.

群蟻附氈

186 — 오얏나무가 길가에서 자라고 있구나.
李生道傍

187 — 꽃이 상림원上林苑^{궁중의 정원}에 피었다.
花發上林

188 — 좋은 것은 감히 말하지 않는다.
不敢說好

189 — 황하가 맑고, 바닷물이 평온하다.
河淸海晏

190 — 천하가 태평하구나.
天下泰平

191 — 전혀 좋은 바가 없다.
絶無所好

192 — 썩은 나뭇가지에 시든 나뭇잎이다.
朽枝敗葉

193 — 한 나무가 천년이나 살고 있구나.
一木千天

194 — 부러진 보릿대가 배나무를 쪼갠다.
破麥剖梨

195 — 형세가 부러지고 말라버린 나뭇가지 같다.

勢若摧枯

196 — 꺾이고 마르고 부러지고 썩었다.

摧枯拉朽

197 — 큰 그릇은 늦게 이루어진다.

大器晚成

198 — 가득차면 반드시 기울게 된다.

大滿必傾

199 — 화려한 옷이 이름을 이룬다.

萋裴成號

200 — 성에 불이나니, 재앙이 물고기에게까지 미친다.

城火殃魚

201 — 만족스럽고, 사랑스러운데 꽃이 마당가에 떨어지네. ➜ 아깝지만 도리가 없구나.

可厭可憐, 花落庭間

202 — 깨어 있는 데 술잔이 없고, 반찬은 있는 데 밥이 없고, 기회가 있는 데 도박판이 없고, 대화하는 데 할 말이 없다.

有醒離酌, 有膳離飧, 有會離賭, 有話離言

203 — 사람이 곧 귀신이고, 귀신이 곧 사람이니, 사람들이 모이면 귀신을 놀리고, 귀신들이 모이면 사람을 놀린다.

人卽是鬼, 鬼卽是人, 人會弄鬼, 鬼會弄人

204 — 밝은 그림이 수심 짓지 않고, 도리어 와서 나에게 포부를 묻네.

明畫莫愁, 却來問我袍

205 — 이미 알았으면 행해야지, 어찌 반드시 와서 점을 치는가?

旣知是爲, 何必來占

206 — 뜻을 얻었으니 다시 갈 수 없다.

得意不可再往

207 — 좋은 일이 없는 것만 못하다.

好事不如無

208 — 일은 자신으로부터 비롯되지 않는다

事不由己

209 — 누가 이룸이 있다고 말하는가?

誰說有成

210 — 가可함도 없고 불가不可함도 없도다.

無可無不可

211 — 스스로 화액을 불러 들이는구나

自惹其禍

212 — 필요하지 않다. 되지 않는다.

不必

213 — 좋다. 좋아한다. 형통한다.

好

214 — 아무리 생각해도, 부귀는 하늘에 달려있고, 궁함과 통함에는 운명이 있다.

雖究富貴在天窮通有命

— 12 —

우리의 고향은 어디인가

1. 고향송

2. 학송鶴松 스님 이야기

3. 묘약妙藥을 개발하라

1. 고향송故鄕頌

'사슴의 시인' 노천명盧天命은 황해도 장연군長淵郡 전택면專澤面에서 태어났다. 어릴 때 홍역을 앓아 사경을 헤매다 소생했기 때문에 아명兒名인 기선基善을 천명天命으로 바꾸었다. 1919년 서울로 이사와서 진명여자고등보통학교를 거쳐 이화여전 영문학과를 졸업했다. 남빛 치마와 흰 저고리를 즐겨 입었다는 노천명 시인은 평생 독신으로 살다 46세를 일기로 사망했다.

여성다운 섬세한 서정을 절제된 언어로 표현하였는데 주로 애틋한 향수와 향토색 짙은 고독을 노래하였다.

고향故鄕이란 일반적으로 자기가 태어나서 자라난 곳, 자기 조상이 오래 누려 살던 곳 또는 마음이나 영혼의 안식처를 뜻한다. 시詩와 가까울 수 있는 고향은 자기가 태어나서 자라난 곳이거나 마음이나 영혼의 안식처일 것이다

노천명 시인의 시詩 '고향'은 자기가 태어나서 자라난 곳을 노래한 것으로 볼 수 있다.

고향

언제든 가리
마지막엔 돌아가리
목화꽃이 고운 내 고향으로
조밥이 맛있는 내 본향으로

아이들 하눌타리 따는 길머리엔
학림사鶴林寺 가는 달구지가 조을며 지나가고
대낮에 여우가 우는 산골
등잔 밑에서
딸에게 편지 쓰는 어머니도 있었다

둥굴레산에 올라 무릇을 캐고
접중화 싱아 뻐꾹채 장구채 범부채
마주재 기룩이 도라지 체니 곰방대
곰취 참두릅 개두릅 혹잎나물을
뜯는 소녀들은
말끝마다 꽈 소리를 찾고
개암쌀을 까며 소녀들은
금방망이 은방망이 놓고 간
도깨비 얘기를 즐겼다

목사가 없는 교회당
회당지기 전도사가 강도상講道床을 치며
설교하는 산골이 문득 그리워

아프리카서 온 반마斑馬처럼
향수에 잠기는 날이 있다

언제든 가리
나중엔 고향 가 살다 죽으리
메밀꽃이 하-얗게 피는 곳
나뭇짐에 함박꽃을 꺾어 오던 총각들
서울 구경이 원이더니
차를 타보지 못한 채 마을을 지키겠네

꿈이면 보는 낯익은 동리
우거진 덤불에서
찔레순을 꺾다 나면 꿈이었다

중국 당나라 시인 최호崔顥는 등황학루登黃鶴樓란 시에서 '날이 저무는데 내 고향은 어디 쯤일까' 라고 노래하였다. 시인 최호가 다룬 '황학루黃鶴樓' 는 「고향」=「마음이나 영혼의 안식처」로서 '우리의 이상향理想鄕은 어디인가' 를 노래한 것으로 볼 수 있다.

 황학루는 강남 3대 누각 중 하나로서 천하절경天下絶景을 감상할 수 있는 명루名樓이다. 그래서 백거이白居易, 육요陸游, 양신楊愼, 장거정張居正 등 많은 문인과 시인이 이곳을 시로 읊었는데 기록에 남아있는 것만 300수 이상이다. 그 중에서도 당唐나라 시인 최호가 이곳에 올라 쓴 '등황학루' 라는 시가 가장 유명하다. 이백李白이 황학루에 와서 시를 지으려 했으나 최호의 시를 보고는 이보다 멋진 시를 지을 수 없음을 개탄하며 붓을 던졌다고 한다. 황학루는 무창에 있는데 무창지에 다음과 같은 전설이

실려 있다고 한다.

황학루는 원래 신辛씨 여인이 개설한 주점이었다. 어느 날 몸집이 크고 행색이 초라한 남자가 찾아와 술을 얻어먹을 수 있느냐고 물었다. 주인은 거절하지 않고 큰 잔에 술을 가득 따라 주었다. 매번 찾아와 그냥 마시고 가는 게 어느 듯 반년. 주인은 싫어하는 내색 한 번 없이 계속 술을 따라 주었다. 하루는 남루한 옷의 그 남자가 술값을 갚겠다며 귤껍질을 빗겨 벽에다 학을 그리니 바로 누런 빛의 황학黃鶴이었다. 주점의 사람들이 손뼉을 치며 노래하면 학은 가락에 맞춰 춤을 추었다. 이 신비한 학을 보려고 사람들이 몰려들어 주인은 곧 거부가 되었다. 그 뒤에 다시 그 남자가 찾아오자 주인은 무엇이든지 바라는 대로 사례하겠다고 한다. 그러나 그 남자는 웃으며 피리를 꺼내 부니 그림 속의 학이 살아 내려온다. 그러자 그 남자는 학을 타고 하늘로 날아가 버렸다. 주인은 이를 기념하려고 누각을 세우고 황학루라 이름 지었다.

황학루에 올라   登黃鶴樓

옛사람은 황학을 타고 날아가 버리고   昔人已乘黃鶴去
여기 황학루만 쓸쓸히 남았네   此地空餘黃鶴樓
한번 떠난 황학은 다시 돌아오지 않고   黃鶴一去不復返
천고의 흰구름만 부질없이 떠가누나   白雲千載空悠悠
해맑은 강물엔 건너편 숲의 그림자 역력하고   晴川歷歷漢陽樹
강 가운데 앵무주엔 방초가 무성하구나   芳草萋萋鸚鵡洲
날이 저무는데 내 고향은 어디쯤일까   日暮鄉關何處是
강안개 속에서 향수에 젖네   煙波江上使人愁

2. 학송鶴松 스님 이야기

'세상의 모든 것은 다 장난이고, 인간은 최고의 광대라네~~.'

　뉴욕 필하모닉 오케스트라의 음악 감독겸 상임 지휘자에서 은퇴하는 로린 마젤[Lorin Maazel · 79]이 2009년 6월 12일 뉴욕타임스와의 인터뷰에서 베르디의 마지막 오페라 '팔스타프'의 노랫말을 인용해 자신의 심경을 표현했다. 그는 '우리는 불멸의 존재가 아니며, 죽는다는 생각은 마치 농담처럼 그렇게 나쁘진 않다. 영원히 잠드는 것이다'고 말했다.

　자신이 바보임을 아는 사람은 바보가 아니다. 마찬가지로 자신이 광대임을 아는 사람은 광대가 아니다. 따라서 로린 마젤은 그의 말처럼 광대가 아니다. 그리고 그의 표현처럼 모든 존재가 멸하여 영원히 잠들면 어떻게 무수한 생명이 끊임없이 새로 태어나겠는가.

　필자는 우리가 태어나기 전 본래의 모습이 우리의 고향이라 생각하므로 윤회輪廻와 해탈解脫을 자연스럽게 받아들이는 입장이다. 그러나 아직 깨달음이 깊지 못하여 대학교 친구인 학송鶴松스님의 이야기를 들어 보기로 했다.

　이 친구는 서울대 법대를 졸업하고 한동안 교수 생활을 하다가 스님이 된 분이다. 학창시절엔 정치에 대한 관심이 없지 않아서 정치가의 꿈도 꾸었다. 하지만 현실정치의 난맥상에 대한 해법을 찾느라 종교에 깊은 관심을 갖게 된 후론 스님이 되고자 꽤나 몸부림을 쳤다. 대학 졸업 직후 오랫동안 행자생활을 했다. 드디어 2004년 봄 소천詔天 선사의 위패상좌가 되었으니 늦깎이로나마 꿈을 이룬 거다. 현재 강원도 횡성군 공근면 상동리 불영사佛迎寺 주지이며 저서로는『九種人間』,『下山 그 다음 이야기』,『아이고 부처님』,『正道승과 正道領』등이 있다.

그러면 학송스님이 보내온 E-메일을 살펴보기로 하자. 원래의 E-메일은 보나 상세하고 심오한 내용을 담고 있지만 필자가 독자의 이해를 돕고자 그 내용에 약간 손을 대었다.

벗님께

틈틈이 써 모은 글이라 연결이 어떨런지...

절간살이
분주해서

본분사에서 너무 멀리 와 있다고

멋쟁이 비구니가 칼을 휘두르듯
어중간 이 늙은이를 질타하니...

말말이 옳은 말이어서 꿀먹은 벙어리가 뭔가했더니
바로 거기에 학송이 있더이다...

건강하시고...학송 합장

우리의 고향은!

한 때 유행한 대중가요 '하숙생'의 가사를 보자.

인생은 나그네 길

어디서 왔다가 어디로 가는가

구름이 흘러가듯 떠돌다 가는 길에

정일랑 두지 말자 미련일랑 두지 말자

인생은 나그네길

구름이 흘러가듯 정처 없이 흘러서간다

인생은 벌거숭이

빈손으로 왔다가 빈손으로 가는가

강물이 흘러가듯 여울져 가는 길에

정일랑 두지 말자 미련일랑 두지 말자

인생은 벌거숭이

강물이 흘러가듯 소리 없이 흘러서 간다

 이 노랫말에서 보듯 인간으로서의 삶은 육도윤회六道輪廻선악의 응보에 따라 육도를 윤회하는 일 과정의 객살이 곧 나그네의 삶이어서 고향에 대한 그리움, 그리고 나그네길〈人生旅程〉의 즐거움과 괴로움 등 만감이 교차되는 여행인 셈이다.

그리고 시인 천상병千祥炳은 그의 시 '귀천歸天'에서 그 나름의 인생여정과 고향길을 다음과 같이 노래하고 있다.

………
나 하늘로 돌아가리라
아름다운 이 세상 소풍 끝내는 날
가서, 아름다웠더라고 말하리라…

천상병 시인은 위 시에서 자신의 인생살이를 하늘에서 인간세상으로 잠깐 나들이 온 소풍 쯤으로 즐기고 있다.

대부분의 여행은 그 종착지가 출발지여서 출발지로 되돌아오면 여정이 끝나곤 한다. 천시인의 인생여정의 종착지가 하늘로 돌아가는 것으로 미루어 그의 인생 나들이의 출발지는 하늘이었고 하늘이 그의 돌아갈 고향으로 여겨진다.

그에게 인생살이는 나들이 같은 소풍으로 즐겁고 죽음은 고향으로 돌아가는 기쁨으로 충만 되어 있다. 그래서인지 귀천歸天에 대해 세인들은 "삶에 대한 달관과 죽음에 대한 체관" 내지 "죽음에 대한 두려움이나 삶에 대한 미련과 집착도 없는 무욕의 경지"를 노래한 것으로 평가하고 있다.

그의 고향인 '하늘'이 무엇을 뜻하는지 살펴보기에 앞서 인생살이에 대한 군더더기를 펼쳐 고향길의 여비로 삼고자 한다.

우리네 인생 여정은 "윤회의 비밀MANY MANSIONS by Dr. Gina Cerminara"이라는 저술에서 보듯 〈1〉전생을 명확히 기억하는 사람들이 보여준 사례들의 검증이나 〈2〉최면술을 이용한 시간 역행을 통해 드러난 사안의 검증을 통해 윤회의 한 과정임은 과학적으로 규명된 지 오래다.

불교 생성 이전부터 '윤회'는 널리 알려진 사실이었고 초기 가톨릭Catholic에서도 사실로 받아들여 졌음은 주지하는 바다.

불교에서는 모든 존재가 한결같이 갖추고 있는 근본 성품이 인연因緣을 따라 다양한 흐름을 펼치는데 그 과정에서 반복하는 업습業習여러 번 되풀이함으로써 저절로 익고 굳어진 행동, 비롯의 청탁, 경중, 후박 등을 따라 천인 인간 아수라 축생 아귀 지옥중생 등 육도윤회六道輪廻의 여정을 나름대로 엮어 간다고 한다.

　우리는 인간으로서의 삶을 엮어 갈 수 밖에 없는 업습業習을 가꾸어 온 셈이다.

　천상병 시인은 천상인간의 업습業習을 가꾸어 천상인간의 삶을 영위하다가 무엇이 궁금했는지 인간세상 구경차 나들이를 하고선 하늘 곧 천상인간으로 되돌아가서 인간세상이 "아름다웠더라고 말하리라"고 인생여정의 여행소감을 미리 밝히고 있다.

　그런데 육도윤회六道輪廻 과정에 있는 생명체는 그 업습業習을 가꾸기에 따라 천상인간으로부터 지옥중생으로까지 그 여정이 숨가쁘게 이어지고 있어 딱히 어디를 고정 불변하는 고향이라고 단정하기 어렵다. 육도윤회의 첫 출발지를 반추해서 고향을 알아내기란 거의 불가능해 보인다. 왜냐하면 그간의 여정이 시작을 알 수 없을 만큼 아득한 오랜 세월 동안 너무나 급박하게 이어졌기 때문이다.

　우리가 절대자의 구원을 받아서 하늘나라에서 영생永生을 누린다는 고향회귀사상故鄉回歸思想은 우리의 염원을 담고 있다. 하지만 이 사상에 대하여 절대자란 무엇인가, 하늘나라가 어떻게 생겼나, 절대자가 아닌 인간이 절대자처럼 영생永生을 누릴 수 있을까 등의 의문이 제기될 수 있다. 이 의문들 중에서 절대자가 아닌 인간이 절대자처럼 영생永生을 누릴 수 있을까에 대하여 다루어 보자.

　불교에서는 천상세계의 천인이 수명의 등차가 있어서 예를 들면 이런 천인은 인간수명 대비 900만년을 살고 저런 천인은 인간수명 대비 92억 1600만년을 살지만 모두 그 수명이 유한하다고 한다. 그리고 죽을 즈음엔 --- 머리 위 꽃 관이 시들고 / 몸에 땀이 나고 / 옷에 때가 묻고 / 앉은 자리가 편치 않고 / 부부가 배반하는 등 --- 현상이 나타난다고 한다.

천인도 윤회과정의 하나여서 연속된 삶과 죽음의 숨가쁜 여정을 엮을 수 밖에 없다. 비록 연수年數로는 차이가 있으나 천인과 우리가 느끼는 수명이 대차가 없다면 더욱 그러하다.

우리네 인생여정도 그 출발지를 기억해내지 못 하는데 어찌 많고 많은 전생의 기억을 더듬어 그 출발지인 고향을 찾을 수 있을 것인가!

한 즉 육도윤회과정에서 삶과 죽음으로 이어지는 숨가쁜 여정은 종착지이자 새로운 여행의 출발지인 죽음에 대한 기억은 그때그때 분명할 뿐 끝끝내 그 첫 출발지를 기억해 낼 수 없는 '고향상실증후군' 에 시달릴 수 밖에 없어 고향 찾아 가기는 거의 불가능해 보인다.

다시금 유행가 노랫말을 새겨보자.

인생은 나그네 길
어디서 왔다가 어디로 가는가

그리고 또 다른 노랫말도 음미해보자.

고향이 그리워도 못 가는 신세...
내 고향으로 날 보내줘...
타향살이 몇 해던가 손 꼽아 헤어보니...등

현생의 출생지, 성장지인 고향으로 돌아가기도 어려운데 윤회과정의 첫 출발지인 고향을 어떻게 찾아서 그 곳으로 돌아갈 수 있는지 심히 의문이다.

고향을 그리워하고 찾아 가고자 하는 뜻은 현재의 삶에 실린 괴로움과 외로움의 무게가 날로 가중되기 때문으로 여겨진다.

　인생여정의 종착지인 죽음을 영면永眠이라고 말하는 뜻도 우리네 인생여정의 힘겨움과 괴로움의 반영으로 볼 수 있을 것 같다.

　그런가하면 '죽었다' 기 보다 '돌아가셨다' 는 표현을 많이 사용하는 것으로 미루어 출발지인 '온 곳' 곧 고향으로 회귀하고자 하는 염원이 간절해 보인다.

　'돌아가셨다' 는 표현에는 '어디로' 가 생략되어 있어 늘상 의문을 일으킨다.

　인생여정의 종착지인 '죽음' 은 끝남이 아닌 어디론가 새로운 여행의 시작임을 암시하고 있다.

　인생여정이 윤회의 한 과정임을 알고 있는 사람들의 일깨움인 듯하다.

　원효스님이 죽은 사복의 어머니에게 영가법문으로 "죽지말라, 태어나기 괴롭다. 태어나지마라, 죽기 괴롭다"고 하신 말씀의 요지도 인생여정이 윤회의 한 과정이어서 그 괴로움이 극심함을 단적으로 일깨우고 있다.

　순치황제출가시順治皇帝出家詩를 보자.

　　..........
　　이 몸 나기 전에 그 무엇이 내 몸이며
　　세상에 태어난 뒤 내가 과연 뉘런가
　　..........
　　올 적엔 기쁘다 하고 갈 적에는 슬프다 하네
　　속없이 인간에 와 한 바퀴를 돈단말가
　　애당초 오잖으면 갈 일 조차 없으리니
　　기쁨이 없었는데 슬픔인들 있을손가

　　..........

　부족됨이 없을 것 같은 황제마저도 삶과 죽음의 애환을 노래하며 부질없는 윤회에서 벗어나고자 하는 소망을 간절히 하소연하고 있다.

위 영가법문이나 순치황제출가시가 시사하는 바로 미루어 '돌아가셨다' 는 말의 본 뜻은 삶과 죽음의 괴로움이 없는, 삶과 죽음의 연속인 윤회를 벗어난, 윤회 이전의 상태, 윤회의 출발지로 나서기 이전, 곧 우리네 근본 성품에로의 회귀를 소망하는 표현으로 봄이 바람직해 보인다. 진정한 우리네 고향은 영원불변한 우리의 근본성품이라는 말이다.

앞서 천상병 시인이 돌아가고자 한 '하늘' 을 "인간이 온 곳이고 갈 곳인 우주 혹은 영원성의 표상" 으로 보는 견해나 "하나님 곁에서 영생을 얻는다" 는 주장도 우리네 인간이 돌아가고자 하는 고향을 영원불변한 우리의 근본성품으로 보고자 하는 위 견해와 궤를 같이하는 것으로 보인다.

이런 맥락에서 우리네 인간의 근본성품 곧 본성本性에로의 회귀 본능은 무엇을 뜻하고 윤회하는 우리네 삶과는 어떤 관계에 있으며 고향인 본성에 회귀하기 위해서 무엇을 어떻게 해야 하는지 살펴봄직하다. 이들 의문에 대해 가장 간결하면서도 직설적인 일깨움은 우리네 인간의 근본성품의 특성을 노래한 법성게〈法性偈〉의 한 구절만 음미해 보아도 그 개요를 파악할 수 있다.

그 한 구절이란 불수자성수연성不守自性隨緣成 이다. 내용을 살펴보자.

우리의 근본성품 곧 자성自性은 살아있는[活的] 존재여서 인연을 따라 이룸이 있으니 이를 일러 불수[不守 : 어떤 상태를 견지하는 고정불변함이 아님]라 한다.

즉 자성自性이 인因이 되어 연緣에 따라 과果가 생성[成起]됨이니 달리 말하면 인과因果 내지 연기緣起의 법칙을 단적으로 표현함이다.

나아가 우주만상의 인因이 자성自性인지라 인연因緣을 따라 생성된 모든 존재

[諸法萬有]는 그 근본이 같아 동근同根이고 동포同胞이니 남과 내가 동포[人吾同胞]이고 자연과 내가 동포[物吾同胞]이다.

남과 내가 동포임을 자각함에서 홍익인간弘益人間이란 이념 내지 사상이 싹트게 되고 나아가 모든 생명체를 받들어 섬기고자 하는 부처의 마음이 이루어진다.

문제는 우리의 근본성품이 인연을 따라 생성한 존재 즉 천인 인간 아수라 축생 아귀 지옥중생 등이 각각 제 나름의 연[緣 -業緣/業習/業力]의 벽에 갇혀 자신을 본성과 괴리된 별개의 독립된 존재로 착각함이다.

여기서 이 벽을 넘어 부단히 본성에 회귀하려는 귀소본능과 연緣에 끌려 육도윤회六道輪廻하는 혼돈속에서 갈피를 잡지 못하는 게 우리네 인생살이인 셈이다.

우리의 바탕이 근본성품을 인因으로 하고 이 근본성품의 작용으로 인생살이가 이루어지는 것이므로 연緣으로 말미암은 엇박자가 불가피하긴 해도 본성회귀본능 곧 고향을 찾아 가고싶은 욕구가 부단히 일어나게 된다.

문제는 어떻게 하면 연緣으로 말미암은 엇박자에서 벗어날 수 있는가이다.

이른바 고향으로 되돌아가기 위한 알찬 여행계획과 결행이 본성회귀의 관건이다.

귀향 가이드북으로는 '티벳 사자의 서'가 유용해보인다. 각 종교의 경전에서 귀향정보를 입수함도 좋을 것이다. 반듯한 여행사를 만나야 객지에서 헛고생을 면할 수 있으니 각 종교의 교리 내용과 각 교단의 운영실태를 제대로 살펴보아야 한다. 본성회귀본능을 허황되게 자극하는 허위과대광고에 속으면 안 된다.

귀향이란 자신이 직접 가야할 여정이므로 안내자의 도움은 필요할지언정 안내자가 대신해 줄 수 있는 여행이 아니다.

본성회귀의 고향길을 안내해 줄 반듯한 안내자를 만날 수 있다는 건 행운 중 행운이다. 끝없이 이어진 나그네 길에서 반듯한 고향소식을 접하는 것만으로도 크나큰 행운인데 그 고향으로 제대로 안내해 줄 수 있는 안내자를 만나기는 참으로 어렵다.

혼자 고향을 찾아가려면 어떻게 해야 할까.
그 비결은 칠불통계게七佛通戒偈에서 찾아볼 수 있는 바 그 내용은 아래와 같다.

諸惡莫作　　모든 악한 짓을 하지 말고
衆善奉行　　온갖 착한 일을 받들어 행하여
自淨其心　　마음이 스스로 맑아지면
始知佛法　　비로소 부처의 가르침을 알게 된다.

***위3,4구를 自淨其意　是諸佛敎로 소개하고들 있으나 이에 대한 언급을 생략하기로 한다.

혹자는 우리의 본성에 회귀하는 고향 찾기가 세수하다가 코 만지기만큼 쉬운 일이라고 하나 실제로 세수하다가 코를 만지듯 제대로 고향을 찾은 이는 극히 드물다. 부디 위의 비결을 숙지하고 이를 실천하여 그 지혜를 등불로 삼고 자신의 근본성품을 등불로 삼아 본성회귀의 소망을 간절히 간절히 일구면서 한 걸음 한 걸음 나아가길 기원한다.

나아가면서 우리가 서로 몸과 마음을 다 기울여 얼싸안고 격려하며 온갖 어려움을 함께하면 고향길이 환히 밝아 올 것이다.

3. 묘약妙藥을 개발하라

모든 물체는 분자 → 원자 → 원자핵 → 소립자로 분해되므로 결국 소립자의 뭉치와 다르지 않다. 그런데 그 소립자는 신비스런 형태로 충돌을 거듭하며 나타남과 사라짐을 반복하니 나타날 때는 색色이고 사라질 때는 공空이다. 유형에서 무형으로, 그리고 무형에서 유형으로 변화를 되풀이하여 '색즉시공 공즉시색色卽是空 空卽是色'을 이룬다. 삼라만상은 이처럼 항상 변화하고 있으며, 불변하는 본래의 고정된 모습인 '나我'란 실체는 존재하지 않는다.

그러니 우리가 육안肉眼으로 보면 삼라만상이 형상 내지 경계를 이루어 개별적인 존재 즉 '개체個體'로 생각되지만 실상은 모두가 하나—의 에너지energy를 바탕으로 컴퓨터computer의 화면처럼 수시로 그 모습을 바꾸며 출렁이고 있을 뿐이다. 우주란 하나—이고 불이不二이며 살아있는活的 존재이다.

이 하나—의 에너지energy가 우리의 고향이다. 그러면 우리가 어떻게 하면 바로 이 고향으로 찾아 들어갈 수 있을까. 세계적인 명상가이자 뇌교육자인 일지—指 이승헌李承憲은 저서 『뇌파진동』에서 다음과 같이 이야기하고 있다.

온 천지에는 우리가 충분히 쓰고도 넘칠 만큼 막대한 양의 '우주 에너지'가 있다. 그런데 왜 소수의 몇몇 사람들만 그것을 사용할 수 있는지 아는가? 그것은 우리가 우주의 에너지에 공명할 수 있는 의식 수준에 이르지 못했기 때문이다. 우주의 근원적인 에너지는 우리의 뇌파가 순수뇌파로 되었을 때만 체험할 수 있는 기운이다. 이 순수뇌파가 온 우주에 있는 근원적인 에너지와 공명하면서 당신의 뇌에 있는 무한한 생명 에너지를 가동시키는 것이다.

현대 과학은 뇌파를 다섯 가지로 나눈다.

- 불안이나 흥분 상태에서 나오는 감마파주파수 30Hz 이상
- 일상적인 의식일 때 나오는 베타파주파수 14~30Hz
- 음악을 듣거나 명상을 하는 편안한 집중 상태에서 나오는 알파파주파수 8~13Hz
- 알파파보다 더 의식이 이완되어 슬며시 졸음이 올 듯 느긋해질 때 나오는 세타파주파수 4~7Hz
- 깊은 잠에 빠졌을 때 나오는 델타파주파수 0.5~3Hz

내가 일컫는 '순수뇌파' 는 기존 뇌과학의 범주에는 속하지 않는다. 하지만 뇌과학에서 다루지 않는다고 해서 존재하지 않는 것으로 치부해서는 곤란하다. 과학에서 명확하게 정의하지 못하는 영역의 뇌파도 분명히 존재하기 때문이다.

이를테면 우주의 파동이 7.5Hz 범위에 있다고 하는데, 이것은 알파파보다는 조금 아래이며 세타파보다는 조금 위의 주파수 대역에 존재하는 파장이다. 만약 우리가 자신의 뇌파를 자유자재로 조절할 수 있다면 우주 의식에도 동조할 수 있고, 교신할 수 있다는 의미다. 이 7.5Hz는 갓난아기 뇌파의 주파수 대역이기도 하다. 그런데 이런 뇌파를 과학에서는 어떻게 부르는가? 부르는 용어도 없고, 명확한 정의도 없다. 과학자는 과학적인 관찰과 실험의 대상이 될 수 있는 것만을 연구하기 때문이다.

또 이런 문제도 있다. 이제까지 명상 상태의 뇌파가 알파파, 불안이나 흥분 상태의 뇌파가 감마파라고 알려졌는데, 오랫동안 수행을 해온 고승들이 참선

에 들었을 때 뇌파를 측정해보니 알파파가 아니라 감마파로 나타났다. 과학자들의 예상을 빗나가는 이런 실험 결과가 확인해주듯, 뇌파에 대해서 아직 과학적으로 밝혀진 사실은 그리 많지 않다.

다만 분명한 것은, 뇌는 외부의 모든 정보를 '파동' 의 형태로 수신하고 이것을 다시 파동의 형태로 발신한다는 점이다. 내가 말하는 '순수뇌파' 는 특정 주파수 대역의 뇌파가 아니라, 뇌가 에너지적으로 통합된 상태의 뇌파를 말한다.

우리의 뇌만 파동을 수신하고 발신하는 것이 아니다. 자연계에 존재하는 모든 만물은 고유의 리듬을 가지고 끊임없이 요동치며 파동을 주고받는다. 가만히 정지해 있는 것은 아무 것도 없다. 끊임없이 요동치는 그 '파동성' 이 보이지 않는 에너지에 빛이나 소리, 냄새, 형태를 부여하여 보이는 물질로 변화시킨다.

물론 이것은 근본적인 변화가 아니다. 단지 인간이 오감으로 인식하기에 그런 것처럼 보이게 만들 뿐이다. 물질의 내부는 텅 비어 있다. 이것이 현대 과학이 도달한 양자물리학의 세계이기도 하다. 현대 과학이 불교 경전 〈반야심경〉에서 말하는 '색즉시공色即是空, 공즉시색空即是色' 의 이치에 도달하기까지 그토록 많은 시간이 걸린 것이다.

따라서 겉으로 관찰하기에 만물은 명확한 경계선을 가지고 분리되어 존재하는 것처럼 보이지만, 실상은 모두 하나의 에너지로 연결되어 출렁이고 있을 뿐이다. 만물은 한데 어울려 파동치고 있다. 만약 우리가 오감의 차원을 넘어서서 엄청나게 배율이 높은 현미경으로 보듯이 사물을 관찰할 수 있다면, 세상은 무수히 많은 소립자들이 서로 동조하고 공명하고 간섭을 일으키기도 하면서 물결치는 것처럼 보일 것이다. 만물의 경계는 그저 소립자들을 결속시키는 구실을 하는 '에너지장' 이라는 느슨한 울타리일 뿐이다. 그 울타리는 막힘 없이 사방으로 트여 있다.

일지 이승헌은 오랫동안 수행을 해온 고승들이 참선에 들었을 때 뇌파를 측정

해보니 알파파가 아니라 감마파로 나타났다고 한다. 그러나 오랫동안 수행을 해온 고승들이 참선에 들었다고 해서 그들의 뇌파가 모두 동일한 특정 주파수 대역의 것이었다고 단정할 수 없다.

선가禪家에는 '깨달음의 순간^{우리의 고향으로 찾아 들어간 순간}'을 묘사하는 이야기가 전해 내려온다〈『무엇이 너의 본래면목이냐』^{발행처/장경각} 참고〉. 그러나 이야기에 나오는 그 순간이 일지—指 이승헌李承憲이 말하는 순수뇌파와 어떤 관계인지를 현재로서는 규명할 수 없다.

덕산德山^{782~865} 스님

덕산德山 스님은 속성俗姓이 주周씨인데 20세에 출가하여 교학 특히 『금강경』에 능통해서 '주금강周金剛'이라고 세상 사람들의 칭송을 받았다. 그런데 당시 남방에서 교학을 무시하고 오직 '견성성불見性成佛'을 주장하는 선종禪宗의 무리가 있다는 말을 듣고 분개하여 자기가 심혈을 기울여 연구한 『금강경소초金剛經疏鈔』를 짊어지고 길을 떠났다. 가다가 점심 때가 되어서 배가 고픈데 마침 길가에 한 노파가 떡을 팔고 있었다. 덕산 스님이 그 노파에게 "점심을 먹으려고 하니 그 떡을 좀 주시오"하니, 그 노파가 "내가 묻는 말에 대답하시면 떡을 드리지만 그렇지 못하면 떡을 드리지 않겠습니다"하여 덕산 스님이 그러자고 하였다. 노파가 물었다.

"지금 스님의 걸망 속에 무엇이 들어 있습니까?"

"『금강경소초』가 들어 있소."

"『금강경』에 '과거 마음도 얻을 수 없고 현재 마음도 얻을 수 없고 미래 마음도 얻을 수 없다'고 하는 말씀이 있는데 스님은 지금 어느 마음에 점심을 하시려고 하십니까?"

'점심點心 먹겠다'고 하는 말을 빌려 이렇게 교묘하게 질문했다. 이 돌연한 질문에 덕산 스님은 아무 말도 할 수 없었다. 자기가 지금까지 그렇게도 『금강경』을 거꾸로 외우고 모로 외우고 모르는 것이 없다고 생각했는데 이 떡장수 노파의 한마디에 모든 것이 다 달아나 버렸다. 그래서 노파에게 물었다.

"이 근방에 큰스님이 어디 계십니까?"

"이리로 가면 용담원龍潭院에 숭신崇信 선사가 계십니다."

점심도 먹지 못하고 곧 용담으로 숭신 선사를 찾아갔다.

"오래 전부터 용담龍潭이라고 말을 들었더니 지금 와서 보니 용龍도 없고 못[潭]도 없구만요" 하고 용담 숭신 선사에게 말하니 숭신 선사가 말했다.

"참으로 자네가 용담에 왔구먼."

그러자 또 주금강은 할 말을 잊어버렸다. 그때부터 숭신 스님 밑에서 공부를 하였는데 하루는 밤이 깊도록 숭신 스님 방에서 공부하다가 자기 방으로 돌아오려고 방문을 나서니 밖이 너무 어두워 방 안으로 다시 들어갔다. 그러니 숭신 스님이 초에 불을 켜서 주고 덕산 스님이 받으려고 하자 곧 숭신 스님이 촛불을 훅 불어 꺼 버렸다. 이때 덕산 스님은 홀연히 깨우쳤다.

그 다음날 덕산 스님은 『금강경소초』를 법당 앞에서 불살라 버리고 그 후 후배들이 보이기만 하면 가서 몽둥이로 때려 주었다.

임제臨濟 ?~867 스님

임제臨濟 스님은 대표적인 선종禪宗의 유파인 임제종의 개조開祖이다. 임제 스님이 황벽 스님 밑에 와서 여러 해 동안 아주 열심히 정진을 잘했다. 그때 수좌인 목주睦洲 스님이 임제 스님을 기특히 여겨 하루는 임제 스님에게 물었다.

"여기 온 지 몇 해나 되는가?"

"삼 년째 됩니다."

"그러면 그 동안 방장 스님께 법을 물어 본 적이 있는가?"

"없습니다. 법을 물어 본 적이 없을 뿐만 아니라 어떻게 물어야 하는지도 모르겠습니다."

"그러면 내일은 방장 스님께 가서 어떤 것이 불법의 분명한 뜻입니까, 하고 물어 보시오."

그래서 다음날 목주 스님이 시킨 대로 위의를 갖추고 방장실로 찾아가 황벽 스님께 세 번 절하고 "어떤 것이 불법의 분명한 뜻입니까?" 하고 여쭈었다. 그러나 황벽 스님은 한 마디 대답도 없이 다짜고짜 몽둥이로 임제 스님을 스무 내나 때려 주었다. 사흘 동안 세 번을 찾아가 물었는데 그렇게 다짜고짜 스무 대씩 몽둥이만 맞고 아무 소득 없이 방장실을 물러났다.

"어떤 것이 불법의 간절한 뜻입니까" 하고 묻기만 했는데 속절없이 매만 맞았으니, 어째서 때리는지 알 수 없고 공연히 찾아가 몽둥이만 맞고 몸만 상했다는 억울한 생각이 들었다. 그래서 아무리 생각해도 이 황벽 스님과는 인연이 없는가 보다 하고는 딴 곳으로 떠나려고 하였다. 그런 모습을 옆에서 지켜보고 있던 목주 스님이 "자네가 기어이 딴 곳으로 가겠다면 방장 스님께 인사나 드리고 가시게" 하고 일러두고는 황벽스님께 가서 "그 젊은 스님이 후배이나 매우 법답습니다. 정진해서 뒷날 한 그루 큰 나무가 되어 천하 사람들에게 시원한 그늘을 드리울 것이니, 떠난다고 오거든 큰스님께서 잘 일러 주십시오" 하고 미리 부탁을 드렸다.

다음날 임제 스님이 하직하고자 방장실로 들르니, 황벽 스님이 "너는 딴 곳으로 가지 말고 고안高安에 대우大愚라는 스님이 계시니 그 스님을 찾아가 뵙도록 하라"고 일러 주었다. 그 말씀을 듣고 임제 스님은 곧장 대우 스님을 찾아갔다.

대우 스님이 물었다.

"너는 어디서 오느냐?"

"황벽에서 왔습니다."

"황벽 스님이 요사이는 법문을 어떻게 하더냐?"

"글쎄요, 법문을 어떻게 하시는 지 저는 잘 모릅니다. 다만 제가 '어떤 것이 불법의 분명한 뜻입니까' 하고 사흘 동안 세 번 찾아가 물었는데 아무 말씀도 없이 다짜고짜 매번 스무 대씩 몽둥이질만 하였습니다. 저에게 무슨 허물이 있어 때렸는 지 통 모르겠습니다. 어째서 저를 인정사정없이 때리는 것입니까?"

"이 망할 놈의 자식아! 황벽 스님이 너를 위해서 간절한 노파심으로 법을 설해 주었는데 여기까지 와서 기껏 허물이 있느니 없느니 그런 쓸 데없는 말이나 지껄여!"

꾸짖는 대우 스님의 이 말 끝에 임제 스님이 확연히 깨우쳤다.

이제 임제 스님이 다시 황벽 스님에게 돌아오니 "이 미친 놈이 쓸데없이 왜 왔다갔다 하느냐?" 하고 힐난했다. 그러자 임제 스님은 "스님의 간절한 노파심에 그저 감사할 따름입니다"고 하였다. 황벽 스님이 가만히 보니 임제 스님이 대우 스님한테서 무슨 소리를 들었거든. 그래서 "대우 이 늙은이, 오기만 하면 당장에 뼈를 분질러 놓아야겠구나" 하였다. 그러자 임제 스님이 "다음에 올때까지 기다릴 것 뭐 있습니까? 지금 당장 맞아 보십시오" 하고는 황벽 스님의 뺨을 철썩 갈겨 버렸다.

참으로 '그 스승에 그 제자' 이다[필자].

할喝이란 불교의 정통인 선종禪宗에서도 그 골수라 할 수 있는 임제종을 개창한 임제 스님이 사용한 방법으로서 사람만 보면 소리를 지르고 고함을 치는 것이다.

향엄香嚴?~898 **스님**

위산 스님 아래 향엄 스님이 있었다. 향엄 스님은 총명이 남달라 누가 한 가지를 물으면 열 가지 스무 가지를 대답하고, 하나를 보면 백 가지를 아는 출중한 언변과 식견을 가지고 있었다. 향엄 스님이 처음에는 위산 스님의 스승인 백장 스님 아래 있었으나 백장 스님이 돌아가신 뒤에는 위산 스님을 찾아갔다. 위산 스님은 향엄 스님의 됨됨이를 이미 소문을 들어 알고 있던 터였다.

그래 위산 스님이 향엄 스님에게 물었다.

"네가 선사 백장 스님 아래 있으면서 무엇이든 한 가지를 물으면 백 가지 천 가지를 대답했다는데 그것은 차치하고 부모님이 너를 낳기 전 본래면목을 한 마디 일러보아라."

향엄 스님이 아무리 궁리해보아도 부모에게서 태어나기 이전의 모습이 어떠한지 도저히 말할 수가 없었다. 그래 그 총명함으로 몇 마디 대답해보았지만 위산 스님은 모두 '아니다'고 부정하였다. 그래 밤을 새며 옛 분들의 착어着語를 뒤지고 생각해서 대답을 하면 또 아니라고 하고, 온갖 궁리를 짜내서 말해도 또 아니라고 하며 "불법은 절대 그런 것이 아니다. 네가 실제로 부모님에게서 태어나기 전의 진면목을 모르는데 어떻게 바른 대답을 할 수 있겠느냐"하고는 몽둥이로 때려 쫓아버리기 일쑤였다.

향엄 스님은 가만히 자신을 돌아보았다. 불법에 있어 막힘이 없다고 자신했건만 위산 스님의 질문 앞에선 입도 뗄 수 없는 지경이 되었거든. 그래서 아주 크게 발심을 했다. "그림 속 떡이 아무리 보기 좋아도 주린 배를 채울순 없다"하고는 자기가 보던 책을 모조리 불사르고 남양으로 가서 토굴에서 공부를 했다. 그리곤 "깨우치기 전에는 맹세코 한평생만 아니라 세세생생 세상에 나오지 않으리라"고 원을 세우고 공부를 지독하게 했다. 그렇게 열심히 공부하던 중 하루는 마당을 쓸다가 기왓장 조각을 주워서 대밭으로 무심히 던졌는데 '딱!' 하고 대를 치는 소리를 듣고 바로 깨우쳤다.

그렇게 바로 깨우치고는 "한 번 침에 아는 바를 잊으니 다시는 닦고 다스림을 더하지 않았네"라고 노래했다.

* * *

위에서 보듯이 선가禪家의 이야기에 따르면 깨달음은 지식이 아닌 스파크spark

를 통해 이루어져 그 상태가 그대로 지속되었다. 그러면 스파크^{spark}란 무엇인가. 그것은 방전放電사이를 둔 양극 간에 전압을 높이어 그 전극 사이에 전류가 흐르게 하는 일할 때의 불꽃[火花]이다. 우리나라의 서산대사西山大師 즉 휴정休靜스님은 어느 날 같이 수행했던 도반道伴을 찾아 나섰는데 전라북도 남원을 지나 성촌 마을 앞에서 문득 한낮에 우는 닭 울음소리를 듣고는 칠흑처럼 캄캄한 마음의 의혹을 깨부수고 큰 깨달음을 얻었다. 그러니 서산대사西山大師의 깨달음 또한 스파크^{spark}를 통해 이루어져 그 상태가 그대로 지속되었다. 그러나 스파크^{spark}가 아닌 지식을 통해 깨달음을 이룬 스님도 있다. 우리나라의 지눌知訥스님은 25살에는 『육조단경』을, 31살에는 『신화엄경론』을, 그리고 40살에는 『대혜어록』을 읽으면서 각각 깨달음을 경험하였다. 하지만 지눌知訥 스님의 경우에도 결국 스파크를 통한 깨달음이 아니었을까.

그러면 우리도 스파크^{spark}를 일으켜서 깨달음을 이루어 우리의 고향에서 살자. 옛날에는 우리나라에서 유럽으로 가려면 산을 넘고 물을 건너 사막을 횡단하는 등 느림보 여행이었다. 그러나 지금은 과학의 발달로 달나라 여행도 단시간에 이룰 수 있지 않은가. 그러니 종교인과 의약인이 손잡고 오늘날의 첨단 과학을 활용해서 묘약妙藥을 개발하라. 특히 정신과精神科 의사와 제약회사製藥會社의 역할이 기대된다. 금방 깨달음을 이룰 수 있는 영험한 약을 개발하라! 우리가 윤회를 하면서 생로병사生老病死를 자꾸 되풀이할 필요가 뭐 있나. 우리가 살아있는 동안 단 한번의 스파크^{spark}로 깨달음을 이루어 그대로 우리의 고향에서 살자. 필자의 지나친 바람일까...

우리의 고향은 지금 '화창한 봄날 푸른 잔디에 황금빛 꽃사슴이 낮잠을 자는 낙원' 이리라.